贵州师范大学全国重点马克思主义学院建设经费资助出版

当代大学生生命教育探索与研究

孙一峰　马娟娟　著

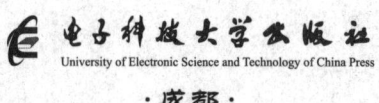

·成都·

图书在版编目（CIP）数据

当代大学生生命教育探索与研究 / 孙一峰，马娟娟著. — 成都：电子科技大学出版社，2020.10
ISBN 978-7-5647-8200-9

Ⅰ.①当… Ⅱ.①孙… ②马… Ⅲ.①大学生－生命哲学－教学研究 Ⅳ.①B083

中国版本图书馆CIP数据核字(2020)第156050号

当代大学生生命教育探索与研究
孙一峰　马娟娟　著

策划编辑	杜　倩　李述娜	
责任编辑	李燕芩	

出版发行　电子科技大学出版社
　　　　　成都市一环路东一段159号电子信息产业大厦九楼　邮编　610051
主　　页　www.uestcp.com.cn
服务电话　028-83203399
邮购电话　028-83201495

印　　刷　石家庄汇展印刷有限公司
成品尺寸　170mm×240mm
印　　张　18
字　　数　340千字
版　　次　2020年10月第1版
印　　次　2020年10月第1次印刷
书　　号　ISBN 978-7-5647-8200-9
定　　价　72.00元

版权所有，侵权必究

前 言

进入新世纪以后,中国高等教育发展形成的共识之一,就是要着力教育创新。教育创新共识的形成,是在对时代发展的新特点的理解的基础上,以对当今世界和我国教育发展的新趋势的分析为背景的,以实现中华民族的伟大复兴和社会主义教育事业发展的历史任务为目标的,深刻地反映了高等教育确立"以人为本"新理念的必然要求。

生命教育则是"以人为本"理念的重要表现形式,它是一种全人教育,目的在于促进学生生理、心理、社会性、灵性的全面均衡发展。高校的生命教育是通过对大学生进行生命的生理过程、发展知识的讲授,让他们对自己的生命有较深的认识,同时珍惜和珍重他人及一切生物的生命,并让大学生在受教育的过程中,培养对他人及社会的关爱,使大学生人格获得和谐发展。生命教育是一种人文教育,是一种唤醒心灵的教育,也是一种精神教育,其意义在于引导学生认识生命、热爱生命,创造生命价值,培养学生的人文关怀、社会关怀,让他们在学会自我尊重的同时兼容差异,在敬畏自然的同时胸怀社会并最终领会生命存在的意义和价值,构建起积极向上的人生观和价值观。本书研究的生命教育主要侧重于引导大学生既要珍爱自己和他人的生命,又要让大学生认识生命本体,掌握一些生存的知识技能;同时还要培养大学生积极向上的生命观,激发大学生的生命潜能,促进大学生的全面发展。

众所周知,大学是每个人人生成长历程中的一个关键时期。大学生阶段的学生,应当是最富朝气、最具积极性、最具创造性和开拓力的一个社会群体,他们是一个国家的未来,肩负着建设祖国的重要责任。因此,完善和保障大学生的心理健康发展,提高这一群体对生命本质的认知和关切,激发起生命的潜能、促进生命的全面发展,对于一个国家和民族来说,具有极其重要的意义。

本书在内容上,首先对生命及生命教育的基本概念进行了阐述,继而又围绕"高校大学生生命教育"这一主题概念,分别在其内涵、理论基础、发展模式和路径、存在的问题等多重角度，进行了多元化的分析。当然，在写作过程中，也借鉴和参考了大量现代著名学者、专家人员的宝贵研究成果，这些成果极大地丰富和充实了本书的内容。由于时间仓促，未能与相关人员取得相应联系，首先在此表示万分的感谢和歉意。此外，限于笔者知识水平的限制，内容中难免存在一些疏漏与谬误之处，还请广大读者和相关权威研究人员指正，不胜感激。

目录

第一章 生命及生命教育概述 ... 1
第一节 生命的解读 ... 1
第二节 生命教育的基本概念 ... 17
第三节 生命教育的理论基础 ... 24

第二章 高校大学生生命教育诠释 ... 34
第一节 大学生生命教育的发展变革 ... 34
第二节 大学生生命教育现状及分析 ... 48
第三节 大学生生命教育的价值和意义 ... 52
第四节 大学生生命教育的指导思想 ... 56
第五节 大学生生命教育的目标和内容 ... 60
第六节 大学生生命教育的原则与方法 ... 76

第三章 大学生生命教育与哲学思想 ... 92
第一节 中国传统哲学思想 ... 92
第二节 西方哲学思想 ... 102
第三节 马克思主义思想 ... 109

第四章 当代大学生生命教育存在的问题及策略 ... 113
第一节 家庭因素问题 ... 113
第二节 学校因素问题 ... 115
第三节 社会因素问题 ... 116
第四节 个人因素问题 ... 118
第五节 文化因素问题 ... 119
第六节 针对存在问题的策略 ... 120

第五章 大学生生命教育模式研究 ... 131
第一节 课堂教学模式 ... 131
第二节 挫折教育模式 ... 142

第三节　实践活动模式……154
　　　第四节　网络互助模式……169

第六章　大学生生命教育实施路径探索……178
　　　第一节　丰富教育内容……178
　　　第二节　改进教育手段……184
　　　第三节　明确教育目标……186
　　　第四节　完善教育环境……190

第七章　大学生生命教育课程体系构建研究……196
　　　第一节　课程目标……196
　　　第二节　课程基本特征与类型……204
　　　第三节　课程资源的整合开发……211
　　　第四节　课程内容……214
　　　第五节　课程实施与评价研究……220

第八章　大学生生命教育师资力量的培养……226
　　　第一节　我国高校生命教育师资现状……226
　　　第二节　国外先进经验借鉴……229
　　　第三节　实施生命教育的知识结构……232
　　　第四节　具体培养路径探析……234

第九章　大学生生命教育的评价系统构建……242
　　　第一节　生命教育评价的作用……242
　　　第二节　生命教育评价的原则……247
　　　第三节　生命教育评价体系的构建……255

第十章　关于大学生生命教育的思考……268
　　　第一节　生与死的推敲……268
　　　第二节　生命的敬畏与关怀……273
　　　第三节　生命主题的统一和谐……274
　　　第四节　新时代社会主义建设思想的回归……276

参考文献……279

第一章 生命及生命教育概述

第一节 生命的解读

一、生命的起源

生从何处来？死向何处去？人生短暂，到底有没有目的？人生如梦，这梦能不能延续？未曾生我谁是我？生我之时我是谁？这声音响自历史，和历史一样悠久。它曾引无数先哲无限深思，它仍然在指引后人追寻生命的奥秘。生命，一个鲜活灵动而又玄妙异常的字眼，而何谓生命？这是自人类脱离蛮荒摆脱愚昧后开始思考的第一个问题，我们曾经认为人类是泥土堆的、树上长的、神灵创造的。不同的民族都有着自己民族诞生的传说与神话，这些神话就是人类开始思考自我、探索未知的伟大证明。至此之后千百年来，无数智者贤人终其一生都在思考和探索这个问题的答案，无论是哲学家还是生物学家，无论是考古学家还是医学家，但是无论从哪个角度都不可回避的就是人类的生命与一般生命有着本质的不同。高清海先生较早地从哲学的观念出发区分了人类的生命与一般生命的本质不同，提出了"人有双重生命而非单一生命"的观点。他指出："人除了与动物相同的生命以外，还有着与动物不同的生命。我们应当从两重性的观点去理解人的'本性'，也必须以同样的观点去理解人的'生命'，把人看作有双重生命的存在：他既有被给予的自然生命，又有着自我创生的自为生命"。前者当然是"实体性生命"，或称"自然性生理生命"。后者可以称为"关系性生命"，或"人文生命"。指其为"关系性生命"，是说人类生命在实体性层面，表现为一个一个的个体，主要由自然大化的演变而生，也依靠自然之物而孕育、成长，直至死亡；而人类生命在关系性层面，则指任何人的生命都在也只能在社会文化与文明中造就、存在与发展，与亲人、他人和社会性精神产品密不可分，形成紧密的联系，无法割裂开来而单独生存与发展。所以，人类"关系性生命"可以从"人文生命"的角度来认识，以与生命的实体性层面（生理生命）相区别与对应。

所以，在生命教育中，要理解何谓关系性生命，首先就要讲清楚人的实体性生命的问题，这就不能仅仅讲到人之生命的自然性为止，必须谈到人之自然性生命与其他动植物生命的不同，因此在这一章节，我们把人的自然生命从宏观到微观划分为生命的起源、生命的诞生、生命的历程三个部分，期望能够站在生命科学的高度，用一种通俗易懂的方式让大家明白：生命是什么？生命从哪里来？我们每一个生命又是怎样来到这个世界？

（一）人类生命的产生

关于人类起源的话题总是让人感到伟大又带有几分沉重，也许我们可以从生命的起源讲起。众所周知，生命起源于一个能自我复制的简单分子。很久以前，宇宙中产生了一颗围绕中等恒星运行的新行星，在距今40亿年前，这颗行星的表面逐渐冷却。当时，那里还是一片动荡荒凉——它被陨石轰击，被火山喷发撕裂；大气中充满了有毒气体。但是，当水刚刚在地表形成湖泊和海洋时，神奇的事情发生了：一个分子，或者一组分子，掌握了自我复制与增殖之道，进化由此开始。在第一代能自我复制的个体出现之后，自然选择让那些拥有更好复制能力的新生代生存下来，很快地，第一代原始细胞诞生了。接下来，就是漫长的史前历史，如果要从这里开始详细描述这个单细胞动物是如何一步步进化为我们今天的样子可能太夸张了，我们探讨的范围仅仅只是这段历史中微不足道的一小段。在梅朝荣撰写的《人类简史：我们这300万年》中有一个很好的比喻：如果把地球生成以来的漫长的地质年代"压缩"到一年的12个月中，那么我们可以这么说：地球一月形成，地壳二月凝结，原始海洋三月产生，最初的生命在四月里出现，最早的化石在五月里形成，恐龙在12月中旬主宰一切，最早的灵长类动物在12月下旬出现，而人的时代在一年的最后一天才开始出现。事实上，它真正脱离动物变为人，应是12月31日夜晚10点钟左右。

高科技手段的DNA测序技术以及考古工作发现的古人类化石，大量的证据表明人类就是在非洲大陆上起源的，但是正因为非洲大陆发现了太多的古人类或古人猿活动的痕迹，这些干扰对于还原人类祖先的样子造成了诸多麻烦。此外，如何对"人类"进行准确定义也存在争议。从达尔文的《物种起源》开始，一百多年来，人们对于定义什么是人的标准一再进行调整。大脑的体积曾被公认为是重要的指标,拥有比较大的大脑,曾被认为是人类作为万物之首的首要优势,但是随着更多的化石的发现,直立行走渐渐成了更加重要的标志。这样,能否直立行走,就成了那些远古的种类能不能被归为人类祖先的判断依据。现代的理论认为,大约在1000万年前,森林逐渐变稀少,迫使一些人科的物种开始直立行走。

直立行走有很多的好处,双手被解放出来可以从事其他的工作,例如采集食物和拿取工具等;身体的直立提高了人类的运动效率,拥有更开阔的视野对于观察周围的环境更加有利;此外,男性的生殖器可以直接暴露出来吸引异性,有利于早期人类的社会交流;直立的行走减少太阳照射的面积,这样有助于体表热量的散发,这一点对处于非洲热带地区的原始人类保持大脑的"冷静"非常重要。直立的好处还有很多,不一一列举的原因是,我们每个人都有各自的体会。

在距今250万~180万年前的物种里面,有不少都曾经被定为最早的人类。虽然有很多人类的近亲——猿类,也可以直立行走,但是仍被考古学和生物学界认定是猿,他们与被定义为人的那些物种最本质的区别就在于他们活动的地域发现了制造工具的痕迹。我们在中学阶段学过:人与猿的最重要的区别,就是人能够有意识地制造工具。这里说到的有意识地制造工具,指的是这些古人类可以按照自己的使用意图对原始材料进行粗加工,而不仅仅是简单的"使用材料",这与现今动物园里的猩猩使用树枝捅马蜂窝偷取蜂蜜是有本质区别的。早期的石器非常简单,就是将一些片状的岩石进一步打磨,使得边缘更加锋利,虽然这个一两寸长的薄片,看起来十分简陋,但是确实是一个不错的切制工具。曾有几个古人类学家就使用这些石头制成的薄片,将一整头大象解剖开来。这种现在小孩子都可以完成的事情对于古猿来说意义非凡,因为在古猿人集体狩猎捕获到大型动物之后,存在一个利益分配的问题,总需要有工具能把可以食用的部分切割开,带到安全的地方慢慢享用。毕竟暴露在野外的动物尸体对于其他更凶猛的肉食动物是很有诱惑力的。此外,这种简单的武器也降低了捕获动物的难度,古猿人可以获得更多的食物,自然生存的机会就会大大增加。动物是无法有意识地去制造这样的工具的,曾经有人试图训练现代的猩猩制造类似工具,但无论费多大的劲,猩猩也做不出一个类似的薄片。

当然,技术不能代表一切。古人类学家发现,当古人类终于能够熟练地直立行走后,他们在解剖学结构上发生了翻天覆地的变化,它们与现代人的骨骼结构基本相似,这使得非洲直立人变成一个走路机器,他们很快就完全摆脱了对于树林的依赖,成群结队地走出了非洲,来到了从来没有踏足的土地上。至此,在世界的各个板块上开始大面积出现古人类的活动痕迹。

人类与其他动物相区别的另一个重要特点，就是掌握了具有完全语法的语言。虽然很多动物也可以通过声音传递报警、示爱，甚至号召同类进行攻击的信息，但是只有人类能够将知识和经验转化为各种各样的具有不同含义的句子，并准确的传递给自己的同类。有了这个能力，人才是人，通过语言这一工具，人类可以更加有效地梳理自己的知识，表达自己的意愿和情绪，并对想要做的事情进行计划；有了这个能力就可以与血缘之外的人群进行联系，建立关系，形成团体；有了这个能力，人们就可以讲故事，传递情感，交流思想，建立集权，创立宗教，有了这个能力，人们就可以去思考人类起源的问题。

当人类的能力发展到可以通过采集、狩猎和捕鱼等活动来维持正常的生活后，他们可以选择适宜的地方定居下来，这一成就为现代社会的建立提供了重要的支持，于是部落或者原始的村庄开始形成，各种复杂的社会关系也开始逐步建立。同时，人类在实践中逐渐认识到近亲通婚的害处，于是婚姻形态就从最初的血缘婚转入了群婚，当这种非血缘关系的群婚实行到一切兄弟姊妹间，甚至母方最远的旁系亲属之间的婚姻关系都被禁止的时候，就组成了一个确定的、彼此不能结婚的女系血缘集团，也就是转化为母系氏族了。

在母系氏族公社时期，除了非洲、欧洲和亚洲有原始人生活外，美洲和大洋洲也开始出现人类的踪迹。在大约距今一万年前开始，人们从劳动实践中发明了原始农业和畜牧业，生活能力和质量进一步提高；大约在六七千年前，西亚居民开始使用石器和铜器：后来，埃及、印度和中国相继发明了冶金术，青铜器时代和铁器时代到来。随着生产力的提高，母系氏族中的男子不再以狩猎、捕鱼为主，而是代替妇女从事农业和饲养业，农业和饲养业已成为人们的主要生活来源。因此生理上的劣势让女性逐渐退居次要地位，职能也开始转向从事家务劳动和生儿育女。

母系氏族制瓦解，父系氏族制产生。在父系氏族社会后期，随着生产力的提高，氏族公社内部分裂成为若干个大家庭，各大家庭又分裂为若干个一夫一妻的小家庭。生产由集体劳动变为以家庭为单位来进行，劳动产品也归各个家庭拥有，私有制由此产生。生产的个体化、剩余产品的增多，使家庭之间的贫富分化加剧，大权在握的氏族长和部落首领开始越来越多地侵占别人的财产，成为贵族。贫富分化导致了奴隶和奴隶主两个对立阶级的出现，没有阶级、没有剥削的原始社会解体。在原始社会后期，为夺取生活资源的战争逐渐增多，为了对付共同的敌人，几个部落联合组成了一个更大的联盟。部落联盟的形成，扩展了地域关系，也扩大了各部落之间的经济和文化交流，部落联盟逐渐发展成为更进一步的社会组织——国家形成的基础，之后的事情，大家就很清楚。

尽管在远古的蒙昧时代，人们愚昧、落后，但人类追求文明的脚步却从来没有停止过。直立行走、语言的产生、文字的出现，这点点滴滴的进步在漫长的进化道路之中孕育出了现代文明的种子，现代文明就是在这样的一步步艰辛的探索中发展进步的，文明之光就这样产生了。

（二）个体生命的产生

相较人类进化动辄以亿年为单位来计算，个体生命的起源似乎容易得多，但实际上，每一个人生命的起始都包含了这数十亿万年人类进化过程中最核心的，也是最纯洁和美好的部分，就是人与人之间的情感。可以说，人类的生命是与爱同行的。生命是爱的结晶，是爱的成长和延续。爱是生命的起源，是生命的动力，是生命的过程，是生命的归宿。在这一节里，我们将借助现代生命科学的手段和技术，从生命的最初形式，甚至还不能称作生命的细胞开始，看一看在生命诞生的最初阶段，我们的身体到底发生了什么，而这一切是否像我们想象得那么简单。

1. 配子发生

配子形成的过程称为配子发生。这个阶段只能算是生命诞生的准备阶段，因为无论是雄配子（male gamete）还是雌配子（female gamete），或者我们称为精子（sperm）或卵子（ova 或 egg），在这个时期只能算是一个细胞，而不能称为生命。对于人类而言，在个体胚胎发育结束后，配子就以一种原始形态——二倍体的原始生殖细胞（primordial germ cell）存在于生殖腺中，在之后漫长的生长发育中逐渐发育成熟，通过细胞分裂和分化形成具有生殖能力的成熟精子或者卵子。精子体积非常小，但能够运动，卵细胞体积大得多，却是不可游动的。对于人类来说卵子的直径约为精子的 3~4 倍，而在一些低等动物如海胆，其卵子的体积可能比精子大 1000 倍。这是因为卵子除了需要提供来自母亲的遗传信息外，还需要供给受精后胚胎发育所需的营养物质。

对于卵子来说，在它成熟之前一直存留在女性性腺的卵巢当中，除此之外，卵巢还负责分泌女性必需的性激素。出生前，卵巢中存在有数百万个原始卵母细胞，经过儿童期、青春期，直至发育到成年卵巢中幸存的卵母细胞只剩 10 万多个。性成熟后的女性在性激素的影响下，每月只有一个原始卵泡成熟并由卵巢排出，沿着输卵管被运输到一段相对宽敞的区域——壶腹部，安静地等待精子的到来。正常情况下，女性一生成熟并排出的卵子约为300-400个，其余的卵母细胞便自生自灭了。一个卵细胞从卵巢上排出后约可存活48小时，如果在这48小时内没有等到与精子相遇、结合，很快就会自然死亡。失去这次千钧一发的受精机会，就要再等1个月后下一次排卵周期重复同样的过程。精子的发生与卵子发生过程有很大的不同，精子是在睾丸当中产生和发育的，同时睾丸也是雄性激素分泌的场所。对于成年男性来说，精子的发生是一个持续的过程，位于睾丸中的精原细胞在减数分裂过程中最终可形成4个精子，有研究表明，男子两只睾丸总重量约为20～40克，每克睾丸组织每日生产的精子数约为1000万个，换句话说，男性每日总共会产生约2～4亿个精子。然而，精子的产生过程还需要两个非常苛刻的条件：一是必需的营养，精原细胞分裂演变成成熟精子，特别是一分为四的过程，需要大量的营养物质，主要是蛋白质类；二是低温环境，要求阴囊内温度比体温至少低1～1.5℃，而睾丸里的温度要再低0.5～1℃，否则，精子生长会半途而废，这也是为什么雄性睾丸不能停留在腹腔内的重要原因，对这个脆弱的细胞来说，正常的体温似乎有点偏高了。最后，从睾丸里产生的精子还是十分娇嫩、幼稚的，它还不具备运动和授精的能力。它还需要在睾丸腹侧一个名为附睾的组织里逗留些日子，借助附睾的微环境作用，帮助精子做进一步的加工处理，使之逐步获得运动和授精的能力。这个过程被称为精子的功能成熟。

2.合子形成

我们把每一个新生命的开始称为爱的结晶，因为在生命诞生的过程中伴随着父母对彼此的爱恋、责任和信任。这颗爱的结晶就是合子，它的一半来自母亲的卵子，另外一半来自父亲的精子，父母双方各贡献了自己一半的遗传物质，最终融合成为一个新的生命，看似简单的过程，实际上充满了艰辛和不可预测。

（三）怀胎十月

当精子经历长途跋涉和层层考验与卵子相遇，最终结合形成受精卵后，这场艰辛的旅程并未到此结束。作为受精卵在体内孕育的10个月中，母亲经受的偶然的创伤、强烈的刺激、过度的劳累、疾病的侵袭都会直接影响胚胎的发育，轻则造成胎儿身体的残障，重则会使发育终止造成流产。许多胚胎在着床之前就永远消失了，更多的胚胎根本在被察觉之前就终止了。很多人都会很好奇自己是如何从一个细胞变成现在的自己的，简单来说就是两个过程：细胞的增殖和分化。

在受精卵形成的第一个月里，胚胎中只发生一件事，就是细胞不断的分裂增殖，这个过程乏善可陈，时至今日，我们的身体仍然不停地进行着这一过程，只是速度相较胚胎期要慢得多。从受精卵一分为二开始到妊娠的第4～5天，受精卵内已经密密麻麻地聚集了100多个细胞，他的位置也从输卵管进入子宫内，在这里他将经历人生的一个重大的转折，就是与母体建立结构上的联系从而能继续从母亲那里摄取营养来维持后面的生长发育，在临床上，这个过程称为着床（implantatin）。

胚胎着床的时间是受孕后的第6天，从这以后，直至距末次月经5～6周时，胚胎将在相当一段时间内"保持沉默"，也就是说，在这短短的一周时间内，没有任何手段能帮助人们了解这个"小生命"在母体中的情况。在这段时间里，这个"小生命"必须竭尽所能地依附在母亲的子宫壁上以便能够继续生存下去，如果到受孕后的第9天他仍然不能进入母亲子宫的怀抱，那么妊娠失败的概率有13%。此后，妊娠失败率随着床时间的推后而成倍增长，受精后第10、11、12天未着床的妊娠失败率分别为26%、52%和82%，如果到第14天仍未成功，基本上也就丧失了生存的可能性。为了能让大家理解这个过程可能出现的风险，我们还是简单介绍着床的过程。首先，胚胎需要脱下那层厚厚的透明带，随后内部的细胞团与子宫的内膜相接触，外层的细胞由蛋白质构成的绒毛样的结构就像宇宙中的空间站一样，与子宫内膜细胞的绒毛完成牢固地"对接"，为了能让这种联系更加密不可分，胚胎细胞还会分泌一种酶类，将子宫壁溶解出一道裂缝，以便自己能够深深地埋植到子宫内膜当中，这个时候，胚胎就可以从母亲的血液当中获取自身所需要的营养物质了。

那么，什么原因可能会造成着床失败，总的来说可能有4种原因。

首先是胚胎自身的缺陷，胚胎形态的异常最有可能的原因就是遗传因素，也就是说，胚胎的染色体出现了问题。人类的染色体共有23对，合计46条，其中有一对决定了我们是男性还是女性，我们称为性染色体，其他的22对称为常染色体，维持生命结构和决定各种性状的近3万个基因就分布在这46条染色体上面，如果这些染色体或者基因出现了异常，就会造成各种遗传问题。举个例子，我们之前讨论了，浩浩荡荡的精子大军进入女性生殖道后经过层层选拔，最后只有一个幸运儿能够进入卵子完成授精。可能会有很多人有疑问，即便最终到达卵子的精子数量不多，但是为什么只有第一个接触卵子的精子才能进入，是什么原因把第二名挡在门外？在这里有两层机制的保护，一是第一个精子入卵后引起的卵子细胞膜表面生物电的变化使得第二个精子无法靠近，此外，由卵子释放的酶类物质也使得透明带变得"坚硬",使其他精子无法穿透透明带进入卵子。但是,这两层保护并非万无一失,在很少数的情况下,可能会有两个精子同时进入卵子,这就是临床上所谓的"多精子授精",有些动物,诸如两栖类、鸟类等可在正常授精状态下发生,但在此情况下,能与卵核结合的仅是所进来的精核中的一个,而其余未与卵核结合的精核将退化消失。但是对于人类来说很有可能导致三倍体的出现而使得胎儿流产,还有一种可能就是,当细胞分裂的时候,由于种种原因,原本应该平均分配到两个子细胞中的染色体没有完全分开,导致子细胞中出现多一条或者少一条染色体的情况,也会导致胚胎发育终止。当然也有少数能够出生的情况,但是总会有这样那样的缺陷问题(例如唐氏综合征)。

  其次是母亲自身的原因。在这里,首先需要大家,特别是男生熟悉一个概念,就是月经周期(menstrual cycle)。月经是一个妇女在整个生殖生命中,子宫内膜周期性地脱落出血并经阴道排出的过程。每隔一个月左右,子宫内膜会发生一次增厚,血管增生、腺体生长分泌,以及子宫内膜坏死脱落并伴随出血的周期性变化,这种生理上的循环周期就叫作月经周期。子宫内膜增厚最重要的意义就是为胚胎的着床做准备,就像种子发芽需要足够肥沃的土地一样,如果子宫内膜因为感染、肿瘤等各种原因出现炎症或者粘连,都会造成子宫内膜变薄而影响胚胎的着床;此外,子宫内膜的周期性变化主要是由人体非常重要的一条内分泌的轴系:下丘脑—垂体—卵巢三者之间的相互作用来调节的,大家可以把它们想象成古代城池之间的烽火台,而它们释放的激素就是传递各种信号的"狼烟"。其中非常重要的一种激素就是黄体酮。黄体酮是由卵巢上排卵后形成的黄体所分泌的,因此也被称为黄体酮,从它的名字就不难看出它在怀孕过程中的重要作用,第一就是促使子宫充血,内膜增厚,为受精卵植入作好准备,此外它还可以抑制妊娠子宫的活动,使胎儿安全生长,抑制下一个月经周期的来临,同时与雌激素共同作用促使乳房充分发育,为产乳做准备。如果黄体酮分泌不足,就会导致自发性的流产。

  第三就是来自外界的威胁。虽然我们不能通过实验的方法确定到底哪些物质或者该物质剂量的多少会导致着床失败,而且暴露在环境中的物理或化学影响往往对妊娠的影响微乎其微,但是通常的观点都认为应当尽量避免接触潜在的有害物质。这些威胁包括有机染料、农药、重金属等化学物质以及高剂量的外源性射线,当然,所谓的高剂量的外源性射线并不包括医用的X射线和超声波。此外,吸烟、过度饮酒同样是造成流产的重要因素。

最后一点虽然存在一些争议，但是仍然得到多数医生的认可，就是心理因素对于早孕期间胚胎着床成功率的影响。美国的一项研究显示，凡得到"温柔呵护"的妻子妊娠成功的比例（86%）远远高于没有得到足够关注或是心理长期压抑焦虑的女性（36%）。有关心理因素对妊娠的任何一种有利作用，目前的生物学都解释得不太清楚，我们不能回答的问题就是，人们还不知道健康心态对妊娠的这种正面的作用究竟源于其本身还是继发于其他的相关作用。但是从表面上看心理支持对妊娠显然没有任何坏处，如果你现在足够的健康，应该庆幸的是你母亲在怀孕时心情还不错。

二、生命的内涵

生命教育是源于对生命的关爱，为此，进行生命教育，首先得对"生命"有一个清晰的认识。从古至今，人类就十分关注生命，上述对生命起源的研究就是一大明证。人们从最初对生命的敬畏到一步步揭开其神秘的面纱，取得生命领域的一个又一个进步，可以说，人们从来没有停止过对生命的探索。不同领域、不同学派、不同时代的人们对生命都有不同的认识。

在古代，"生"字的本义是指草木从地下长出，引申为事物的产生、发展，再引申为生命的孕育。"命"字本义是"天命"和个人的"命运"，是指客观的条件限制。古人的"生命"意指"活着"，不只指生命个体一生一世地活着，更指整个人类的生生不息，不断繁衍，不断进步。

人们习惯于从生物学角度来理解生命的含义。冯契主编的《哲学大辞典》指出："生命是主要由核酸、蛋白质大分子组成的，以细胞为单位的复合体系的存在方式。"[1]《不列颠百科全书》列举了五种关于生命的定义：第一，生理学定义，认为生命是具有进食、代谢、排泄、呼吸运动生长和繁殖等功能的系统。第二，新陈代谢定义，认为生命系统与外界经常交换物质但不改变其自身的性质。第三，生物化学定义，认为生命系统包含储藏遗传信息的核酸和条件代谢的酶蛋白。第四，遗传学定义，指出生命是通过基因复制、突变和自然选择而进化的系统。第五，热力学定义，认为生命是一个开放的系统，它通过能量流动和物质循环而不断增加内部秩序。《辞海》对"生命"的解释是："由高分子的核酸蛋白体和其他物质组成的生物体所具有的特有现象。能利用外界的物质形成自己的身体和繁衍

---

[1] 冯契.哲学大辞典.[M].上海：上海辞书出版社.2001：386.

后代，按照遗传的特点生长、发育、运动，在环境变化时常表现出适应环境的能力。"恩格斯在《自然辩证法》中曾如此定义生命："生命是蛋白体的存在方式，这个存在方式的基本因素在于和它周围的外部自然界的不断新陈代谢，而且这种新陈代谢一停止，生命就随之停止，结果便是蛋白质的分解。"显而易见，这些论述都是从生物学的角度去认识和理解生命，可以说，近代有关生命的定义完全是由占主导地位的生物学决定的。

随着科学的分化及其发展，涉及"生命"的各门科学都试图从各自的角度定义"生命"。如心理学认为生命即意识到的自我，医学则认为生命是活着的状态，19世纪末20世纪初，生命哲学的繁荣使人类对生命有了更深的理解。生命哲学认为"生命是世界的、绝对的、无限的本原，它跟物质和意识不同，是积极地、多样地、永恒地运动着的"。

从以往给"生命"所下的定义中，我们可以看出，人们不是把生命看成世间生物的基本存在形态，就是把它抽象为一个概念，而对人出现"生命"后所持有的概念没有本质的认识。人是有意识的，与其他生物的生命有着本质的不同，马克思在《1844年经济学哲学手稿》一书中指出："动物和它的生命是直接同一的，它没有自己和自己的生命活动之间的区别。它就是这种生命活动。人则把自己的生活活动本身变成自己的意志和意识的对象。"马克思的论述表明，人知道"我是人"，而动物不知道它是什么，它们不知道生，也不知道死，它们只是凭着激素和神经系统的作用在完成着自然的代谢；只有人类，才具有思维和意识，人的生命是自然生命、精神生命和社会生命的统一。

三、生命的特征

探讨生命的特征，必须从生命教育的理论基础和人性论依据出发，抓住生命中那些与生命价值的形成、发展和与生命教育紧密关联的特征因素。只有抓住这些特征，生命教育才会有针对性和实效性。

（一）生命的完整性特征

个体的生命是完整的，这是人存在的基本特征。

生命的完整性首先表现为人的生命是一个整体。生命作为人的内在的一种系统，它是由若干子系统、若干元素相互关联共同生长的复杂统一体。生命内部的诸要素是构成生命整体的诸元件，一旦离开生命整体，就失去了存在的意义和价值。比如人的眼睛离开了人的身体，必然就失去了光泽和光明，毫无作用。因此生命的完整性必然要求生命的各个组成部分不能孤立地存在，而是共存于一个生命体中，并以完整生命体的形式共同参与任何活动，共同关联，共同发展。叶澜指出：人的生命是生理、心理、社会、物质、精神、行为、认知、价值等多层次的、多方面的整合体。人参与任何一种活动，都是以一个完整的生命体的方式，而不是局部的、孤立的、某一方面的参与与投入。①哲学家雅斯贝尔斯也强调生命的完整性。他说："毋庸置疑，生命是完整的，它有着年龄、自我实现、成熟和生命可能性等形式，作为生命的自我存在也向往着成为完整的，只有通过对生命来说是合适的内在联系，生命才能是完整的。"②

其次，人的生命的完整性还表现在各种生命形态的统一。学者在研究中把生命划分为不同形态和层次，如二层次的种生命和类生命，精神生命和物质生命；三层次的肉体生命、精神生命、社会生命；③四层次的自然生命、精神生命、价值生命和智慧生命。其基本的内在前提就是生命具有完整性，各种生命形态统一于一个个体生命中，每一形态和层次都是相互关联、相互影响、相互包容和嵌套、相互融通，共同构成人的完满的生命。再次，人的生命完整性还表现在纵向的整体过程中，昨天、今天、明天，生命是一个延绵不断、融合前进的过程。任何人对生命的解读都不能拘泥于某一片段、某一方面，必须着眼于生命的全部与全程。开展生命教育，探究生命价值，就要从生命的整体出发。

（二）生命的独特性特征

每个人的生命都是一个独特存在，世间没有两片完全相同的树叶，世界上更没有两个完全相同的人。

生命作为独立个体存在着，首先表现为生命的唯一性。每个人的生命都是唯一的存在，是基于自己独特的遗传基因。一个独特的人是父方的精子成功地与母方的卵子相结合形成受精卵（合子）之后产生的。父母各给予受精卵23条遗传信息单位，即染色体。这些染色体中，每一对都含有2万个基因，它们是决定和影响个性特征的载体。染色体与染色体结合，基因与基因结合，按数学上的或然率计算，总的可能组合数为1 677 216种不同的形式。因此，两个人要具有相同的遗传因素是不大可能的，即使是同父母的兄弟姐妹也很不相同。唯一例外的是同卵孪生儿，他们是由同一受精卵发育而来，具有相同的染色体和基因，因而

---

① 叶澜."新基础教育"探索性研究报告集[M].上海：上海三联书店.1999：182.
② （德）雅斯贝尔斯；邹进译.什么是教育[M].北京：生活·读书·新知三联书店.1991：38.
③ 张曙光.生存哲学 走向本真的存在[M].昆明：云南人民出版社.2001：197.

遗传禀赋相同。但是同卵孪生儿往往会因为后天生活环境、教育、实践活动的不同，出现不同的发展，形成不同的个体。心理学的研究已经证明了这一结论。

其次，生命的独特性表现为生命的不可重复性。生命是一张单程车票，人自呱呱落地之日起，生命就是一个"进行时"，不断发展，不断生成，没有循环往复，人度过了自己的生命时间就不能再回头。在个人的时间里也没有固定不变的本质，这取决于他在时间变化中所遇到的条件和现实。柏格森把人看作一个时间性的存在，时间在流淌，生命在延绵，此时的生命与彼时的生命是不同的，是不可重复的。[1]

最后，生命的独特性还以个性的形式表现。人们常用"这个人与那个人个性完全不同"来表现两个人之间的差异。这里的个性不仅仅是狭义心理学中所说的某种心理品质，如能力、气质、性格的个性心理特征和需要、动机、兴趣、世界观等个性心理倾向，更是一个人独特的心理特征的总和。全部外界的影响都是通过个性这个人的内部条件发挥折射作用，形成了独特的生命个体，生活在同样社会中的个体，都有自己唯一的个性生命模式。

（三）生命的有限性特征

生命是有限的，就是因为人是一个生物体，任何一个生物体，生存总是有限的暂时的，有限性始终是摆在生命个体面前的绝对性。生有涯，死有期，谁也无法摆脱死的结局。在庄子看来，人的生死是一个自然过程，有生就有死，是不受人的主观意志影响的；黑格尔认为，生命本身即具有死亡的种子，人的诞生本质上就是一个否定事件，最终总要走向死亡。而作为个体，人的生命是一个有限的存在，因为人的生命不是随心所欲、无限延存的，每个人的生命都只有一次，是不可重复的。在人类历史的发展长河中，人的自然寿命只是短暂的一瞬间。对于人来说，最珍贵的还是生命，正是由于生命如此短暂，人们越发感到生命的珍贵，促使人们去努力思考、奋发创造，在短暂的时间里实现更多的人生价值，努力工作、积极生活，去实现人对短暂生命的超越。

生命的有限性表现在作为自然肉体存在的条件性、相对性和受限制性，有着时间和空间上的限制。马克思指出，"全部人类历史的第一个前提无疑是有生命的个人的存在。因此，第一个需要确认的事实就是这些个人的肉体组织以及由此产生的个人对其他自然的关系。"因我们连同我们的肉、血和头脑都是属于自然

---

[1] 张曙光.生存哲学 走向本真的存在[M].昆明：云南人民出版社.2001：197.

界和存在于自然之中的。作为肉身自然存在于世界中，人的有限性主要表现为：生命的存在以肉体的存在为前提，肉体的消失，意味着生命的结束。肉体的存在在时间的维度上是有限度的，这就是寿命。就人的生命个体来说，生命存在的时间是非常有限的。人的自然寿命一般来说有七八十年，随着现代生命科学和医学的发展，人类不断研发出抗衰老和延缓生命的技术，但是人的寿命最长也不过百来岁。人作为生物体的肉体存在有不可超越的自然限制性。"人类的孩童诞生下来时，他缺乏对自然的本能适应，缺乏体力，是所有动物中最无能的，比任何动物都需要更长时间的庇佑。"从人的肉体的生命力来看，人的生存空间和生存能力是有限制性的，甚至在某些方面远不如动物，如人的跑、跳、听、闻、看等基本生命力就比一些动物弱得多。

此外，生命的有限性还表现在生命的偶然性、无常性和不可逆转性。"天有不测风云，人有旦夕祸福"，人的生命就像一根脆弱的芦苇，一口气、一滴水就足以致他死命。按照存在主义的观点，人的生存本来就是一个偶然，人的逝去却是必然。人生存于这个世界是脆弱的，不仅有非连续性因素可以改变生命的历程，而且不可控制的疾病、灾难、意外等各种偶然事件都可能使得个体生命变得更加有限，甚至结束生命。另外，由于时间的不可逆性，人的生命也只有一次，人一旦度过了自己的生命流程，就不可能推倒重来，没有来生和再世。来生和转世说只是人的主观的需求和期盼，恰恰是对人意识到生命有限性的反映。

最后，生命有限性还表现在人作为社会人的社会限制。人存在于社会中，要受到社会法则的限制和束缚，这样人的个体才能成为社会中的自由人，成为现代社会的文明人，使人远离了动物的本能，远离了蛮夷。

若仅仅看到生命的有限性，人生就是"等待死亡"，这使人的存在带有悲剧性的色彩，容易走向生命悲观主义。生命的有限性是一种独特的有限，只有当我们认识到生命的有限时，才能在有限中感悟到无限。正是由于人的生命的有限性，才促使人去努力思考、积极奋发，以实现对生命有限性的超越，从而走向生命的无限。从这个意义上讲，人的生命的有限性正是人走向超越和无限的最根本、最强大、最终极的动力。海德格尔正是在这种追求无限可能的意义上理解"向死而生"的。所以，为了走出个体生命有限性之悲观主义情结，我们要将生命的有限放到生命的整体架构中，个体的生命虽然是有限的、有死亡的终结，但人类社会却是一代代个体生命的接力，这使个体生命的有限性转化为群体或人类生命的延续性。因此，对生命有限性的理解，既要看到个体肉体生命存在的有限性是绝对的，又要看到人在对生命的无限追求、不断超越的过程中，有限性又是相对的；把生命个体的有限性纳入人类发展的历史长河中，个体的有限性又被赋予无限的永恒性。因此，生命是一个矛盾的存在，我们只能在超越中理解生命的有限性。

（四）生命的超越性

人是一个超越性的存在，"超越性是人的生命存在的根本属性，也是人的生命存在的基本生存样态。"[①] 生命的超越性源于生命的有限性，正是由于人的自然生理生命的有限性，才激发人去超越生命本身的有限性，去实现人的价值的无限性。很多哲学家都把超越性看作人的生命本质，德国哲学家马克思·舍勒曾经给人下了一个定义：人是超越的意向和姿态，人是生命超越本身的祈祷，人是一个不断开放、不断生成的 X。人是有意识的生命体，自我意识使人不断地意识到自身的有限性，人对自身生命存在状况进行的有意识的反思形成了人对自身的一次次超越。"正是这种超越性决定了人生活在现实世界之中，然而又不满足于停留于此，他的目标永远在前方，追求一种终极完满的存在方式。"[②]

人的生命的超越性表现为：生活对存在的超越，历史对遗传的超越，发展对演化的超越。首先，人的生命的超越性在于人的生命的文化属性。即人可以通过人类文化的传承实现对自然生理生命的超越。人类的超越意识的作品有神话、宗教、艺术、科学、哲学等，人类正是通过这些基本方式把握世界，从而获得现实的体现。人受教育，尤其是学校教育，主要是为了掌握系统的、符号化的文化知识，继承前人的优秀思想和生活经验，从而获得首次的自然性生命的超越。教育活动是人类所特有的文化活动，目的在于通过文化的传递引导人的生命的发展，实现生命的超越。

其次，人的生命的超越性还在于人的生命的实践属性。即人可以通过人类实践的创造实现对自然生理生命的超越。实践是人的存在方式，是人所特有的认识世界和改造世界的活动。"超越"原义是"越出自身"，实践就是直接将人的创造性意识和动机对象化、现实化，越出人自身的活动，是创造"属人"的物质世界和精神世界的对象化活动。作为个体的人是一个生生不息的过程，他对无限和完美的追求，使他不断地推陈出新，不断超越有限和欠缺，走向升华和完美。人的生命的这种不断发展和超越的本性，即使个体的人本身不断得到发展、进步和超越，同时又客观上推动了社会的发展和人类文明的进步。

---

① 刘济良.生命教育论[M].北京：中国社会科学出版社.2004：36.
② 冯建军.生命与教育[M].北京：教育科学出版社.2004：297.

（五）生命的不确定性特征

不确定性是人的生命特征之一。"人必须靠自己完成自己，必须决定自己要成为某种特定的东西，必须力求解决他要靠自己的努力对自己解决的问题。"[①] 人的不确定性使人具有了先天的不足，在自然界中无依无靠，但另一方面，这种不确定性，给人留下了广阔的发展空间。既然生命处于不断变化和流动的时间之维中，就寓含了生命的不确定性。因此，人也无法在有限的生命过程中恰好完成自己的人生追求，无论人怎样去努力，人在生命的尽头总感到还有很多未竟的事业、未了的心愿，还有许多的可能性需要实现。正是生命的不确定性，决定了生命的未完成状态，人类历史没有一个完成的期限，人永远都是可能性的存在。

生命的不确定性和未完成性，决定了生命的不完整性。生命的不完整性激发了生命追求完美的意识，赋予有限的生命以价值感和意义感成为人一生的追逐。人们无法左右生命的长度，但人们可以左右生命的高度，正是生命高度的不同，使得在既定时间内的生命有了不同的内涵和容量。为此，人在生活中，要有强烈的时间观念，最大限度地减少无意义的人生活动，增加有益的、有价值的生活内容；不断地丰富自我内在的精神生活和心理生活；把有限的时间投入有价值和意义的工作之中。总而言之，就是一个人要通过自己创造性的活动和利他的行为赋予自己新的意义，进而不断丰富生命的内涵，提高生命的质量，才能"生得有价值，死得有意义"。

综上所述，正是由于生命的以上特征，才使得人的生命被看作是人间最可贵的东西，被看作人类的最高价值。对人的生命特征所进行的探讨，为生命教育提供了相应的理论支撑，也为生命教育提供了良好的人性论依据。生命教育的开展要建立在对人的生命特征的了解和认识的基础上，这样，教育才能具有针对性，才能根据每个人不同的生命特征施以不同的教育，从而增强生命教育的实效性。

（六）生命的价值性特征

人是有价值的存在，价值是人存在的基础和依据。人是生命价值的主体，生命的存在和属性只有满足了人的需要才能产生价值。这里的人既指个体的人，也指群体的人，更是指全人类，他们都将与生命的存在与属性间建立价值关系。生命是生命价值的客体。生命的存在不仅是对人的各个方面的满足，而且也是社会各个领域的发展与进步的渊源，这就是生命价值的体现。

---

① （德）兰德曼；阎嘉译.哲学人类学[M].贵阳：贵州人民出版社.1988：228.

首先，人的生命的价值在于自己生命的本真。"每个人在他或她自己的身上都是有价值……其他一切价值的根源和人权的根源就是对此的尊重。"[1]个体的人只有作为一个具体的生命存在才能够谈得上他的价值，谈得上生命价值的实现，人的生命的价值蕴涵于人的生命本身，人的生命本身就是人最真实、最可靠的价值。

其次，生命的价值性表现在人的生命自我超越。"人是不会满足于生命支配的本能生活的，总要利用这种自然的生命去创造生活的价值和意义。人之为'人'的本质，应该说就是一种意义性存在、价值性实体。"[2]人是宇宙间唯一的能够"是其所不是"和"不是其所是"的存在物，而除人之外的一切存在物都"是其所是"地存在着。人的生命的双重性促使生命的发展衍生出一系列矛盾，矛盾的过程就是生命实现超越的过程，也是实现生命价值的过程。生命自我超越表现在：①人的精神性对人的生物性的超越。人不是一个纯动物性的存在，在精神性的支配和润色下，人从一个纯粹的动物体变成一个社会人。②人的生命无限对生命有限的超越。人的现实存在性规定了人的生命的有限性，但是人的追求却是无限的，人生的过程就是一个不断达到阶段性目标后又追求新目标的无限过程。人总是在无限努力中追求生命的价值。③可能对现实的超越。人的本质不是预成的，而是生成的。人在现实和经验中肯定自己，但是人的本性还使人生活在理想中对"未来"的向往和对"可能"的追求，使人超越自己的现在和历史。④自由对规定的超越。人是社会人，首先要获得社会赋予的规定性，但是人又创造性地改造环境和社会，创造自我，实现对既定自我的超越，创造的过程就是不断超越自身的规定性，不断走向生命的自由。[3]由此可见，人的生命自我超越就是人在生命中意识到自身的生存局限，从而自觉地赋予自己有限生命以充实的内涵，自觉意识到自身的潜能和使命，谋求自我生命价值的创造与提升。

再次，生命的价值性体现在人的对象性的活动——实践中。生命的存在和属性是以人的全面发展和社会的全面进步为尺度而建立起来的一种主客体关系。这种关系是生命的存在及其属性以满足人的全面发展与社会进步为目的而呈现的一种肯定的意义关系，是人的生命存在区别于动物的最本质的属性。只有人能够在

---

[1] （英）阿伦·布洛克；董东山译.西方人文主义传统[M].北京：生活·读书·新知三联书店.1997：234.

[2] 高清海.人就是"人"[M].沈阳：辽宁人民出版社.2001：213.

[3] 冯建军.生命与教育[M].北京：教育科学出版社.2004：296-297.

实践中有意识地主宰和驾驭自己的生命活动去实现自己的意志和目的，进而不断超越有限生命进入永恒和无限的意义境界；离开人类实践，生命的价值无法产生，更不能发展。因此，生命的价值存在于人的实践活动中，人的实践活动就是形成、创造生命价值的过程。

最后，生命的价值性在于人的精神。人的精神就是人的生命存在的最高价值，最本体的价值。"只有人才能超越了本能的生命，确立了人格自我，能够有意识地主宰和驾驭自己的生命活动去实现自我的意志和目的，进而把有限的生命引向永恒和无限的意义境界。这就是人的生存价值。"人的生命存在归根到底是要追求"一口气"——道德高尚、信仰坚定、灵魂丰富、精神升华。

生命是完整的、独特的、有限的，又是超越的、有价值的，这是人之生命存在的基本内涵，也是正视生命的基本视角。厘清生命的基本特征，生命教育才有坚实的基础和可靠的出发点。

第二节 生命教育的基本概念

近些年，我国社会、经济、科技等各方面迅猛发展，给当代人们尤其是大学生的就业提供了无限的可能和便利，而与此同时，随之而来的就业竞争和压力也随之而来，这给本就担负较重学业的大学生带来了更加难以化解的心理困扰，导致少数大学生逐渐出现了轻生的倾向。关注生命，开展生命教育便成了以人为本的高等教育的必然要求。尽管目前国内对大学生生命教育有了一定的研究，但重视程度依然不够，也没有形成较好的体系。进行大学生生命教育研究，怎样提高生命教育的科学性和有效性，是摆在教育工作者面前的重要课题。而关于生命的教育，我们应先将其具体概念进行一个切实且详细的了解。

一、不同角度下的生命诠释

（一）生物学角度下的生命诠释

如果从词源的角度解释，"生"字的本义是指草木从地下长出，引申为事物的产生、发生，再引申为生命的孕育、发展、生生不息，或者说生命有无限潜能，值得珍惜、探索、发展，"命"字本义是"天命"和个人的"命运"，是指客观的条件限制。"生命"便是指生活在有限现实世界中的生命个体的不断发展、更新。进入现代社会以来，随着科学技术的发展和人类认识水平的提高，特别是生命科学的发展，人们对生命个体的认识更加科学，尤其是生物学意义的生命概念更加清晰。《辞海》中对"生命"一词的解释是："由高分子的核酸蛋白体和其他物质组成的生物所具有的特有现象。能利用外界的物质形成自己的身体和繁衍后代，按照遗传的特点生长、发育、运动，在环境变化时常表现出适应环境的能力。"① 再如，恩格斯曾提出了著名的生命定义："生命是蛋白体的存在方式，这个存在方式的基本因素在于和它周围的外部自然界的不断的新陈代谢，而且这种新陈代谢一停止，生命就随之停止，结果便是蛋白质的分解。"② 显而易见，这些都是从生物学的角度去认识和理解生命，揭示一切生命的自然特征，认为生命是作为生物的本质属性而抽象出来的一个概念。随着科学的分化与发展，涉及"生命"的各门学科如医学、心理学等都从自己的角度来界定"生命"。单是医学上对生命的界定就至少有三种："①活着的状态；由新陈代谢、生长、繁衍以及对环境的适应所表现出来的特征；动植物器官能完成其所有或部分功能的状态。②有机体的出生或发端到死亡之间的时期……将生命物体（动、植物）与非生命、非有机的化学物或已死的有机物区别开来的特征的总和。"③ 20 世纪 50 年代以后，DNA 双螺旋结构的发现及其遗传功能的研究进展改变了人们关于生命的本质是蛋白质的看法，开始把生命的分子基础看作是具有自我复制和携带有遗传信息的核酸。21 世纪，人类基因组图谱绘制的完成，翻开了自然生命之书中最为隐秘的部分，因此有人甚至认为生命只不过是一堆碳水化合物和 DNA 分子的组合罢了，是一种看得见，摸得着，可以任意摆布和处置的东西。

诚然，人的生命与其他生物体的生命存在有着本质的不同，人以外的其他生物仅仅是以自然的方式生存，而人的生命则是实现其自身目的的对象性活动，是改变自然以创造"人"的世界的生活方式的活动，人的生命除与其他生物的生命一样具有不可逆、一维性等自然特性外，更重要的是具有社会性和超越性。

（二）哲学视域下的生命

生命哲学主要从哲学层面探讨生命与死亡的本质属性及其相互依存的关系，这种哲学思考既坚定了生命教育对灵动生命的标举，又为生命教育的核心理念提供了丰富的理论给养。早在古希腊，苏格拉底就以其勇敢地走向死亡的行为向世人昭示了生命的意义在于维护真理。兴起于文艺复兴时期的人文主义思潮，则以

---

① 夏征农，辞海[M].上海：上海辞书出版社，2002：1497.
② 恩格斯，自然辩证法[M].北京：人民出版社，1971：277.

人权反对神权，以人道反对神道。它肯定人的价值，保障人的权利，恢复人的尊严；要求自由、平等与个性解放；反对禁欲主义，注重现实人生的意义和对世俗幸福的追求；反对盲目信仰和崇拜权威的蒙昧主义，推崇理性，重视科学知识，主张人的价值在于获得充分的自由。

生命哲学作为一种关注和肯定人的生命价值及意义的哲学思潮，是19世纪末反对理性主义和实证主义思潮的产物，也是20世纪出现的第一个非理性主义哲学流派。生命哲学的空前繁荣出现于19世纪末20世纪初，尼采、狄尔泰等人的哲学思想为生命哲学的繁荣奠定了坚实的理论基础。在尼采的哲学思想中，他的道德价值学说对生命哲学产生了重要作用。尼采的道德价值学说是一种基于对自然生命肯定的，超越于善恶之上的生命道德。到狄尔泰时，他已经将自己的基本思想称作"生命哲学"，主要体现在：人文科学中的社会历史研究领域。狄尔泰认为，人文科学是一种与自然科学完全不同的"精神科学"，它基于对生命的体验、表达和理解，以整个人类的生命现象为研究对象。该学说的生物学气息不浓，主要将生命界定为人生和各种文化制度下的人的生活，重点包括社会历史领域中文化价值和精神生活方面的内容。他一方面对实证主义和绝对唯心主义进行了批判，另一方面也提出了解释和理解人文科学的方法。他所说的生命哲学不仅意味着一种关于生命的哲学，也就是说，生命在这里不仅仅是一个被探讨的对象，而且，生命哲学还意味着它是一种由生命中产生的必然成就，它就是生命活动本身。在狄尔泰看来，人的生命是一个含义相当宽泛的概念，绝对不能简单地从生物性加以规定，而是必须围绕人的主观性或精神性来揭示生命存在的价值和意义。具体来说，生命的概念囊括了"人类生活的整个范围，包括它的表现、它的创造，以及人类的社会组织、文化成就，人心向内与向外的一切活动等"。

后来，以法国的柏格森、德国的奥伊肯为代表人物的生命哲学思想，是一种唯心主义的哲学思潮，它的最大特点就是把生命现象神秘化，把它当作是一种只能意会不可言传的非理性心理体验或本能冲动，一种绝对自由的、不受任何客观条件和客观规律制约的盲目的创造力量。因为生命总处于不断变化、发展过程中，故没有任何相对静止和稳定的东西，因此，为了掌握生命，必须深入生命本身，而这只有依靠非理性的直觉。这种学说的最大贡献在于它不仅将生命哲学渗透到本体论、认识论和方法论之中，极大地丰富了生命哲学，而且也使生命哲学能够在各个方面与传统理性主义哲学，特别是实证主义分庭抗礼。

二、从生命到生命教育

生命作为一种存在和一个过程,置身于自然环境、社会环境和自我世界等复杂的系统之中,是一个由多种因素相互交织而构成的特殊的存在物,是一个有多种层次和维度的结构体。虽然生命追求内在的统一性与和谐的完整性,但对生命的认识却需要从解构到重构、从一维到多维、从单向度到多向度。根据生命本身的内在特性,我们可以把人之生命分为自然生命、精神生命和社会生命。

(一)自然生命

自然生命是最基本的生命尺度,是自然的生理性的肉体生命,是人的生命存在的物质载体和本能性的存在方式,换句话说是物质性身体中所表现出的生命。作为自然界的产物,人首先是一个自然存在物。这一点与人以外的其他生物的生命特征是一样的,人的生命也是一种物质性存在,由若干细胞、组织、器官等构成的有机生物体,也要遵循生物体的运行机理和规律。像宇宙中的日月星辰、山川草木、鸟兽虫鱼、春夏秋冬等一样,人的生命是整个大自然的一个重要的组成部分。作为肉体的生命,人是一个自然的存在物,但人又是一个特殊的自然存在物。[1] 如果没有意识的萌生、精神的贯注,人的自然生命就不成其为人的生命。而人对生理性肉体生命的物性、本能性的超越,是通过自我意识和内在精神的提升而实现的。也就是说,人的生理性生命并不完全是一个自在的自然的存在,实际上已经具有了精神的印记,能够意识到肉体生命的存在,并能够对自身生命的存在和发展做出自主的选择。这就使人的自然生命与周围环境之间有了一种既相互依赖又相互对抗的特殊联系。唯有保持这二者之间的动态平衡,人的生命发展才能拥有一个健康的、坚实的基础。

此外,人的自然生命实际上承载着亲缘、血缘及其代际传递的功能。所以,人的自然生命的存在是人一切存在的基础,是人的一切高级生命活动的物质前提。没有了这个基础和前提,人的精神生命无从谈起。从这个意义上来说,人应当首先保护和珍惜人的自然生命。因为人的自然生命与社会生命是交织在一起,甚至是相互包含的,孤立地谈自然生命是没有意义的。

(二)精神生命

精神生命是人在主观形态中的目的和活动,主要是指人的精神状态,是人之

---

[1] 刘济良.生命教育论[M].北京:中国社会科学出版社.2004:36.

生命的升华，是以自然生命为基础，以人际生命为背景的生命的自觉和超越。人是一种有意识的、有思想的动物，表现为自然生命以外的人对理想、感情、道德、精神、信仰、价值等的追求，它是区别于动物生命的主要特征。人之所以为人，就在于人不仅仅是为了满足自己的自然生命而活着，还要追求超越于自然生命的精神生命。"人不满足于生命支配的本能生活，人的生活是经过理解的生活，人要规划自己的人生、创造自己的价值，这说明'人'已超越了'生命'的局限，要去追求高于生命、具有永恒意义的东西，已属'超物之物'、'超生命的生命体'，这才所以称之为'人'。"① 正是人的精神生命才使人的自然生命摆脱了动物性，不再受人的自然生命本能和外在环境的制约，从而获得自由。因此，哲学家们把精神生命看作人的本质。

正如精神科学的创始人狄尔泰所认为，人是"有意志、有情感、有想象的存在物"。人之所以要追求精神生命，主要在于精神生命对人的自然生命的指引和提升。人的肉体生命所关注的是人的生理、物质欲望的满足，是对自身的物性、感性和有限性的暂时实现。而人在追求自己肉体欲望的过程中，如果没有精神的关注和价值的引导，就会表现出动物性的特征，甚至背离人性。只有在人的精神生命的引导下，人的自然生命才摆脱动物性。人的精神生命把人的自然生命提升至理性、无限和永恒的高度。也正因此，生命才有了人文层次的价值和意义，使之散发着自然的诗性和光辉，在某种境界中帮助人们超越有限，进入永恒。

（三）社会生命

社会生命是指人的生命的社会性，也可以说是人际性生命。如果说自然生命是任何动物共有的生命形式，社会生命则是人类特有的，它赋予人生命的特殊本质。马克思认为人是社会存在物，人的本质是"一切社会关系的总和"。也就是说，人怎样生产和怎样处理社会关系，人就成为怎样的人。每个人都是特定的社会成员，与其他个体、组织、社会、国家等产生千丝万缕的联系，失去这种联系，人就会丧失社会属性。正是其他人的存在，成就了每一个体生存和发展的目标、条件和动力。社会的发展和文明的进步为每一个体的发展提供文化、环境和资源的支持，离开社会的发展、个体的发展是不可思议的。

人生命的社会性是由人的本质决定的。社会关系的内容有家庭关系、工作关系、经济关系、政治关系等。人总是处于一定的"社会关系"之中，并担任一定

---

① 高清海."人"的双重生命观：种生命与类生命[J]. 江海学刊，2001（1）：82.

的社会角色，承担一定的社会责任。如果人的独立性表明人自由的一面，人的社会性则表明人不自由的一面，表明人受他人、社会制约的一面。忽视人的社会性，看不到社会生命对人的自然和精神生命的某种决定作用，就不可能正确地认识自然生命本能的冲动和释放，也不可能正确地认识人的自由。与此同时，忽视人的社会性及其与他人的关系，单纯地强调精神生命的自由，会破坏人与人的协调关系，最终使每个人都走向不自由。所以，对体现精神生命之本的自由而言，只能是关系中的相对自由，因为，自由是与控制及秩序同在的。人的社会属性主要表现在：其一，人本身就是社会的产物；其二，人的生产活动具有社会属性；其三，人的生活具有社会性。只有在人的社会性背景下，人才能从一个自然的生物人、个体人向社会人、契约人转变，才能通过自己的社会角色以及相应的权利义务，意识到自己的社会存在、社会生命，从而开掘、充实和引领自己的自然肉体生命。当然，生命具有社会性的同时，又有个体性。正是个体生命的健康成长与和谐发展才形成了改造世界的能量，进而推动社会的发展。因此，生命的社会性要求每一个体处理好个人与他人、社会与自然的关系，正确处理个性发展和社会责任的关系，建立良好的人际环境，尊重个体生命的独特性，构建和谐健康的生命发展模式。

总而言之，人的生命是一个有机联系而复杂的整体，强调人的精神性，并不能否定人的自然性，毕竟人的精神生命是基于人的自然生命而发生的，如果连肉体都没有了，还谈什么精神。再者，人的社会生命不仅构成精神生命的表现内容，还是自然生命的延续。因此，可以说，人的自然生命、精神生命、社会生命共同构成人完整的生命，三者相互关联、相互影响、相互融通。自然生命是精神生命的载体，精神生命是自然生命的灵魂，社会生命是将自然生命和精神生命联结起来的纽带。舍去三者中的任何一个，人的生命都是不完整的，人就不能称为完全意义上的人。

三、生命与生命教育的关系

当前，我国正处于科技、经济迅速发展，社会体制不断变革的历史时期，大学生深受各种思想文化、不同价值观碰撞的影响，与此同时，面对社会的变革、竞争的加剧，承受着巨大的生理、心理压力，部分大学生对生存的意义和生命的价值产生迷惑。近年来，社会上无视生命的现象并不少见，大学生自杀和伤害他人生命的现象时有发生。面对上述现象，人们开始探寻生命与生命教育之间的关系，开始反思现存的教育在工具主义价值观的驱动下忽视对个体生命及生命意义提升的问题。

（一）生命是教育的原点

教育的本源问题一直是教育研究者关心的主要问题之一。由于种种原因，长久以来，人们把社会、政治、经济、文化等作为教育的原点，不知不觉偏离了教育的本真。殊不知，"人是教育的对象，教育是'人'的教育，而不是社会的教育。教育固然对社会发生作用，但这种作用必须通过培养的人参与社会实践而实现。"[①] 由此可见，只有人才是教育的原点。人是教育的对象，促进人和社会的共同可持续发展是教育的主旨，通过培养适应社会，并能为社会的建设与发展做出贡献的人，来实现教育发展社会的功能。在统一人和社会需要的前提下，如何发展人，实现人最大限度的发展是教育的永恒主题。

（二）生命观决定教育观

生命观决定教育观，一方面宏观决定教育目的、培养人的具体目标，人们对人生命的解读，对生命价值的理解、生命意义的感悟，决定人们的教育观念，决定人们确定教育发展人的具体目标和应该如何发展人。另一方面，微观决定具体的教育方式与教学方法。生命观的变化、生命发展理想模式的更迭促使人们去修订相应的教育目标、更新教育内容、选择教育方法。例如，当人们首肯生命理性之时，教育的目的是培养人的理性。而对生命的具体认识不同，如卢梭相信人的自然天性，赫尔巴特肯定儿童的先天劣性，决定了教育内容、教育方法的差别，一个是遵循自然法则、儿童天性的教育，一个是强调对儿童管束和惩罚的教育。

思想是行动的先导，要革新教育观，则必须从生命观的改变开始，只有当人们对生命有了新的认识和领悟，才能明确生命的发展真正需要什么样的教育，明确教育应该为生命发展做什么，才能接受新的教育观。可以说，没有生命观的改变，教育观的革新不能经受实践的检验，也难以有效指导教育行为。例如在现代教育中，许多教育者奉行的是现代教育理念，运用的是现代的教育工具，但教育改革却并没有达到人们想要的效果，其中一个重要原因，在于他们奉行的依然是传统生命观之下的教育观，依然视学生为任意改造的对象，没有平等的生命观念，教师以暴力惩罚学生的事件仍时有发生。因此，教育改革首先应该从更新教师的生命观这个根源着手，以教师影响学生，革新师生的生命观，来推动教育改

---

① 冯建军. 生命与教育[M]. 北京：教育科学出版社. 2004：297：2

革的不断前进。

(三) 教育是生命的存在方式

教育自产生后,逐渐成为人的生命发展的前提,乃至生命的存在方式。"狼孩"佐证的例子表明,他们年龄很小就脱离人类社会而与其他动物生存,由于从小没有接受人类的教育和文化的熏陶,也没能得到人类生活所需的实践经验和劳动技能,以至于这些"人"的身心都还处于动物状态,哪怕是后来花费很多时间和精力,也难以让他们适应人类生活。这些事实证明,"如果人类没有教育,人类必然失去人类的特征,而回复到动物的状态。因此,自有人类以来,必定要有教育才能维持人类的特征,如果没有教育,人类便停止为人类"。[1] 当前,人类生活发生了很大的改变,教育成了一个人民幸福、民族昌盛、国家富强的重要法宝,接受教育已经不仅仅是人类生存生活的手段,它转而成为人们的一种生存方式,没有教育,人类将无法生存,人的生命也将难以延续。

第三节 生命教育的理论基础

自詹姆斯·华特士在20世纪60年代末的开创性研究以来,心理学家、社会学家和教育学家都试图进一步了解人们进行生命教育的过程和方式。他们所积累的知识可以被认为是一门学科知识或一套理论体系,即关于生命教育的理论体系,其中内容丰富、各有侧重,包括生命哲学、终身教育、全人教育、心理健康教育、职业生涯教育、安全教育和最常见的生命教育。在本书中,则以以下三种理论为主要侧重点进行阐释。

一、生命成熟理论

华特士于20世纪60年代末在美国首倡生命教育,创立了以生命成熟为核心的生命教育理论体系。在华特士看来,生命个体持续不断的成熟是教育面临的问题,也是生命教育要解决的问题。教育是为了使人获得真正意义上的"成熟",即生命教育以人的"成熟"为目的。华特士构建的生命教育体系试图指出通向成熟的道路。它并非给出成熟,而是创造受用终身的思维财富,提供成熟的方向,

---

[1] 冯建军.生命与教育[M].北京:教育科学出版社.2004:297.

使人们直至进入老年还能够持续发展，不断发现大千世界中令人惊喜的事物。

（一）生命成熟的意蕴

"成熟"是华特士生命教育体系的核心概念，生命教育旨在帮助人们探索前进的道路，帮助个体发展出生命成熟必需的成熟工具，促使他在人生中做出正确的选择，从而是指能够做好充足的准备，以更好地迎接人生。成为一个成功的"人"，即拥有自己的快乐和平静，又得到他人诚心的尊敬和善意的人。

那什么是"成熟"呢？依照华特士的观点，则是"成熟"即是与自身之外的其他现实可以做到恰如其分的融合能力，而不成熟就像是一个小孩子，会因为一些主观上的无法满足而大发脾气。成熟不仅仅是与年龄相关的简单概念，并不是在某个年纪就会自动抵达的终点线，成熟是持续不断，甚至永不结束的过程。成熟，不只是正式教育的宗旨，也是所有人类的根本目标。人生的教育持续不断，贯穿我们一辈子的生活。在华特士看来，人生是一个机会，一场历险，即人生是发展潜能，成为一个"人"的机会，人生是发现各种自我未知层面的一场历险。[①]

"成熟意味着内在均衡的状态，处于这样的状态，没有任何事物可以撼摇一个人的平静安详。也只有在这样的平衡状态下，一个人可以有效地和各种形形色色的实体建立联结，无论这些实体多么异于他自己真实的人生经验。"一个人越成熟，他的内在就越安定（并不是指自私），就像一个轮子已经完全平衡于它的内心。因此，他就越不可能倾向于向外追求他本身之外的实现。[②]

人类与其他生命个体相互依存，与养育人类和其他生命的自然环境相互依存，与人类不断创造出的非生命物质相互依存；人与人之间相互依存，作为发展中的个体，处于不断变化中的各个生命阶段也相互联系；在某一特定阶段，个体的身体、情感、思维、意志也相互影响。人们无时无刻不存在于各种关系之中，身处种种关系之中，有人游刃有余，有人茫然失措。不能在人与自然、人与社会、人与他人之间建立起和谐关系，也正是人类社会和个体生命面临诸多困境的根本原因。

如何与其他存在建立起和谐关系至关重要，这也正是那些伟大的理论和科学发现之所以伟大之处。它们能够成为联系各个领域的桥梁，揭示对事实和生活的基本理解，使人们能够将世界联系起来，看作一个整体，从而获得对世界更加深

[①] 杰·唐纳·华特士；林莺译.生命教育 与孩子一同迎向人生挑战 [M].成都：四川大学出版社.2006：4.

[②] 高清海.人就是"人"[M].沈阳：辽宁人民出版社.2001：213.

入的理解。

而作为个人，他越能够将一个事实与其他更多的事实联系起来，他的思想意识就越宽广，越具有包容性。现实教育往往仅重视学术能力的培养，而忽视培养学生建立和谐关系的能力，因此人们在生活、交往与解决问题的过程中只愿意站在自己的立场上，虽然看起来人们能够从不同的角度来看待事物，但实际上往往只是为了证明自身观点的正确，并不能在事实与人、事实与事实、人与人之间建立起恰当的联系，这正是不成熟的表现。华特士用"孤岛遗民"来比喻人这种不成熟的状态。他们之间的交流就好像站在相距十万八千里的两个孤岛上互相喊话，不论他们叫喊的时间有多长，孤岛仍是孤岛，他们听不到对方的声音。而只有当人们获得建立和谐关系的能力，也就是逐步获得这种意义上的成熟，才能结束这种"孤岛遗民"的状态，开始倾听对方的话语，理解他们的意图，并与自身的理解联系起来，以获得新的见解。这时的对话才能为所有的参与者带来新的智慧。不难看出，华特士将和谐关系的建立作为界定人是否"成熟"的标准，将培养受教育者建立和谐关系的能力作为教育必须要承担起的责任。"教育的职责，正是要吸引孩子朝着成熟的理想境界前进，这个理想境界就是将他人的现实融入自身的现实视野中。"[1]无论如何，生命教育的重点，不只是要让学生从教导的内容中汲取道德教训。过分道德化的诠释可能会使学习变得单调乏味、死气沉沉，即使它的立意完全是为了引导学生迈向更深刻的理解。事实上，生命对我们最棒的教导就是：享受我们所做的事情；在课堂上的意义，就是好好享受你的教学或学习。学习的历程应该根植于生命本身，也因此——对老师和学生而言都一样——教育就会成为让每一天都觉得新鲜与惊喜的事。如果一位老师能真正享受自己所教的内容，并在学生身上激发相同的愉悦，他就已经掌握了"生命教育"系统的一个核心重点。

孩子需要被"邀请"迈向成熟。孩子们在成长的过程中发现，并不是一切都能随心所欲，成长的过程在某种程度上说就是学习如何适应现实的过程，孩子们看待现实的眼光会不断扩展。

迈向成熟的学习法则就是体会到人活着，在现实生活中不停地奋斗，其最终的目标应是追求快乐的永恒，这个概括性的原则，适用于孩子迈向"真正成熟"之路的所有阶段，足以解释孩子成长过程中必须学会却令人手足无措地种种戒

---

[1] 杰·唐纳·华特士；林莺译.生命教育 与孩子一同迎向人生挑战 [M].成都：四川大学出版社.2006：38.

律，甚至对成人而言也同样适合。

(二) 生命成熟的阶段

华特士认为，人类个体生命从出生到死亡经历了四个"成熟"周期。每一个周期有不同的"成熟"任务：一个孩子生命的前六年主要是投入身体意识的发展。接下来的六年，直到12岁左右，是发展情绪敏感程度的自然阶段；十二岁到十八岁，青少年的反叛是发展意志力的自然征兆。在这两个十二年的循环周期中，最后的六年，从十八岁到二十四岁，则是智能开始自然蓬勃发展的人生阶段；接下来的24年属于第二个成熟周期，个体为获得物质上的成功而忙忙碌碌；大约从48岁开始，开始进入第三个成熟周期，个体不再踯躅于物质上的追求，而是致力于用自己的人生经验教导年轻人；大约从72岁开始，个体进入了最后一个成熟周期，是冥想与沉思永恒真理的理想时期，个体开始与他人分享在人生中获得的人生智慧并为迎接死亡做准备。其中，个体生命成熟的第一个周期（出生到24岁左右）包括四个成熟阶段：身体阶段、情感阶段、意志阶段、思维阶段。

身体阶段（从出生到6岁左右）。一个孩子生命的头6年，是对其人生发展影响至深的阶段，正是在这段年岁里，要培养孩子有益身心健康的习惯、嗜好和态度。孩子发展出第一种成熟工具：健康，能对身体进行自控。孩子出生后首先要学习如何运用他的身体，从挥动手脚，到爬动，到蹒跚学步，再到最终能够奔跑。即使到了6岁，他在肢体动作方面仍然是笨拙的，跑步的时候跌跌撞撞，吃东西的时候，食物弄得满桌都是。除了肌肉的控制外，孩子的头六年也是感官觉醒的时期，他用感官去认知周围的世界。视觉、听觉、嗅觉、味觉，以及令人心痒痒的触觉，这五种感官带给他惊奇不已、栩栩如生的现实。阳光照射一颗露珠所呈现的彩虹颜色；家里每一位成员独特的脚步声；厨房里每天早晨飘出来的香味；干净被单的平滑触感。无数的感官印象不断地涌向他的心灵。因此，在生命的头几年里，随着孩子逐渐发展出来的感官知觉，大人最容易教导他的方式是透过身体以及身体的动作。

华特士认为，在这一阶段对儿童进行戏剧、舞蹈、彩绘、音乐的教育非常重要。不仅因为这些教育方式都能够通过游戏的方式来进行，符合儿童爱玩的天性，更重要的是，在这些教育中，既包含大量的身体运动，儿童可以学习各种动作，丰富肢体语言，训练身体动作的协调，又包含各种强烈的情感冲突和浓厚的文化色彩。虽然孩子还不一定能够理解各种情感，但是孩子可以通过模仿用身体去展示各种情感，积累对情感的认识，可以发展出精神上"轻盈"的心智态度。色彩越纯净，通常对心灵的影响是越轻盈、越伸展开阔。在音乐中，孩子借助旋律和曲调启发心灵，或是充满慈悲和爱，或是激扬愤怒，或是乐得发笑，得到抚慰而放松。比如，个别或几个音符，都可以拿来玩想象游戏，比如"倾听自然"，听一棵树的声音；比如倾听彼此，互送祝福，感受其他孩子身上的特质。通过这样的方法，以他内在最美好的一面来回应人生，开发出他最高的潜能。

情感阶段（从6岁左右到12岁左右）。生命的第二个6年（小学），重点应该是通过情感与情绪来教学，尤其是要培养出更健康成熟的情感。在这几年，孩子开始能够建设性地引导情绪，而不是让情绪支配自己。孩子发展出第二种成熟工具：情绪稳定，感情丰富。经过身体阶段主观感知的积累，孩子们已经能够学习定向和提炼情感。大人们要正确地引导孩子的情感，使他们学会将负面情绪转化成为正向积极的情感。一个孩子正在承受的任何情绪，对他而言，都会变成吸引他全神贯注的现实。他们没有必要肯定他们的负面情绪，这样的肯定只能徒然加强这些情绪罢了。强迫他们压抑情绪也是不行的。不要去贬低他的情感，不然就会对他造成伤害性的压抑，相反，要试着让他以更宽广的视野来观照这些情感，这样可以减轻负面情感在他眼里的重要性。应该让孩子理解到，拥有闷闷不乐或是愤怒的情绪，并不会因此就成为一个郁郁寡欢或是愤怒的人。这6年是天然的英雄崇拜的时期，伟人故事具有特别强烈的冲击力。因此，可以透过传说、幻想、历史以及当代活着的人物，给他提供建设自我角色的典范，让学生明白，这些人是如何发展出英雄气概、勇气以及慈悲心肠，而不必然是一生下来就拥有那些优秀的品质，从而帮助孩子塑造他的整个未来人生的发展。最好的情感，是那些能够使人愿意提升自己、追求崇高理想的情感。只要拥有向上攀升的愿望，次要的特质也可以几乎不花什么力气就向上提升，甚至是喜欢说长道短的倾向也可以加以超越，转化成愿意为别人牺牲生命的情操。

华特士还认为，在生命的第二个6年里，也是孩子学习艺术的绝佳时期，如绘画、雕刻、音乐，同时让孩子开始懂得去品味伟大科学发现的浪漫本质。通过这些方式，可以进一步训练感官，发展良好而健康的想象力。在这一阶段，孩子要学习演练兴高采烈，大人们要帮助孩子明白，兴高采烈并不只是事情顺利时才会感觉到的一种情绪。要帮助孩子养成好习惯：清爽干净、整洁与秩序、不偏不倚、知足、真诚、合作、服务、责任感、尊重他人等。要引导孩子学会专注，专注于自己内在的能量核心。

意志阶段（从 12 岁左右到 18 岁左右）。这是有意识地发展意志力并且明智地加以引导的最佳时期，孩子发展出第三种成熟工具：积极的、持久的意志力。伴随着青春期的开始，孩子的自我意识明显地显现出来。伴随而来的是检验和加强自我意愿的需求的觉醒，孩子会强烈地渴望展示独特的自我。

华特士指出这一时期对于儿童的生命发展来说非常重要，应该引导他们正确使用意志力，学会自我控制。否则，他要么会过多地踯躅于自身和自己的问题，要么就会陷于强烈地与他人间的"自我竞争"。

青春期的孩子们试图打破一切传统与权威，因此与情感阶段树立榜样不同，对于这一阶段的孩子们来说，关键在于对他们寄予正面的积极的期望。成长使这一时期的孩子们跨出了成人为他们营造的安全港湾，这时，如果人为地将他们与外界隔离开，或是回避发展中遇到的难题，就会使他们变得退缩与胆怯，趋向于心理封闭的状态，不利于意志力的发展。这时应该有意地给他们出些难题，用挑战与挫折来锻炼他们的意志；或者鼓励他们付出爱心，为他人服务，培养他们的责任心，使他们学会奉献，学会关心他人。

这些都能引导儿童意志力的正向发展，帮助儿童学会自控与自律，形成积极向上的人生态度。在这一时期，孩子们的身体发生了明显变化，他们的身体意识有了新的意义，健康引导成为必须。

思维阶段（从 18 岁左右到 24 岁左右）。青年人发展出第四种成熟工具：清晰敏锐的思维能力。在前三个成熟阶段的基础上，个体最终开始将注意力集中于智力发展。华特士认为这一阶段所发展出的思维能力并不是指能够聪明地思考，而是思维澄清，具有洞察力和辨别力。

华特士指出四种成熟工具遵循着由身体到感情，到意志力，再到思维能力的发展顺序。每一个成熟阶段发展出的成熟工具都为后面的成熟提供准备。第一个阶段对身体的自控和感知的积累为情感的控制以及价值观的形成打下基础；通过游戏的方式来进行戏剧和舞蹈的学习，为情感阶段的发展提供了丰富的情感积累；在前两个阶段中学习的价值观念，将帮助孩子们把第三个 6 年转变为迈向真正意志成熟的阶段；成熟的身体、情感、意志力为思维力的健康发展打下了坚实的基础。

因此，华特士认为，无论孩子有什么样的天赋才能，最好不要剥夺他自然地经过这四个连续的发展阶段的权利。如果他想拥有完整、愉悦而满足的人生，其他各个方面的天性也必须达到成熟。

二、生命实践教育理论

"生命·实践"教育学派是当代中国教育学最具影响力的流派之一。该学派被明确提出是2004年2月在《教育研究》的发表一篇关于叶澜"为'生命·实践教育学派'的创建而努力"的访谈为标志。该学派的理论观点对大学生生命教育极具启发性和指导性。

（一）教育实践与生命的关系

"生命·实践"教育学派对教育性质的总体判断表述为："教育是基于生命、直面生命、为了生命、通过生命所进行的人类生命事业。"生命是教育的"魂"，实践是教育的"行"。教育是一项充盈着人的生命的人类实践活动。"生命·实践"是该学派的价值取向，也因此成为学派发展最重要的价值基石和概念基石。叶澜曾对"生命·实践"这一概念进行了多元多层次的解读[①]：①人的生命与人的实践，在人最原初的形成时期就具有内在关联。②人的自然生命与教育实践的关系，人的生命的自然性方面的缺失需要教育来弥补。③人的"类"生命的存在、发展与人的社会实践具有内在关联。④个体社会状态与个体生命实践（活动）的关系，个体社会性的生成意义上的"生命·实践"关系，它要求我们对个人发展的研究，必须关注个体"生命·实践"的内容与品质。⑤人类创造自身历史的具体性和时代性，为认识和判断当代社会中人类的"生命·实践"关系性质和发展趋势提供了思路。⑥人具有超越自然和现存的给定世界之限制的能力，创造新的为人和人为的世界，形成新的自我，这是人的精神生命力量和特征的充分展现，它同样与人的实践直接相关。这种解读，打通了生命与实践的内在关联。

教育作为人类社会所特有的实践，与人的生命呈现出直接、内在和整体的独特关系。首先是"直接性"，即教育是直接以人的身心发展为对象的活动，教育是以影响人的身心发展为直接目的的活动，教育还是通过人与人的直接交往沟通来实现的。唯有在教育活动中，才能建立活动主体与活动对象的直接沟通，才能建立师生这一特殊的人人关系。

直接性中包含着内在性。它不仅指上述所有直接关系都是教育活动不可或缺的内在组成，而且指教育活动是对人的生命的内在变化、成长的影响。师生之间的沟通本质上是人与人之间的内在沟通。这也就是说，教育活动与人的生命发展

---

① 叶澜.命脉[M].桂林：广西师范大学出版社，2009：1.

具有内在关系。

其次是整体性，是指人的生命活动整体地参与和渗透在教育实践中。生命的整体性指人的生命是多层次、多方面的整合体；生命有各方面的需要：生理的、心理的、社会的、物质的、精神的，行为的、认知的、价值的、信仰的；人在活动中都是以一个完整的生命体的方式参与和投入，而不是局部的、孤立的、某一方面的参与和投入。教育实践是教育者作为具体的整体个人，以自己的身心去理解、把握人类生命所创造、积淀、提供的文化资源，即我们所言的"类"生命和教育的内容，并作用于学生具体的整体个人及由学生组成的群整体。这种整体性由生命的整体性规定，是教育实践内在的规定。无论在事实上还是在理论上，都不存在人的生命活动的可分裂性。

该学派还主张把"生命"作为教育学的原点，把生命体的基本特征作为教育学的基点去思考。叶澜认为，教育除了鲜明的社会性之外，还有鲜明的生命性。教育的基石以及它思考的原点，都包含在人的生命范畴内。一方面，生命价值是教育的基础性价值，教育具有提升人的生命价值和创造人的精神生命的意义，换句话说，对生命潜能的开发和发展需要的满足，教育具有不可替代的重要责任，因而生命构成了教育的基础性价值。另一方面，生命的精神能量是教育转换的基础性构成，教育活动就其过程的本质来看是人类精神能量通过教与学的活动，在师生之间、学生之间实现转换和新的精神能量生成的过程。然而，长期以来，在学校实践中，经常可以感受到的是教师为事务而操劳，对学生考分、评比、获奖等可见成果的关注，被忽视、淡漠的恰恰是学生和教师在学校中的生存状态与生命质量的提升。

（二）生命教育与生命自觉

"生命自觉"是当今社会在教育中为人的发展而定的目标，叶澜曾指出，教育学本身就是一门人文关怀性的学科，其主旨在于帮助人们探索出关于"生命自觉"的教育实践。"生命自觉"并非人生而有之的能力，而是要在人的生命实践过程中逐渐养成，尤其是应在教育实践中有意识培育的一种需要、意识与能力。它不仅指教育应培育每个生命主体均具有主动认识外部世界和积极承担社会责任，并在完成社会义务的实践中自觉地提升自己的生存能力和生命质量的意识与能力，而且强调教育最根本的目的是培养人对自己及其人生、生命发展和成长过程的主动认识与策划的能力，积极地成为实现自己人生理想的主人，成为能超越自我、把握自己命运的主人。尽管这种培育和实现都统一在个人生命实践和他所参与的教育实践等各种社会实践中,但有无生命内在自觉的意识与能力,对于人的一生发展、生命质量及其自我实现的影响可能是极不相同的。而这一要求同时是人如何应对当今不确定性和风险性增强的生存环境所必需的,它与当代社会发展对人的要求在根本上是完全一致的。

"生命自觉"不仅仅是一种"意识之觉""意义之觉"或"价值之觉",它主要是从促进个体生命发展与生命质量提升的角度出发,创造性地吸取诸视野对"生命自觉"理解的有益成分,从而形成综合性的实践理解。首先,培育"人的生命自觉"的前提是将人当作"具体个人"。叶澜认为,教育学的人性假设应该是"具体个人",教育真正面对的是"具体个人"。作为个体的具体的人是人的生命存在的基本单位。"具体的人"是在环境中与环境相互构成的人,是具有自然、社会和精神文化三个层面特质相互渗透、丰富而复杂的人,是既有唯一性又有普遍性的人,是具有内在发展需求和能力,在生命过程中不断实现发展的人。"具体个人"是相对于"抽象个人"而言的。她引用法国教育家保尔·朗格朗的话指出:"现代的人是抽象化的牺牲品,各种因素都可以分割人、破坏人的统一性。教育的真正对象是全面的人,是处在各种环境中的人,是担负着各种责任的人,简言之,是具体的人。""具体个人"作为教育学中人学的基点,改变了教育学中"抽象的人"的观念,凸显了个体生命的独特性与丰富性,以及人的生命与发展。在教育学视域中重新认识人的生命及其发展,会产生一系列教育观念的变化:人的生命是在具体个人中存活、生长、发展的;教育场域中的具体个人都是不可分割的一个有机整体;个体生命是以整体的方式存活于教育场域中,并在教育场域的相互作用和相互构成中生存和发展;具体个人的生命价值只有在各种生命经历中,通过自觉的努力、奋斗、反思、学习和不断超越自我,才能创建和实现,离开了对具体个人生命经历的关注和提升,就很难认识个人的成长与发展;既有唯一性、独特性,又在其中体现着人之普遍性、共通性的个人,是个性与群性具体统一的个人。

其次,"生命自觉"是人的精神世界能量可达到的一种高级水平。它不仅使人在与外部世界沟通、实践中具有主动性,而且对自我的发展具有主动性。一个具有生命自觉的人,无论在对外部世界的作用中还是自我发展的构建中,都是一个主动的人。所以,在一定意义上,可以把主动不主动,作为衡量个体"生命自觉"程度的标准。

主动性的生存方式是人所特有的,它是区别于动物的特有的发展需要,与人类个体生命潜能的实现相联系。每个人都是"活着"的,但并不是都"主动"地去"活","主动"地提升自己的生命质量。主动生存的个体可以根据自己的需要,根据自己的风格创造出一个新的世界。在这个过程中,个体生命所拥有的外部世界和内部世界都会被不断改造、丰富,并打上自己的烙印。"以这样的态度去对待周围世界。对待自己的人生,人的生命过程就会积极呈现出自主的色彩,个体会变独特,会学会创造,不仅创造出新的事物、新的方法、新的技术、新的思路、新的作品、新的外部世界,而且会不断丰富自己的内在精神世界,创造新的生命历程。这正是未来社会所需要的基本生存方式。"[①]

最后,每一个生命个体都具有"生命自觉"的潜能,只是各自状态和水平有所不同。教育的宗旨就是最终要帮助个体养成生命自觉,能动、自觉地策划自身的发展,成为自己发展的主人。

生命自觉是一种积极的精神能量,它带给人内在的幸福与成长感。如果越来越多的个体能体验和提升自己的生命自觉水平,就一定会逐渐超越自身的不快乐、狭隘、愤怒、嫉妒、焦虑等消极心态,以更积极、建设性的情绪来面对生活的挑战。当一个人越来越能够发现自我的内在能量,去有意识地、自觉地规划自己外部世界的关系,规划与实现自我自身的发展之时,他会有一种自己确实在"做人"的强烈感受。追问生命的价值,自觉地实现自我的发展就是人由"野蛮"进入"文明"、由"非本真的人"提升为真正意义上的人的一个重要标志。

[①] 叶澜.基因[M].桂林:广西师范大学出版社.2009:218.

第二章 高校大学生生命教育诠释

第一节 大学生生命教育的发展变革

一、生命教育的出现背景

回顾20世纪，一方面科技与资讯方面的重大发展改善了人们的生活品质；但是另一方面，贫富之间的差距加大，家庭功能逐渐丧失，人与人之间的疏离等，致使人们的生活压力加大，因而产生了许多问题，诸如自杀率攀升、药物滥用以及暴力等。如何面对并改善这些问题，引起人们对生命的反思，"生命教育"日益为社会所重视，越来越多的人投入生命教育的理论探讨与实际工作中来。

因社会文化情境的差异，国内外在生命教育的动机、目的、意涵等方面并不尽相同。以下分别从国内与国外两方面来看生命教育出现的时代背景。

（一）国外生命教育出现的时代背景——药物滥用、暴力与艾滋病

生命教育的概念最早起源于澳洲，1974年Ted Noff牧师认为青少年嗑药问题日益严重，领悟到反毒教育必须从小做起，经过五年研究与计划，于1979年在澳洲悉尼成立"生命教育中心"（LIFE EDUCATION CENTER，LEC）。由其设立的宗旨可见，该中心的工作重点致力于对"药物滥用、暴力与艾滋病"的预防。美国、英国等也根据该工作重点，开始注重生理健康教育趋向的生命教育。

（二）国内生命教育出现的时代背景——暴力与自杀

国内社会的药物滥用与艾滋病问题虽然不像西方社会那样猖獗，但是青少年暴力问题不容小视。国内的生命教育的提出背景与暴力不无关系。所谓暴力，主要包含两个方面，一个方面是不尊重或伤害他人生命的激烈的冲突行为；另一方面是青少年的自我伤害与自杀。由于近几年来，社会转型加快，各种矛盾和冲突

加剧，一些人不能对此作出恰当的处理，进而发生家庭暴力、校园暴力，导致青少年自伤与伤人事件频频出现。

为了预防青少年盲目戕害生命，唤起青少年尊重生命、热爱生命进而关怀生命的意识，以及营造一个适合他们学习与发展的全人教育环境，期望借助生命教育的推行，将生命教育的理念深入学校、家庭及社会的方方面面，帮助青少年认识生命、尊重生命、珍惜生命、热爱并发展自己独特的生命，这便是国内提倡生命教育的主要社会背景。

总而言之，尽管国外与国内生命教育的缘起背景、发展动机、目的、含义等方面不尽相同，但都强调以"关怀生命"与"防患未然"为核心，其根本解决之道是互通的，都是在为生命建立一个积极而正向的起点，将自己的生命与天、地、他人和社会之间建立起美好而融洽的关系。

二、国外生命教育的产生与发展

（一）美国的生命教育

作为世界公认的教育强国，美国对当今和未来的教育危机意识非常强烈。美国的生命教育，起初是以死亡教育的形式出现的，通过死亡教育，让人们树立起正确的生死观念，以正确的态度保护生命、追求生命，实现生命的价值和意义。事实上，早在20世纪60年代，美国学者杰·唐纳·华特士（J. Donald Walters）就提出了教育改革的一种方案——迎向生命挑战的教育（Education for Life）（也有学者直接翻译为生命教育），他在美国加州创建阿南达学校，开始倡导和践行生命教育思想。后来，生命教育在美国不断得到推广，到1976年，美国有1500所中小学开设了生命教育课程，20世纪70年代初生命教育在美国的各类学校陆续开展，至90年代美国中小学的生命教育得到基本普及。美国在学校中开设的相关课程，大多名为"死亡学"（Studies of Death 或 Death Studies）。为了深入开展生命教育，许多专业人士对生命教育进行了研究，组建了诸如Life Skill Ministry专门训练青少年生活技能的机构；成立了"美国死亡教育学会""死亡教育与咨询学会"等专业协会；出版了《生死学》《死》等许多专业及普及性的书籍和杂志，各种有关生命教育的影片、视听教材，更是不计其数。20世纪80年代末，针对青少年精神生命的缺失，美国中学校长协会又提出了针对美国青少年的"品格教育"（Character Education 或称为 Moral Character Education）活动。从90年代初起，"品格教育"日益受到社会各界关注，并且已经成为今日美国发展最快的教育运动。品格教育建立在六大支柱之上：信赖、敬重、责任、公平、关怀和公德。它倡导勇敢、杰出、自信、公平、自由、信仰、宽恕、谦逊、幸福、诚实、爱、尊重、理解。品格教育中的这些主旨，正是生命教育所包含的内容，以生命的自爱为源头，引导自爱之心扩展为爱人，使个体的生命获得意义。目前，美国的生命教育主要由品格教育、迎向生命挑战的教育和情绪教育等三部分组成。

美国生命观教育的课堂教学采取了多种多样的形式，内容也丰富多彩，比如有播放录像、观看电影电视节目、读书活动、辩论赛、实地参观等多种方式。不同地区有许多不同类型的生命教育计划，如印第安纳的 Life Education and Resources Network（LEARN）计划，通过互联网渠道和电子传媒形式来推动生命教育，另外还设立了训练青少年生活技能的机构组织，如 Life Skills Ministry，就是帮助青少年远离毒品、犯罪、贫穷及依赖福利的机构。美国联邦政府教育部提出，在对中小学生进行有关生命的教育时，要注意编写适合中小学生的教材，并采取合适的教法，同时要结合学生应掌握的生理卫生常识、健康常识等内容，对中小学生进行普遍教育。并出版了许多有关专著、刊物，开展了有关研究。由于美国政府的重视和公众的关心，以死亡教育为主要内容的生命教育已渗透到各级学校和社会，在美国的初中阶段开始开设死亡教育课程，引导学生用客观态度面对死亡，培养正确的生命意识。同时，组织学生开展野外生存训练等课外活动，培养生存技能，现代美国的生命教育的内容主要包括品格教育、迎接生命挑战的教育、情绪管理教育三部分。经过三十多年的逐步发展，美国有关学生生命教育的理论与实践得到了长足发展。

目前，美国基督教会定期出版《生命季刊》，讨论有关生命问题，进行生活训导。美国真爱家庭协会出版名为《真爱》家庭杂志，宣传婚姻家庭的相处之道及讨论子女教育的相关问题。

（二）英国的生命教育

英国的生命教育最初是 Ted Noffs 先生传入的。他认为，青少年吸毒带给社会的负面结果更显得生命教育是一项最重要的工作。1986年年初，英国第一个流动教室在 Varity Club 的赞助下产生，该教室主要用于最初的生命教育；1987年，成立了生命教育中心英国基金会，它是一种慈善信托机构；1987年3月，在 Rock Group Dire Straits 的赞助下，诞生了第二个流动教室；直至1995年时，20多个流动教室普及至英格兰、威尔士和贝尔法斯特等地区。这些流动教室，在减少毒品的危害等方面发挥了很大的教育作用。

20世纪末，英国政府重视并推动生命教育，把生命教育作为一种全人教育来推进，并认为生命教育不仅包括生命个体的健康教育，也要涵盖个体社会化的诸如公民的权利及职责教育相关内容。一方面，通过生命教育，可以促进个人的社会化发展，使学生通过各个不同的层面去体会民主参与的本质，熟悉公民的责任、义务和权利，认识个人发展过程，了解个人、学校与社会之间的价值，探讨国际事务与全球议题等。另一方面，就是促进个人的健康和幸福，强调学生需要了解自我，以正确的自尊心和自信心去保持健康，维护自身与他人的安全，拥有一种值得努力和实现的关系，允许人们之间的差异发展，保持独立的精神责任感等。总之，通过生命教育，使学生达到灵性、道德、社会及文化之发展的全人目标。

在全人教育的理念下，英国政府积极进行主辅搭配的生命教育课程体系建设，由专业人员负责开设生命教育和训练课程；同时，还邀请殡葬行业从业人员和医生护士走进课堂，与学生共同讨论如何面对死亡等问题。在死亡课上，让学生通过轮流充当死亡角色，让该角色和他人体验遭遇损失和生活方式突变的复杂心情，教育学生如何应对情绪的控制，增强其心理承受能力，进一步引发学生对生命的热爱。

（三）澳大利亚的生命教育

澳大利亚的生命教育主要起源于反毒品。1974年，针对当时青少年吸毒并致死这一社会问题，特德·诺夫斯牧师正式提出"生命教育"的概念，并于1979年在悉尼成立了"生命教育中心"（Life Education Centre）的慈善性机构，以开展反吸毒的工作，协助学校进行反毒品教育。该中心后来发展成一个国际性机构，成为联合国的"非政府组织"中的一员。该中心面向青少年开展"生命教育"，培养他们积极、健康、向上的人生观，创设健康的生活环境，防患于未然。

在澳大利亚，对生命负责是公民的责任。一个人的生命不仅属于自己，也属于家庭，属于国家，如果不珍惜生命就是对家庭不负责任，对国家不负责任。

澳大利亚政府经常通过各种媒体告诫公民要教育孩子对生命负责。比如遇到任何意外情况时，首先要考虑的是保护自己的生命安全而不是其他；家长经常教给孩子各种保护自己的方法和安全注意事项，例如如何在灾难中逃生、如何逃离暴力等，还会带孩子去教堂参观坟墓，模拟意外事件情景让孩子选择应对；学校鼓励学生一旦有任何情况，哪怕只是受一点轻伤，都要向学校报告；社会形成了将建设安全的社会环境作为每个人的责任和义务的良好氛围。澳大利亚大学生生命教育渗透在学生日常教育管理之中，通过心理健康咨询、危机事件处理、就业指导服务、校园文化活动和思想道德教育等实现生命教育的目标。同时，宗教影响、法制健全、诚信管理和官员示范等也是澳大利亚生命教育的途径。

（四）新西兰的生命教育

新西兰的生命教育始于非政府组织开展的活动。1988年，新西兰成立非营利性机构生命教育基金会（Life Education Trust），颁布了《生命教育（草案）》法案。该法案次年得到时任总理达维德·朗格的签署认可，并在全国范围内推广。受到整个澳洲生命教育哲学理念的影响，该组织致力"教会学生认识世界、自身与他人的特点，指导学生充分认识和发挥自己的潜能"，其目标是将生命教育的精神和理念传达到每一所小学和中间学校（intermdeiate school，介于初中和高中之间）。经过多年教育实践，该组织已经探索出一套较为成熟的课程模式，针对5～12岁的学生，其课程涵盖五个方面的内容：自尊、社会交往、人体构造、食物及其营养以及物质认识。其课程在学校课程架构范围内，联结学校教授的健康和体育课程，将课程资料发给学生和老师，还包含课后功课，以延续对人类身体的认识。其内容是介绍学生身体的奥妙，重点是"如何照顾身体"（caring for the body），例如保持干净，定时睡眠和吃早餐。课程取向积极，所坚持的原则是让学生学会自我尊重，也教导学生拒绝的技巧和认识健康生活的好处及结果。另外，课程的目的是让学生在就学阶段能够认识人类身体的功能及其被其他物质破坏后的失衡状态，证明身体滥用后生理、心理和情绪上的影响，发展学生在生活中拒绝朋友同学无理要求的技巧，以及建立学生对个人健康和日常生活冲击的正确理解。

（五）德国的生命教育

德国生命教育的目标在教育政策中得到了体现。德国注重培养学生面向世界开放的人格。高校以现实为起点，解决学生现在和将来在生活道路上会碰到的一系列问题。

德国的高校并不简单地停留于理论宣传，而是首先让学生理解社会、现实、自己、他人，以便从现实出发，培养良好的人格和行为习惯，使学生具有诸如诚实、自尊、慈爱、克己、互助、责任感、相互谅解、协作精神、群体观念、健全人格等品质，培养学生对真、善、美的感受性，培养敬神和宗教信念。

目前，德国大学生思想教育的侧重点已由前些年追求个性自由转向追求民族意识、吃苦耐劳、遵守纪律和团结协作精神，从"以个人为本"转向"以社会为本"，着重培养以爱国主义为核心的民族精神。

德国的生命教育有"死亡教育"和"善良教育"两个重点。死亡教育，又称"死亡的准备教育"。德国教育部门特意出版了《死亡准备读本》，并组织学生参观殡仪馆，让青年人直面人生的终点，引导他们以坦然、明智的态度面对死神的来临。善良教育重视对学生善良品质的培养，主要内容有爱护动物、同情弱者、宽容待人和唾弃暴力。德国高校大学生生命教育以课堂教学为主，同时也采取知识渗透方式，将生命教育的内容渗透到思想道德教育、伦理学、教育学、神学等课程中，也利用大众传媒包括网络等多渠道地介绍生命教育的内容。德国通过社会团体、公共机构的引导，采用心理咨询的方式来辅助学校的生命教育。

此外，德国重视高校德育师资队伍的建设，重视从事生命教育教学教师知识结构的合理构成，同时多选用兼职、服务性的德育教师。

（六）日本的生命教育

鉴于物质崇拜盛行，导致亲子与师生关系的决裂，1964年日本学者谷口雅春出版了《生命的实相》一书，率先呼吁开展生命教育。有学者认为这是日本生命教育的起点。

日本于1989年修改的新《教学大纲》中针对青少年自杀、杀人、环境破坏、铺张浪费等日益严重的情况，也明确提出了以尊重人和敬畏生命作为道德教育的目标。

目前，日本的教育体系将生命教育作为道德教育的目标和内容，在道德教育中体现生命教育的内涵。1990年，日本将德育目标表述为"将尊重人的精神和对生命的敬畏观念贯彻于家庭、学校及社会的具体生活中，为创造有个性的文化及发展民主社会及国家而努力，进而培养对和平国际社会做出贡献的具有自主性的日本人，以培养作为基石的道德情操为目的"。日本政府还根据青少年身心发展的规律将德育目标具体地分解到小学、中学和大学各个阶段。其中高中和大学的任务是培养具有主体性精神的日本人。日本现行之生命教育与道德教育目标充分体现了日本教育独特的思想文化渊源和紧迫的现实需求。

由于学生的道德水平下降与能力主义教育政策、考试竞争过热紧密相关，因此日本政府制定了以培养生存能力和丰富人性为中心的道德教育内容，并将道德教育作为教育的首要任务。日本大学生道德教育和生命教育的主要内容包括大自然教育、人格与个性教育、纪律教育、劳动与职业道德教育、爱国主义与民族精神教育、世界观和人生观教育、伦理道德教育、政治教育、国际化教育、生活教育、健康教育等方面。其中，日本大学生生命教育的重要内容是人生观教育，内容有三：珍惜生命，尊重人性；追求生命的价值，展示生命的意义；正确处理自己同他人、同自然及社会的关系。

为实现生命教育、道德教育策略，日本编制并分发《心灵笔记》教材；聘请社区人才及各种专业领域杰出的社会人士为各校的"心灵导师"；为充实道德教育，与师资培训机构合作研究开发教材教法；为提升教师指导能力，开办教师在职研修活动。文部省自2003年起实施"丰富的体验活动"促进计划，推行体验活动；支持家庭教育，建立社会支持系统；集合全社会的力量，加强自然环境、人文环境和设施的营造。日本在"特设道德时间"的基础上，提出了通过"综合学习时间"来培养"丰富的人性"和"生存能力"的新的道德教育政策，完成了大学生道德教育向混合德育模式的转变，等等。近年来，日本还特别注重发挥诸如电视台、大公司等社会机构的力量，拓宽德育和生命教育渠道。

日本于20世纪70年代开始关注死亡教育的研究和教学。1982年以来，上智大学一直坚持举办死亡教育讲座，并成立了"生死问题研究会"每年定期召开学术研讨会，人们在互动中领略生命与死亡的意义。自1973年开始，教会医院开始对临终病人及其家属进行关怀照护。1975年以后，有关死亡主题的出版物迅速增长。

日本还通过各种主题活动来拓宽和深化大学生生命教育内容。近年来日本流行"余裕教育"，其口号"热爱生命，选择坚强"是针对现在日本青少年的脆弱心理和青少年自杀事件而提出的，用寓教于乐的方式让青少年认识到生命的美好和重要。该活动也要求人与自然和谐相处，并热爱其他生命。为此，他们鼓励学生经常到牧场体验生活，甚至建议把中小学体验农村生活变为"必修课"。

与学校生命教育活动相配合，一些民间机构组织了"心的关怀""笑的运动"等主题活动；日本非常重视培养学生的生存意识和生存本领，生命安全教育的内容丰富而实用，有关防震抗灾等方面的意识和知识教育普及程度相当高。在日本有一项名为"人工心肺复苏"的训练，要求所有的中小学生都必须过关；其自杀干预计划非常细致，具有很强的技术性和可操作性。

（七）俄罗斯的生命教育

早在20世纪七八十年代，西方文化就已经渗透进了意识形态管理甚严的苏联，并得到广泛传播。从70年代开始，西方反主流文化的嬉皮士运动已传入苏联，在莫斯科、彼得格勒等大城市出现了一批仿效西方嬉皮士的年轻人，他们身着奇装异服，酗酒吸毒，招摇过市，弹唱流行音乐，成为当时民众眼里的异类。

苏联解体之后，"曾经的突发性改革，以及同时涌入的新思想，新观念，颠覆了苏联时代形成的道德和审美价值。这对于整个青年一代的社会认知和道德观念产生了极大的负面影响，青少年因而萎靡不振，消沉绝望，越来越将吸食麻醉品当作消遣、减压的手段。这令人触目惊心的现象正不断蔓延，对国家的未来将产生灾难性的影响"。令人尤其震惊的是，青少年自杀事件频频发生，随着经济和社会形势的日趋稳定，自2001年起，俄罗斯的自杀率稳步下降，但青少年的自杀现象却维持高发态势，在每年死于酒精中毒的人中，青少年人数也一直居高不下。因此，"对于正在成长的一代人，国家和社会应当关注其精神价值、道德品质、审美思想、生活方式等各方面问题，应当竭尽全力教育好这些青少年，把他们从堕落的深渊中挽救回来。"

俄罗斯于20世纪90年代中期起开始推行的"健康生活方式"运动便是对青少年实施教育的一个有效途径。"健康生活方式"运动，在俄罗斯也称"民族健康"运动，是一个维护身体健康的跨地区性质的社会运动。第一，吸引青少年参加该运动，不仅在于使之远离具有不良行为的群体，而且在其享受体育快乐的过程中同时向其传授时代所需的道德品质和实用知识。第二，在实施体育运动过程中，强调让青少年通过诸如克服困难、战胜自我等训练过程，以形成其未来生活中必备的自制、自控、自律等能力。第三，在青少年中开展奥林匹克思想和原则的教育，使之成为他们思考和行动的参照标准。第四，建议在中学生中进行有关吸毒、吸烟、酗酒危害性的宣传，在大学开设关于吸毒、酗酒成瘾行为的成因和预防方法的选修课，作为体育课的补充教学内容。

俄罗斯的生命教育是与安全教育紧密联系在一起的，其特点主要体现在政府重视、法律保障、目标明确、内容丰富、形式多样、理论联系实际、各方有效合作等方面。1991年，俄罗斯联邦教育部规定自1991年9月1日起普通学校、中等专科学校、职业技术学校废止"青年应征训练"课程，代之以"生命安全基础"课程，在普通教育机构的二、三、六、七、十和十一年级开设生命安全基础知识课程；1994年俄罗斯教育部建议在普通教育机构——至十一年级全部开设生命安全基础知识课程；2003年，新修订的《俄罗斯普通教育国家标准》把生命安全基础知识课程作为必修课程。

三、国内生命教育的产生与发展

（一）我国内地的生命教育

生命教育从20世纪90年代开始。大致经历了三个阶段。逐渐成为中国内地教育界、哲学界和社会学界共同关注的热点议题，站稳了脚跟。

1. 历程

（1）"生命"研究与"教育"搭界。20世纪90年代，西方生命教育观念传入中国，教育同生命的关系引起学界的注意。1993年，受《教育评论》委托，张文质先生就生命与教育问题采访了著名哲学家黄克剑先生。黄克剑先生在对话中阐述了自己的看法："教育所要做的事可以放在三个相贯通的层次去理解。即授受知识，开启智慧，点化或润泽生命。这后一方面也可以理解为确立人的生命的价值向度，陶冶人的虚灵的精神境界。"这一看法后来被浓缩为"以生命治学，为生命立教"的经典表述，并形成一项命名为"生命化教育"的课题实验，正式在福建省城乡学校以及全国各地的学校逐次开展。后来张文质说："'生命化'按照黄克剑先生的表述就是'生命的战场'，即教育者和被教育者都作为一个个具体的、无法被任何一个人所代替的人而存在，教育始终不能遗忘和忽略人生命的存在，也因为人生命的独特、丰富、多样，使教育变得富有魅力、费心和困难，任何教育的探索都永无止境。"

1997年，继黄克剑与张文质对话之后，叶澜教授也注意到生命与教育的关系问题，在《教育研究》杂志上发表《让课堂焕发出生命活力——论中小学教学改革的深化》一文，主张"从更高的层次——生命的层次，用动态生成的观念，重新全面地认识课堂教学，构建新的课堂教学观"并呼吁"让课堂焕发出生命的活力"。

与此同时，部分高校学者开始关注国外流行的死亡哲学研究，并陆续开设相关课程。如段德智1989年在武汉大学开设"死亡哲学"课，探讨死亡的哲学内涵；郑晓江1994年起在南昌大学开设"中国死亡智慧"课（1997年调整为"生死哲学"课）；2006年起，郑晓江与人合作，在江西师范大学开设全校公选课"生死哲学与生命教育"。如果说段德智的"死亡哲学"课还仅限于哲学领域，同生命教育还只存在间接的联系，而郑晓汇以及他与人合作开设的课，因把死亡作为生命过程的一个环节看待已经是生命教育的有机组成部分了。郑晓江于2000年就死亡问题在《国外死亡教育简介》和《台湾中小学的生命教育课》两篇文章中，介绍了国外死亡学研究和死亡教育实践，进一步扩大了死亡教育在内地的影响。

总之，这一时期在生命与教育关系上的正确定位，以及高校教师将死亡教育纳入生命教育研究，从而使得生命教育的内容得以完善，表明中国内地生命教育的推行起点是很高的。

（2）"生命教育"的出现。继生命与教育的关系探索之后，我们从学术成果出现的时间可以判断作为一个教育门类或一个教育领域的生命教育出现的时间。

1996年，在张志刚、叶斌合写的《大学生自杀原因浅析及对策》一文中，已经出现"生命教育"的概念；在1997年，范春梅《世界环境教育的发展与特点》的二级标题中，也出现了"生命教育"一词。

在硕、博士学位论文中，生命教育出现稍晚，程红艳《生命与教育——呼唤教育的生命意识》的硕士学位论文的关键词中出现了"生命教育"，此文于2001年通过答辩。"生命教育"正式出现在标题中见于1999年易健《现代美育是一种感性的情感的生命教育》。

（3）"大学生生命教育"的出现。尤其重要的是，也正是在这一阶段，当跨入新世纪以后，"大学生生命教育"或"高校生命教育"的研究选题也出现了。高锦泉《大学生生命教育初探》（2003）是较早面世的论文之一。赖雪芬《大学生生命教育探析》（2004）、任丽平《论大学生生命教育》（2004）、张忆琳《当代大学生生命教育透视》（2004）、陈品《关于大学生生命教育的意义、内容和方法的新探究》（2004）、赵立军《高校生命教育刍议》（2005）便是这样的论文，它们的出现标志着大学生或高校的生命教育已经在生命教育领域具有相对的独立性。

而且，大学生或高校的生命教育也同样成为硕、博士生的论文选题。王晓虹《大学生生命教育研究》（2005）、江晓萍《大学生生命教育研究》（2005）、戴曦《高校生命教育实证研究》（2005）、尹伶俐《大学生生命观研究》（2005）等学位论文都是在这一阶段出现的。

随着内地学者研究的逐步深入，生命教育的专著和教材也开始出版。冯建军《生命与教育》（2004）、刘济良等《生命的沉思——生命教育理念解读》（2004）、刘志军等《生命的律动——生命教育实践探索》（2004）、刘济良《生命教育论》（2004）、吴文菊《生命教育初中》（2005）、刘海虎《阳光下盛开的玫瑰生命教育人文读本》（2005），是生命教育领域较早的著作。

（4）生命教育上升为国家教育发展战略。2010年7月29日，国务院颁布了

《国家中长期教育改革和发展规划纲要（2010-2020年）》（以下简称《纲要》）。《纲要》第一部分"总体战略"的第二章"战略目标和战略主题"明确指出，要"重视安全教育、生命教育、国防教育、可持续发展教育"。生命教育学界深受《纲要》的鼓舞，因为这标志着生命教育正式上升为国家教育发展战略。值得一提的是，《纲要》把"生命教育"与"安全教育"并列在一起，说明生命教育并非包含在安全教育之内，可纠正一些人（主要存在于中小学）把生命教育等同于安全教育的认识。四年来，内地生命教育理论研究不断拓展和深入，实践探索亦遍地开花，逐渐呈现蓬勃发展的态势。

2.早期学术成果

任何一个地区或国家。要引进某一思想都首先要引进相关资料做参考。由于中国的生命教育初起步，急需引进相关资料做参考才可能顺利完成该领域的建设，因此从20、21世纪之交开始，我国教育学界在这方面做了大量工作。

代表性作品有：林素英《古代生命礼仪中的生死观以（礼记）为主的现代诠释》（1997）、丽塔.克雷默（Ria Kramer）《玛丽亚·蒙特梭利：第2部儿童之家》（1998）、李远哲等《游丕若摄影·享受生命生命的教育》（1999）、李锡津《小故事大哲理》（1999）、吴庶深等《生命教育概论：实用的教学方案》（2001）、三浦真津美《小学六年决定一生孩子进小学时必须要读的一本书》（2002）、海涛法师《云子绘图·佛经寓言故事选辑》（2005）、林恩·德斯佩尔德和艾伯特·斯特里克兰（Lynne Ann DeSpelder & Albert Lee Strickland）《生命教育生死学取向》（2006）。2002年，《上海教育科研》转载了郑崇珍、张振成两位学者的文章，分别介绍台湾生命教育的目标与策略、本质与实施，进一步推介台湾生命教育的成功经验。这些早期关于生命教育的成果，对介绍、普及该领域的知识起了很大作用。

直到2006年，生命教育研究领域中的重要著作美国学者杰·唐纳·华特士《生命教育：与孩子一同迎向人生挑战》才终于经林莺翻译，由四川大学出版社出版，与读者见面（该书已于1999年在我国台湾地区出版）。

我国学者题写了一些论文，介绍国外和我国港澳台地区生命教育的研究和开展情况。如刘济良、李晗《论香港的生命教育》（2000），王学风《台湾中小学生命教育的内容及实施途径》（2001）、徐秉国《英国的生命教育及启示》（2006）、南志涛《香港地区与发达国家生命教育比较》（2008）等，都是早期国内作者撰写地对生命教育的介绍性文章。南京师范大学道德教育研究所的冯建军教授在生命教育、生命化教育领域的研究成果甚丰。

一方面大量学术文章、著作和教学教材竞相发表和出版,各类年会、论坛相继举行,争芳斗艳;另一方面实践推广和课程开发也如火如荼地进行。

3.机构组织及学术交流

各类生命教育研究机构和实践基地相继成立。如:

2006年8月5日,在天津召开的殡葬文化与生命教育研讨会上,"天津永安生命教育与殡葬文化研究所"成立。据介绍,这是国内第一个此类性质的研究机构。

"天津永安生命教育与殡葬文化研究所"所长郑晓江教授介绍,该研究所在理论探讨方面有三大重点:生死问题、生命教育、殡葬文化。研究所将与中国殡葬协会、宋庆龄基金会以及全国这方面的研究专家密切合作。他们今后将召开有关生死问题、殡葬文化、生命教育等国际与全国性论坛及学术会议,大力推进生死问题的研究。

浙江传媒学院"生命学与生命教育研究所"和"大学生心理健康与生命教育中心"(2008)、北京师范大学"生命教育研究中心"(2010)、河南大学教育科学学院河南大学生命教育研究中心(2013)、我国首家全国性的生命教育学术专业机构——"中国陶行知研究会生命教育专业委员会"(2013)等组织机构,前面已经述及,这里不再重复。

(二)我国香港特别行政区的生命教育

我国香港地区社会各界都积极关注生命教育,生命教育首先从宗教领域开始,内容涉及宗教教育、德育、伦理、公民教育等学科,如开通了生命教育专题网站,"宗教与人生——优质生命教育的追寻"。1996年,香港天水围十八乡乡事委员会公益中学首先在校内推出"生命教育课程"的探索与实践。1999年,香港特别行政区天主教会出版了《爱与生命》的系列丛书,开展"爱与生命教育"系列教育活动,"对于婚姻的意义、家庭生活的真谛、贞洁的德行、性教育、人际关系和生命的意义提供了家庭生活教育的素材和教学方法……建议学校鼓励各科老师致力把这些教材的内容融入有关科目的领域。"到2000年,"生命教育"名称开始广泛地在媒体出现,不同社会服务团体、教育团体、政府官员、议员、社会名人似乎都一下子发现要教育香港人"学习爱惜生命"。

2002年12月,香港特别行政区成立了"生命教育中心",以社区和中小学为阵地开展生命教育,学校、传媒和非政府机构都成为生命教育的主要力量。香港生命教育的发展与民间教育和社会福利团体有密切关系。香港"宗教教育中心"

和香港"神托会"十分关注生命教育的推动,相关工作人员也先后去台湾参观及访问,也在返港后举办相关生命教育研习活动。香港"宗教教育中心"发起了"亲亲孩子、亲亲书"的生命教育计划,并举办了"走出生命迷惑——谈生命教育的意义与实施成效座谈会",引起社会很大的反响。香港教育署课程发展处也提出进行"生命教育教师培训",体现教育行政单位对生命教育的重视。在培训活动中,学者、中小学教师、校长、教育署工作人员等交换宝贵意见,大家对生命教育的重要性均给予肯定,如何设计生命教育的课程及体验活动,成为大家最关注的焦点。据了解,香港尚未进行有系统生命教育课程的评估研究,主要原因是大家对于生命教育的定义及内涵尚未达成共识,相关课程尚未实施。

香港各高校较早成立了心理辅导中心,依托心理辅导中心及行为健康研究中心等机构开展了一系列生命教育工作。如在学校开展讲座,使学生正面思索及面对生死缺失事件,提供系统化全面的培训课程、体验性工作坊,开展生命教育的相关训练。香港大学制定了《美善生命计划》,通过社区、专业研究等不同层面的工作促进每个人正确看待生命和死亡,感恩地面对生命的每一天。香港地区为推动生命教育发展成立生命教育委员会,同时通过发挥其他协会的力量促进此项工作的发展,如训辅委员会、联课活动委员会、家校合作委员会等。

(三)我国澳门特别行政区的生命教育

我国澳门特别行政区的生命教育多受我国香港和台湾地区的影响,早期的生命教育是由台湾生命教育导师主导。从2000年起,生命教育的实践活动逐渐增多。2002年,澳门政府组织开展的"全人培训计划",以学校辅导员为主力,针对中小学、高级中学学生开展非正规的生命教育,主要包含少年心理、生理成长、少年人际关系、社会角色等内容。2005年澳门政府成立了德育中心,倡导预防重于治疗的原则,为辅导员、教师、家长和相关人士提供培训和支援。

2008年汶川大地震后,生命教育在澳门得到进一步推广。学界认识到,对学生开展生命教育,远非一堂课就足够,生命教育应包含在整个教育过程之中。

(四)我国台湾地区的生命教育

我国台湾民间团体早在1976年就已经从日本引进生命教育,在1996年前后,台湾地区校园一再发生暴力与自戕案件,引起台湾地区"教育部门"的高度重视,开始在学校开设生命教育课程。1997年,台湾地区"教育部门"制订"生命教育实施计划",并成立"生命教育推广中心"。为了推动生命教育的深入实施,台湾教育主管部门委托台中市晓明女中设计生命教育课程,并负责举办研习班、培训师资，该校已实施伦理教育多年并积累了丰富的经验。直到1998年，台湾"教育行政机构"才开始在伦理教育的基础上推行生命教育，开展生命教育理论与实践的研究。台湾的生命教育目前发展势头良好：生命教育指导纲领已经制定出来，并在中等学校得到普遍实施；2000年，台湾地区相关教育部门成立"推动生命教育委员会"，并决定将2001年定为台湾地区的"生命教育年"。

台湾生命教育主要实施的措施如下：

第一，注重实践在生命教育中的作用。台湾的生命教育非常强调和重视实践的作用，特别强调通过课外活动进行生命教育。如小学"生命的旋律"教学，主要是在参观台大医院的活动中进行的，让学生参观产房、婴儿室、手术室等，使学生了解生命的起源，体验生命诞生的喜悦，理解生命的尊严。

第二，重视和加强中小学生命教育师资的培训。台湾的生命教育在重视教材编写的同时，也十分重视师资的培育。他们认为，生命教育在教育领域是一个新生的事物，要提高教育效果就必须把加强师资培育放在首位。台湾地区教育主管部门的做法是，把中小学中教授生命教育有关科目，如生物、道德与健康、生活伦理等科目的教师及对生命教育有兴趣的教师集中起来，进行生命教育培训，为此，还制定了生命教育教师手册。可以说，重视和加强生命教育师资的培训，是台湾中小学生命教育成功的重要保证。

第三，积极开展中小学生命教育研究。台湾前述"推动生命教育委员会"负责研究如何推动生命教育在各级各类学校的实施。同时，各中小学成立相应的"生命教育中心"，负责研究生命教育的内容、途径与方法，研制生命教育教材。生命教育实施后，许多学者致力生命教育的调查和研究，写出了许多颇有价值的调查报告和研究论述。这些研究有力地推动了台湾中小学生命教育的发展。

第四，开设生命教育课。开设的生命教育课程有显性课程，同时也有隐性的渗透课程。一方面，开设独立的生命教育课是台湾各级中学进行生命教育的最主要途径，并规定了课时，设置了专门的教师。在台湾，生命教育的"领军"学校是台中市晓明女中。这所女中在开展伦理教育方面颇有经验。该校从1998年起，把原来的"伦理教育课"改为"生命教育课"，每周两节，并有专门的生命教育教材及生命教育手册。为开设生命教育课，晓明女中专门培训了一批从事生命教育课的教师。这样，设置专门的科目和课时，可以使教育内容更加系统和集中，使生命教育目标的落实有了切实的保证。在台湾，大多数小学还未开设独立的"生命教育课"，基本上采取综合课的方式实施生命教育，也有的学校在"道德与健康"课中讲授生命问题。这是因为许多台湾学者认为,生命教育与道德教育、人生观教育、环境教育、美育等存在交叉关系,在内容上容易出现与其他学科课程的重叠。综合课正好有效整合和充分发挥学校生命教育资源的合力,教育效果也不错。所谓综合课,就是将生命教育作为综合课程里的一个单元讲授,如"生存教育""生命美育"等。这样,一方面可以使学生获得系统的生命教育知识,另一方面,又能与其他跨学科课题,如品德教育、环境教育等有机联系起来。小学生命教育的内容主要包括两个方面:一是生命的旋律,二是温馨你我他。在"生命的旋律"的教学中,教师首先讲解生命起源的问题,让学生了解迎接新生命的喜悦以及成长。生病、衰老、死亡等现象,具体包括"生命的跃动""生命的喜悦""生命的挑战""科技与生命""生命的尊严"等内容,主要通过教师的讲授及各种课外活动来完成。"温馨你我他"的教学主要是通过课外拓展来完成。学校组织学生到养老院、孤儿院等机构参观、访问,通过这些活动,培养学生对社会及他人尤其是残疾人的关心,使他们在人格上获得全面发展。另外一方面,渗透式课程也是台湾实施生命教育的一条重要途径。所谓渗透式,就是指将生命教育渗透到各科教学和学校的其他活动中实施,主要通过课堂教学和课外活动来完成。在课堂教学中,与生命教育有关的各科目教师有机地渗透生命教育,可以调动更多的教师参与和关注生命教育,充分挖掘和利用一切生命教育资源,增强教育效果。针对生命教育实践性很强的特点,可以通过形式多样的课外活动,让学生在活动中了解和掌握生命知识,从而形成正确的生命态度,增强生命意识。

第二节 大学生生命教育现状及分析

一、国外大学生生命教育现状

生命智慧或生命教育与大学生抗挫素质之间的关系尚无专门研究,但对于生命智慧的研究或对于抗挫素质的研究却散见于少量书刊中。杰·唐纳·华特士最早提出"生命教育",并于1968年在美国加州创建阿南达智慧生活学校时就开始了对生命教育思想的倡导和实践。在这一前提下,他出版了《生命教育》一书,对人的生长发育和生命健康的真谛进行了以此深入探讨。

在1928年至1957年的30年时间里,美国就有学者和专家开始探索有关以死亡为主题的教育"死亡教育"（Death education），20世纪50年代末60年代初正式兴起，成为一门教育分支和随着教育改革的不断深入，已发展为"生死教育"（Life and Death Education）。从此以后，西方许多国家开始效仿美国，推行以"生死教育"为主题的教育实践，但在西方国家明确提出"生命教育"概念（Life Education）是在20世纪70年代末期，1979年在澳洲悉尼成立了"生命教育中心"（Life educational Center：LEC）该中心目前已发展成为一个国际性机构（Life Education International），属于联合国"非政府组织"（NGO）的一员。他们的"生命教育"可以由其设立的宗旨来看，那就是致力于"药物滥用、暴力与艾滋病"的防治，让孩子远离毒品，给他们一个正向而积极的生命起点。可见，这是适应西方社会毒品泛滥、暴力频繁、性关系紊乱等情况催发的一种社会性的教育生命教育一经提出之后，很快就波及许多国家和地区，并逐步地形成了一种新的教育思潮。比如，在英国等西方国家从课程改革的角度，即提出了所谓的"呼应课程"，以顺乎学生的生长、发育的规律。日本针对青少年浪费、破坏自然环境、自杀、杀人等日益严重的社会现实，在1989年新《教学大纲》中，明确提出了定位于敬畏人的生命与尊重人的精神这一理念的道德教育目标。日本教育界提倡一种"余裕教育"，试图将学生从应试教育中彻底解放出来，以寓教于乐的方式恢复孩子天真烂漫的本性，让他们学会如何做人。热爱生命是"余裕教育"的重要主题，日本教育专家认为教育青少年热爱生命至关重要，它能帮助他们抵制邪教的诱惑，同时使他们在挫折面前变得坚强。热爱生命教育的主要内容之一是要求人与自然和谐相处，并热爱其他生命。为此，"余裕教育"活动鼓励学生经常到牧场体验生活。日本广岛大学教育系教授角屋重树认为，城市里经过驯化的宠物没有野性，可以任意摆布，而在牧场上放牧着的牛马则不同，它们动不动便野性大发，这就要求学生学会与它们相处，通过喂养它们，彼此成为朋友，这有助于开发孩子善良的天性。

二、国内大学生生命教育现状

西方一些国家、日本以及我国的台湾地区自20世纪中后期就开始推行生命教育，而我国大陆教育界只有少数专家、学者、基层教师在呼吁，在小规模、小区域内自发地试行。20世纪90年代以来，我国大陆实施和全面推进的素质教育，倡导以人为本，尊重、关心、理解和信任每一个人。这在一定的意义上，也可以说就是开展的生命教育。

（一）来自高等院校的研究

北京师范大学的肖川认为，"所谓生命教育就是为了生命主体的自由和幸福所进行的生命化的教育。它是教育的一种价值追求，也是教育的一种内在形态。""生命教育的宗旨就在于：捍卫生命的尊严、激发生命的潜能、提升生命的品质与实现生命的价值。"肖川在几家期刊撰文探讨有关生命教育的问题。2001年，他在台湾中原大学参加"海峡两岸生命教育学术研讨会"时也作了"生命教育的价值与目标"的专题介绍。

中国政法大学社会学与青少年犯罪研究所所长皮艺军教授针对某高校学生刘海洋伤熊事件曾撰文指出：学历教育中不能没有生命价值的教育，我们的教育中缺乏对生命价值的理解和张扬。即使在人文教育的院校里，学生所学到的，大多是不见"人"在其中的、被高度抽象的社会、法律、经济和文化知识。这种知识有时是可怕的，它们随时可能会被用来作为戕害人类自身的利器。在刘海洋的社会化过程中，他从小到大依赖他的母亲而生活，到大学才会骑自行车，甚至他骑自行车上学的路也要由母亲来指点。简而言之，把自己的生命系于他人身上的人，是不会懂得生命的真正价值所在的。在我们"声讨"刘海洋之前，先应当检讨我们学历教育中存在的缺失。

南京师范大学的冯建军、朱小蔓先生在《小学教育：为生命发展奠基》（本文发表于《明日教育论坛》第七辑）一文中指出，点化和润泽生命是教育之核心，是教育之本。教育是人的生命的主要历程，它基于自然的生命，在现实的生命之中，追求生命质量的完善。因此，教育是一项直面生命并以提高生命价值为目的的活动。生命是教育的原点，也是教育的终点。

华南师范大学的王学风认为："生命教育，顾名思义就是有关生命的教育，学校的生命教育是指通过对中小学生进行生命的孕育、生命发展知识的教授，让他们对自己的认识以及对他人的生命抱珍惜与尊重的态度，并让学生在受教育的过程中，培养对社会及他人，尤其是残疾人的爱心，使中小学生在人格上获得全面发展。"

（二）来自教育科研部门的研究

北京教育科学研究院王宝祥研究员在《少年儿童中的自杀现象——加强珍惜生命教育，防止悲剧发生》一文中说，家长们应该对孩子加强珍惜生命的教育，这是非常重要的。让我们的孩子从小懂得生命的价值、生命的可贵。教育孩子懂得钟爱自己的生命是做人的最可贵品质之一，更要懂得自己的生命与父母、与家庭、与社会的密切关系。浙江省磐安县教育委员会的杨忠刚先生曾撰文指出:"遇到打击、挫折,或稍有不如意之事,就选择终结生命作为一种解决方式,除了青少年学生心理的脆弱外,还跟学校、家庭对青少年缺乏生命教育有关。""各中小学应重视和加强对学生的生命教育,有条件的学校还可以开设生命教育课,从而摆脱传统单向教学模式、克服形式主义观念,让学生做学校的主人,让学生来管理学校,组织大型活动,参与社会实践,使他们在活动的过程中体验失败、挫折,锻炼其面对挫折、独立自主地解决困难的能力。"

(三)来自中小学的研究

陕西省蔡家坡九棉子校的冯光先生认为:"保护自己,珍爱生命,最重要的是要使每一位学生懂得生命的意义、生命的重要,正确对待所遇到的困难和挫折,明白了这些道理,也就不会做傻事了。"

(四)来自教育主管部门的行动

2004年,上海市出台了《上海市中小学生命教育指导纲要》送审稿,指出:开展生命教育是整体提升国民素质的基本要求,是社会环境发展变化的迫切需要,是促进青少年学生身心健康成长的必要条件,是家庭教育的重要职责,是现代学校教育发展的必然要求。该《纲要》还具体规定了生命教育的目标是:"生命教育着眼于面向全体学生身心的和谐发展,为学生的终身幸福奠定基础;着眼于学生个性的健康发展,为提升学生的生存能力和生命质量奠定基础;着眼于增强学生在自然和社会中的实践体验,为营造健康和谐的生命环境奠定基础。帮助学生建立生命与自我、生命与自然、生命与社会的和谐关系,学会关心自我、关心他人、关心自然、关心社会,热爱生命,提高生命质量,理解生命的意义和价值。"

2004年12月,辽宁省启动了中小学生命教育工程,省教育厅为此制定了《中小学生命教育专项工作方案》,以此作为思想道德建设工作的有效载体,使中小学生身心能够得到充分自由、和谐的发展,成为充满生命活力,具有健全人格、鲜明个性和创新智慧的一代新人。

时至今日,"生命教育"的内容更丰富了,它和审美教育、素质教育、人文教育、科学教育、终身教育相结合,熔铸了教育的新观点、新理论、新方法、新途径,使人类对生命智慧和生命状态的关注,对生命力和生命美的关照,对生命境界的认识均达到更高的层次。不论是中文的"生命教育"或是英文的"life Education",可以说都是相当新颖的概念。因此,不仅欧美与"台湾"对这个概念的理解有相当大的出入，而且国内推动者在这个概念的诠释、理解上也还没有达成共识。国内外生命教育在具体意义上虽然有不同的侧重，但面对这些问题的根本解决之道则是互通的，那就是让人活的更像个人、完善人、发展人、提高人的生存质量。实际上，道德教育、人生观教育、环境教育、艺术教育等学校教育内容和生命教育的内容、要求是交叉重叠的；但道德教育、人生观教育、环境教育、艺术教育往往是缺乏整合，没有形成教育合力。推行生命教育、开设生命教育课程，可以将道德教育、人生观教育、环境教育、艺术教育等内容联系起来，让学生获得系统的关于生命智慧的知识。尤其是应组织力量来研究、开发针对大学生的生命教育课程并尽快全面实施。

第三节 大学生生命教育的价值和意义

一、大学生生命教育的价值探析

（一）进一步增强大学生生命意识

生命意识是个体对生命的一种自觉，是个体为了适应自身生存和发展的需要而形成的对于生命本体和生命价值的体认和感悟。现代社会，高科技和信息技术的飞速发展，为大学生的成长提供了良好的机遇，提高了他们的生活质量，拓展了他们的生存空间。但部分大学生沉迷于追逐物质生活从而忽视了对精神生命的探寻，将生活中的失意、挫折与痛苦等，当成了生命中不可承受之重，虽然学到了"何以为生"，却忘记了思考"为何而生"。少数大学生因此对生命感到彷徨、失落，从而对生命为何存在产生怀疑以至于放弃生命。"据北京心理危机研究与干预中心的调查分析，自杀已成为15～34岁人群的首位死因，其中有一大部分是在校学生"，"据南京危机干预中心对部分高校的调查，大学生自杀率约为20/10万，比全国自杀率高出一倍"，这些数据折射出当今大学生生命意识的淡薄。清华大学心理学教授樊富珉在《当代大学生生命教育探析》中提出："干预自杀，最重要的是心理健康教育，其中生命教育是重点，如果学生真正了解了什么是死亡，他会更懂得珍爱、尊重自己与他人的生命，而不是选择结束生命"。固然，造成大学生自杀的原因是多方面的，既有客观的社会原因，也有主观的个人原因，但是从高校的角度出发，对生命教育的内容没有引起足够重视是导致大学生轻视、漠视生命的主要原因之一。生命教育引导大学生走出封闭、狭隘的自我，在与社会、与他人、与自然的沟通和对话中，唤醒自己的生命意识，帮助大学生正确认识生与死，接纳、肯定、珍爱生命，关怀、同情其他生命，追求、感悟生命意义，引导大学生以积极的心态面对生活中的挫折与痛苦，促使大学生尽早规划自己的人生，树立崇高的人生理想，开发生命潜能，提高生活质量，提升生命价值。因此，高校开展生命教育时维护大学生生命安全，增强大学生生命意识的有效途径。

（二）巩固提高思想政治教育的实效性

我国高校一直以来通过思想政治教育对大学生进行人生观教育，在一定程度上这类教育也可以称为生命教育。但是这种传统的人生观教有偏重于政治灌输与道德说教，缺乏从生命本体出发探索生命。内容的抽象性与人文性、情感性的不足导致高校思想政治教育在面对"人究竟为什么活着""人生的意义是什么""人应该怎样度过一生"等议题时显得无能为力，大学生感到困扰重重却难以寻找解决方向。2004年，中共中央国务院发出《关于进一步加强和改进大学生思想政治教育的意见》（中央〔2005〕16号）指出："要以大学生全面发展为目标，解放思想、实事求是、与时俱进，坚持以人为本，贴近实际、贴近生活、贴近学生，努力提高思想政治教育的针对性、实效性和吸引力、感染力，培养德智体美全面发展的社会主义合格建设者和可靠接班人"。生命教育的人本情怀、注重体验、关照生活等特点决定了将生命教育应用于高校思想政治教育必将有助于提高思想政治教育的生动性、针对性、实效性。生命教育立足于从生命的角度拓展与深化思想政治教育，丰富了思想政治教育内容，优化了思想政治教育方法，使其更具有感染力，更符合大学生的现实需求。

（三）适应高等教育改革的需要

将生命教育引入高校是推动高等教育从工具化倾向回归到人本性情怀的必要途径，也是适应高等教育改革的现实需要。通过教有把大学生引入生命领域的思索和探求中是当代高等教育的重要课题，生命教育也因此在世界范围内得到推广。但是，我国自改革开放以来，由于社会竞争的迅速加剧和就业的严峻形势，高等教育越来越偏重于知识的传授，向大学生传递的人文关怀、价值关怀和意义关怀却没有得到应有重视。当前日趋增多的大学生自杀事件，必须引起高校对生命教育的高度重视。虽然一直以来，高校都在强调并落实教育学生树立科学的世界观、人生观、价值观，但对珍爱生命、建构生命意义的教育却开展得非常薄弱。大学生普遍缺乏对生命本身科学的、系统的认识，鲜少去思索生命到底意味着什么，生命对自身、对家人、对同学以及社会具有怎样的意义，而对生命认识上的不足也导致了他们对生命、生活的错误态度。生命教育的提出，在一定意义上是对高等教育被工具化，有时存在轻视、忽视生命等现象的矫正。因此，开展生命教育是适应当前高等教育改革的迫切要求。

（四）促进和谐社会的构建

党的十六届六中全会通过的《中共中央关于构建社会主义和谐社会若干重大问题的决定》指出，现阶段全党全社会面临的主要任务是全力构建和谐社会。《决定》提出"注重促进人的心理和谐，加强人文关怀和心理疏导，引导人们正确对待自己、他人和社会，正确对待困难、挫折和荣誉""我们要构建的和谐社会，无论是人自身的和谐，人与社会的和谐，还是人与自然的和谐，都不仅具有社会性，而且应当具有人本性和生命性，没有人的生命，就无从谈及人与自身的和谐、人与社会的和谐和人与自然的和谐，生命和谐是社会和谐的基础和前提"。然而，近年来，大学校园日益增多的伤害学生生命事件，在不同程度上影响构建和谐社会的顺利推进。因此，开展生命教育是新时期高校促进社会和谐的一项新使命。因为，生命教育引导大学生珍惜生命、关爱生命，而且教育大学生学会宽容，关心自然，实现与自身、与别人、与社会以及与自然的和谐。

二、大学生生命教育的意义探析

高校开展生命教育具有重要意义，具体而言包括：在微观层面有益于促进大学生生命整体协调发展，在中观层面有助于提升思想政治教育时代性品格，在宏观层面有利于推进素质教育的深入开展。

（一）有益于促进大学生生命整体协调发展

马克思认为，"动物和它的生命活动是直接同一的"[①]，表现为自然的本能。但人的生命活动表现出的不仅是本能，人能"使自己的生命活动本身变成自己意志和意识的对象"。因此，人的生命不同于动物，"作为整体的人有三重生命：一是自然生命；二是精神生命；三是社会生命。"自然生命是自在的生命，是动物性的本能生命，是大自然的生命造化；社会生命意味着人要学习社会的规范，按照社会的规范去行动，精神生命是指人不只满足于适应社会，人还具有能动性，能

---

① （德）马克思，（德）恩格斯；中共中央马克思恩格斯列宁斯大林；作编译局编译．马克思恩格斯全集 第42卷[M]．北京：人民出版社．2016：168．

在一定程度上超越自然、社会对人的限制，追求自由、无限与开放。精神生命是连接自然生命和社会生命的纽带，使人不再成为本能的奴隶和社会的工具，而是在自然生命、社会生命的现实基础上，追求一种可能和超越，去创造生活的意义和价值。高校生命教育以关爱自然生命为起点，以社会生命的圆融为基础，以提升精神生命为归宿，从中可以透视出高校生命教育对于生命整体性的关注。"生命教育正是基于生命的完整需要，致力于生命统整，呵护自然生命、塑造社会生命、激扬精神生命，实现生命全面和谐的发展"。因此，高校生命教育的基本任务是让大学生对生命的理解超越自然性、动物性的角度，立足于以生命的立体构成去体认生命，即在保持生命完整性的前提下，谋求自然生命、精神生命和社会生命的和谐发展。从生命构成的三重性去理解生命，就要求大学生意识到个体的成长，不仅仅是自然生命的发展，更重要的是在此基础上派生的社会生命和精神生命的丰富。只有在自然生命和社会生命的基础上去体会自我的精神生命，才能意识到精神生命是与动物相区别的本质之所在，为此在人生中丰富自己的精神生活，发展自我的知识水平，提升自我的文化修养、道德品质。因此，将生命教育引入高校有益于促进大学生生命整体协调发展。

（二）有助于提升思想政治教育时代性品格

生命教育的产生，响应了时代的号召。它使人们开始意识到，教育的根本目的不是帮助学生获得物质世界的成功，而在于提升学生的精神世界。高校生命教育着眼于大学生身心和谐成长，着眼于大学生个性健康发展，着眼于增强大学生在自然和社会中的实践，着眼于引发大学生对生命的体验与感悟，旨在促进大学生认识生死历程、欣赏生命可贵、激发生命热情、提高生存技能和生命质量的一种教育活动。将生命教育引入高校思想政治教育，要求高校思想政治教育根据时代发展的需要，改变传统的理念和方式，回归大学生生命本身；要求思想政治教育凸显自身的发展性功能，在教育实践中突出大学生的主体地位，促进大学生生命发展；要求思想政治教有提升对生命的关怀，关切大学生生命安全，关注大学生的生命价值，激发大学生的生命热情。因此，高校生命教育的发轫、发展提升了思想政治教育的时代性品格。

（三）有利于推进素质教育的深入开展

20世纪80年代后期以来，我国教育界涌现出具有鲜明时代特征的素质教育热潮。"探讨人的本质和人性复归问题，呼吁学校教育要为人的全面发展发挥其应有的功能与作用，以抵制日益严重的片面追求升学率趋势，到后来逐渐衍生出中国特色的素质教育"①。生命教育与素质教育具有内在联系，都关注人的全面发展。"生命乃素质之载体，没有生命，就没有素质，于是我们可以说，没有生命教育，就没有素质教育；作为生命教育所要培养的生命意识及其所包含的生命认知、情感、意志和行为等，都属于人的素质，所以，作为素质教育，也要培养生命教育所要培养的东西。生命教育是素质教育的一个组成部分"②。因此，高校引入生命教育有利于推进素质教育的深入开展。生命教育的实施必须与素质教育相结合。开展生命教育是推进素质教育的重要组成部分，素质教育是生命教育的基础，只有在大力推进素质教育的基础上，生命教育才能发挥自身的真正价值。同时，生命教育丰富了素质教育，实施生命教育理应成为新时期推进素质教育不可遗漏的一个主要环节。

第四节 大学生生命教育的指导思想

培根认为，思想决定行动，是行动的先导和动力。人们无论做任何事情，都是在思想的指引下，先有思想，后有行动。有正确的思想才有正确的行动，有积极的思想才有积极的行动，有统一的思想才有统一的行动。因此，大学生生命教育的指导思想对大学生生命教育至关重要，是大学生生命教育的灵魂。

一、坚持正确的方向

教育是社会上层建筑的有机组成部分，是意识形态的重要内容之一，与经济基础和上层建筑的其他部分处于相互联系、相互作用之中。教育是经济基础和上层建筑其他部分的反映，为经济基础和上层建筑的其他部分做决定；同时又反作用于经济基础和上层建筑的其他部分。任何社会的教育都是为该社会的经济基础和上层建筑的其他部分服务的，必然要向社会成员灌输反映经济基础和上层建筑的主流意识形态。因此，我国的大学生教育必须具有鲜明的政治方向，而作为教育的一种存在形态，生命教育必然也带有鲜明的政治方向。

马克思列宁主义、毛泽东思想、邓小平理论、"三个代表"重要思想和科学发展观、习近平新时代中国特色社会主义思想等，是新时代中国共产党的指导思

---

① 侯晓明. 让青少年在生命教育中健康成长[J]. 教育研究与实验, 2009 (05): 81-85.
② 燕国材. 值得倡导与实践的生命教育再议[J]. 中学教育, 2003 (08): 6-9.

想和行动指南。马克思列宁主义揭示了人类社会历史发展的规律,是中国共产党指导思想的理论基础,是具有世界观、价值观和方法论意义的指导思想。历史证明,毛泽东思想是马克思列宁主义普遍原理同中国革命具体实践相结合的产物。它指引中国人民取得了新民主主义革命的胜利。随后,又实现了社会主义改造和初步建设社会主义的胜利。邓小平理论是毛泽东思想的继承和发展,是马克思主义在中国发展的新阶段,又是当代中国的马克思主义。而科学发展观更是新时期我党从事业全局发展出发提出的重大战略思想,密切结合新的发展实践,进一步回答了实现什么样的发展、怎样发展等重大问题,习近平新时代中国特色社会主义思想则指出:"实现我们的发展目标,不仅要在物质上强大起来,而且要在精神上强大起来。"实践证明,中国革命和建设的一切胜利,都是在马克思列宁主义、毛泽东思想、邓小平理论、"三个代表"重要思想和科学发展观习近平新时代中国特色社会主义思想指引下取得的伟大胜利。因此,无论是过去、现在和将来,我们都必须坚定不移地以它们作为自己的行动指南。

在新时期进行大学生生命教育,应该把坚定的政治方向放在第一位,要用马克思列宁主义、毛泽东思想、邓小平理论、"三个代表"重要思想和科学发展观、习近平新时代中国特色社会主义思想武装大学生的头脑;以培养大学生的政治素质,培养正确的政治立场、观点、方法、态度,升华大学生精神生命、实现大学生生命价值作为大学生生命教育的着眼点;以完成落实引导大学生坚持党在社会主义初级阶段的基本路线、基本纲领、基本政策,牢固树立正确的世界观、人生观、价值观,从而培养合格的社会主义建设者和接班人。而生命观作为世界观的一个组成部分,培养其的生命教育也应以建设社会主义和谐社会作为最高目标。只有在开展大学生生命教育时坚持党的指导思想才能坚持共产主义方向,否则大学生的生命教育就不能为党的路线方针政策服务,违背了社会主义经济基础与上层建筑的要求,偏离了政治方向,就会犯方向性的错误,失去存在的意义和价值。这是社会主义大学的生命教育区别于其他任何社会形态、社会制度以及宗教信仰下的生命教育的本质所在。

二、秉持以人为本、科学发展的观念

"坚持以人为本,树立全面、协调、可持续的发展观,促进经济社会和人的全面发展",这是党的十六届三中全会对中国共产党所倡导的科学发展观做出的高度概括。杨伊曾说:"以人为本"作为科学发展观的核心和灵魂,它弘扬了马克思主义人的本质理论，坚持人的自然属性、社会属性、精神属性的辩证统一；实现了马克思主义人的价值理论，坚持人的自我价值和社会价值的辩证统一；追求的是马克思主义人的自由而全面发展。《人民日报》又指出："以人为本"的基本内涵就是以人为中心，以人为目的，以人为基础，以人为依托，以人为动力，以人为根本。坚持以人为本，就是要重视人的价值，发挥人的个性，开发人的潜能，激发人的智慧，提升人的素质，着眼人的发展。以人为本既是一种原则，也是一种价值观，还是一种思维方式，一种方法论。以人为本作为原则，强调的是作为主体的人在社会发展中的主观能动作用与所处地位，正如马克思所说："人的根本就是人本身。""人是人的最高本质。"以人为本作为一种价值取向，强调以人为目的以及对人的尊重，对人的解放，对人的依靠，对人的塑造；以人为本作为一种思维方式，强调的是我们在面对外部客观世界、处理人与人之间的关系时，必须"以人为目的，并树立起人的自主意识，同时承担责任"；以人为本作为一种方法论，强调的是坚持一切从人出发，尊重人，理解人，关心人，充分调动和激发人的积极性和创造性，以达到人的全面发展的目的。科学发展观坚持以人为本，就要求大学生生命教育的着眼点必须在"人"，首先尊重人的自身，包括对人的生命的尊重，对人的个性的尊重以及对人的自由的尊重，简言之，就是要把人当人，把自己当人，把他人当人。其次要确认人的地位，肯定人的主体地位，弘扬人的主体性，发挥人的能动作用。最后要肯定人的价值，肯定人的自我价值和人的社会价值，人能够积极地创造价值，为人的更大价值实现创造条件。

科学发展观的核心是以人为本，发展是第一要义。这就使得大学生生命教育的目的是促进人的发展，一切以人的发展为中心，一切以人的发展为根本，最终实现人的自由而全面的发展。人的个体生命的发展是人的自由而全面的发展的前提。由于种种复杂的原因，在发展问题尤其是人的个体生命的发展问题上我们曾走了很大的弯路。当下，在科学发展观的指导下，生命教育的主要任务应是发展学生的个性、个体主体性、个体生命意识，没有个性、个体主体性、个体生命意识的充分发展，生命就没有创造力与活力，社会也就会因此失去前进的动力。同时为正确引导和规范个体生命的发展，防止个体生命意识的过分张扬，应关注和呵护人的生命的和谐发展。生命的和谐发展蕴含着人生命的自身和谐，即人的自然生命与超越价值生命的和谐、人与他人生命的和谐、人与社会的和谐、人与自然的和谐，强调生命体验，进行生命对话，走向生命理解，实现人的生命自由而全面地发展。另外,生命教育科学发展还要求在生命教育工作中,不仅要以科学的态度和精神来对待大学生生命教育工作,更要不断总结大学生生命教育的实践经验,努力学习和吸收先进的教育理论和方法,创新大学生生命教育思路和模式,全面提高大学生生命教育的科学化水平。总之,以人为本、科学发展的宗旨就是要在大学生生命教育中关爱生命、珍惜生命、提升生命价值提高生命质量,体现人文关怀,确认人在社会发展中处于核心根本的地位,将人的发展确定为社会发展的最高目标,促进人的自由而全面的发展。

三、要坚持以实现人的自由而全面的发展为落脚点

马克思主义关于人的生命的理想是人的自由而全面发展,主要是指每一个现实的人摆脱和超越各种内在和外在的限制与束缚,从而在关系、能力、素质与个性等诸方面所获得的普遍提高与协调发展的过程和境界。用马克思的话来说,即"人以一种全面的方式,也就是说,作为一个总体的人,占有自己的全面的本质"中。在人类获得彻底解放的共产主义社会,人的生命"是人和自然界之间、人和人之间的矛盾的真正解决,是存在和本质、对象化和自我确证、自由和必然,个体和类之间的斗争的真正解决"。换句话说,就是人的生命的理想、就是个人的生命得到充分发展,个人发展与人类社会的发展协调一致,每个人能通过个体自我意识普遍地、现实地认识自我价值和社会价值,并在实践中充分展示自己的各种潜能,达到个性自由。

可见,人的自由而全面发展理论确立了人的价值和人的主体的地位,是马克思主义关于未来社会人的发展状态的一种最高价值追求,也是造就和培育社会主义共产主义一代新人的理论。大学生生命教育是一项有目的、有计划、有组织地教育人、培养人的实践活动,其终极目标是培养社会主义事业的优秀建设者和可靠接班人,必须以实现人的自由而全面发展为落脚点。始终以培养自由而全面发展的新人,提高人的素质为根本任务,时刻关注人的发展和完善。在社会主义市场经济蓬勃发展和经济文化日益全球化的时代背景下,大学生生命教育作为一种实践活动,在开展的过程中,总会不断出现新情况、新问题,这就要求大学生生命教育要增强针对性和实效性,以人的自由而全面发展理论为指导,把它作为自己的总体价值目标,解决新情况、新问题,提高人们对客观世界的认识能力和改造能力,保证自身的正确方向并取得良好效果。

第五节　大学生生命教育的目标和内容

一、大学生生命教育的目标

（一）大学生生命教育目标阐释

高校生命教育的目标是由基础目标、次级目标和最终目标三个由浅入深、相辅相成的目标组成，它们共同建构起高校生命教育的目标。

高校生命教育的基础目标是预防大学生伤害生命，维护大学生生命安全，掌握基本的生存技能。生命的存在是大学生进行一切生命活动的前提和基础，当代大学生身心发展特点与所处的特殊社会环境使得部分大学生在遇到一些挫折和失败时，不能有效地调节自己的情绪，以至于放弃自己的生命。生命教育应帮助这些有自杀意念的大学生摆脱或打消自杀念头，引导他们从生命的可能性出发去感受生活的希望，立足于生命的过程性来看待自己现在经历的心理困扰，让他们明白在生命历程中并非只有幸福、快乐，还有艰辛、痛苦，它们都是生命的一部分。此外，维护大学生生命安全还应重视大学生生存技能的学习，做到能在恶劣的自然环境中生存，在突发的自然灾害下自救、求助与他救等。

次级目标是帮助大学生发展生涯。通过生命教育，激发大学生探索生涯的热情，协助大学生客观全面地进行自我评价，认清自己的优劣势，结合客观因素（家庭背景、社会环境等），从自己的"自我""志向""休闲""人际"等层面，设定努力的方向，制定人生规划，建构生命的发展图景。在这个过程中，正确对待和处理生命成长中遇到的困扰，体验大学生活带来的变化，感悟人生的艰辛与美好，认真对待生活。

最终目标是提升大学生生命价值。高校生命教育的宗旨是启发、引导大学生自觉、积极、主动地追求和实现自己的生命价值。生命价值内在地包含了人的自我价值和社会价值两个方面。生命的自我价值，是个体的生命活动对自己的生存和发展所具有的价值。生命的社会价值，是个体的生命活动对社会、他人所具有的价值。因此，大学生生命价值的提升不仅与自我生命价值的实现有关，更需要与社会、国家的发展相联系。

(二)大学生生命教育目标确立

1.正确认识生命本质

正确认识生命的本质是确立生命教育目标的第一步。作为社会中的个体,只有对生命的过程能有科学的理解,知道自己过去来自哪里,将来将去哪里,才能够学会合理的认识和反思生命的内涵,才能学会正确地认识自己,接受自己,将自己和社会完美的统一,才可能让自己真正的成熟,真正的成长。要不然,缺乏对生命本质的理解,对自己没有客观,充分的认识,这对本身未来的发展是很不利的。从而,引导大学生正确的认知生命,这是开展生命教育的前提。大学生不仅要思考"生从何来""死归何处",还得回答"应做何事",这是认知生命教育的基点。大学生只有在正确认识生命的基础上,才会爱惜并保护自己和他人的生命;只有认识了生命的本质,才能追求生命的意义和价值。人的生命可以分为自然生命和精神生命。那么,这里所指的生命本质,是马克思所指的"有生命的个人的存在",也就是医学角度所说的"活着的状态"生命之美,首先在于人类这种"活着的状态"的可贵与奇特。从人类生命的起源上来讲,就经历了极为漫长的进化过程。而且,尽管人类做了许许多多的星际探索,但迄今为止尚未发现浩瀚宇宙中还有其他高级生命的存在,就因为这一点,人类的生命就显得异常可贵。"没有生命的世界是残缺的世界。生命是一切智慧、力量和美好情感的唯一载体。"自然万物都是生命本体的创化产物,是"生命精神的物质化"。自然万物都是"精神"的客观化、具体化,而"精神"本身又是"不可思议"的。因此,自然万物就成为生命精神的象征,自然万物即生命精神的艺术品。人创造出的所有社会价值都是以生命存在为基础的,没有了生命,一切都是空谈。高校生命教育首先应该教育大学生拥有"活着的状态"的重要性。

2.自觉保护生命存在

每个人的生命都只有一次,生命的不可重复性和有限性决定了它的珍贵。对于生命这种有别于其他物品的特殊的珍贵的事物,更应该用珍惜和保护之心来对待。对于高校的生命教育来说,在正确认识生命本质的基础上,引导大学生树立自觉保护生命存在的意识。每个生活在社会中的人的地位都是平等的。自己的生命是珍贵的,同样的,他人的生命也是珍贵的。过去高校生命教育的主要精力都放在了如何降低大学生的自杀率以及如何减少非正常死亡等方面,却忽视了大学生对他人生命态度淡漠的关注。俗话说,己所不欲,勿施于人。一些大学生对自己的生命是很珍惜的,这点通过"5·12"大地震体现得淋漓尽致。高校生命教育首先应该对大学生爱惜和保护自己生命的意识和行为给予充分肯定，但要强调是在不伤害其他生命存在的前提下。其次，引导大学生树立自觉保护生命存在的意识。每个人的生命都不是只属于自己的私有财产，而是与家庭、社会紧密相连的。马克思、恩格斯曾说过"作为确定的人、现实的人，你就有规定，就有使命，就有任务"，大学生爱惜和保护自己的生命，是对自己和自己的家庭负责任。那么，自觉保护其他生命存在则体现出了高度的社会责任感。生死之外无大事，命大于天。高校生命教育的目标应该更加明确：自觉珍惜爱护自己的生命，在他人生命发生危急时积极伸出援手，并且绝对不伤害其他生命或剥夺其生存权利。

3. 塑造完善生命个性

教育的目标是促进人的全面发展，生命教育更是应该关注生命的全方位发展。每个生命个体都是唯一的，有自己独特个性的，因此，生命教育要以帮助大学生塑造和完善其独特的生命个性为目标。世界上没有完全相同的两片叶子，也没有完全相同的两个生命个体。世界因为有了不同的生命个体而美丽，而生命也会因为不同的个性而独特。当代大学生生活在市场经济的大潮中，个性张扬的他们喜欢标新立异，因此追求独特的自我个性是他们的理性需要。教育的目标应当根据受教育者的需求而发展变化。"生命教育关注生命的发展，更应该关注学生的可持续性发展。"首先，现今的高校生命教育应该考虑大学生的心理需要，积极引导他们塑造并逐步完善生命个性。其次，在鼓励他们坚持自己的个性的同时，也要开展适当的挫折教育，使大学生正视自己性格中的缺点与不足。生命个性的发展应当适应社会快速发展的需要。因此，适当的挫折教育反而会促进大学生个性的完善，为其将来的发展奠定基础。另外，要注重学生的全面可持续发展，在提升智力素质的同时，也要促进道德、情感和责任等方面素质的发展。

4. 全面超越生命

除了变化本身，这个世界的一切都是变化的。歌德笔下的浮士德永远不满足自己，由此看来，超越自我是生命发展的终极目标。马斯洛把人的需要划分为：生理需要、安全需要、爱和归属的需要、尊重的需要和自我实现的需要。这是一种个体在正确认识生命并完善生命个性的过程中，不断超越自我的境界。生命的超越是在对真善美的追求过程中实现的。并不是每个个体都能完成自我超越的进化。从大学生进入高校校园开始，已经有能力对自己人生意义进行思考了。因为独特的生命个性，当今的大学生极其渴望在奋斗和拼搏的过程中能够超越生命的功利需求并实现人生价值。所谓功利需求，就是人们观念里根深蒂固地认为金钱、地位和名誉在自我超越过程中所占的重要地位。其实超越生命并不神秘，当个体以反省和不足来取代对现实的信奉，那么个体已经开始了超越的历程。高校生命教育要引导大学生实现这个超越自我的目标，让他们体验生命幸福感的同时感受有意义的人生。

二、大学生生命教育的内容

（一）生命意识教育

生命意识是每一个现存的生命个体对自己生命的自觉认识，是人为了适应自身发展的需要而形成的对生命的认知和感悟，其中包括生存意识、安全意识等。生命意识的培养，是生命教育的起点，是促使大学生形成科学、正确、完整的对生命的认识，形成对生命的尊重、珍惜、热爱、欣赏、敬畏，并能主动维护生命权利。大学生要学会珍惜生命，人类最珍贵的是生命，每个人的生命只有一次，生命是人类发展的基础。只有生命存在，人才能谈得上是生存发展和生存质量问题。无论在具有什么样条件的环境下，只要有生命在，才会有发展的可能，生命给了我们种种机会和挑战，生命让我们去学习，去工作、去生活，去感觉爱与恨，去体验幸福与痛苦。生命是丰富多彩的，是充满了生机的。每个人的生命不仅仅属于自我，也属于整个家庭、社会、国家，乃至全人类。所以，轻易地放弃生命是种极不负责任的行为。生命意识教育就是帮助大学生形成科学、正确、完整的对生命的认识，形成对生命的热爱、珍惜、尊重、敬畏、欣赏，并能主动维护生命的权利。生命意识教育立足于"以生观生"，从提升大学生生命意识的角度，帮助大学生直面生命，思索生命，珍爱生命，磨炼生命意志。可以说，生命意识的培养，是高校生命教育的起点。

1. 尊重生命

生命是具体的、独特的，而不是抽象的。鲁迅先生曾指出，生命应是"以己为中枢，亦以己为终极，即立我性为绝对之自由者也"每一个生命都有其不同的天赋、兴趣、气质和冲动等。每一个生命都是独一无二的。尊重生命，作为一种朴素的道德观念，源远流长。身体发肤，受之父母。每个生命的诞生都凝结了无数人的心血，因此，一个人的生命不仅仅属于自己。生命是宝贵的，生命对于每个人只有一次，只有生命的存在才会有生命价值的实现和创造。生命是社会存在和发展的基础，每个个体生命的存在更是社会发展的前提。维持生命是人类不可推卸的生命责任，要让大学生认识到生命的不可替代性和唯一性，使他们学会尊重生命、关爱生命。同时，尊重生命的价值，不仅要尊重自己的生命，还要尊重他人以及人类生命以外的一切生命。市场经济的发展造成利己主义思想的蔓延，人们过度关注自我生命、自我利益，而忽略他人生命和他人利益的发展。生命教育要求在尊重自我生命的基础上，还应尊重他人生命的发展。同时，人的生命存在于自然界之中，人类生命的存在和延续都离不开自然界而独立存在。每一个生命，包括自然界中的每一个生命都与我们息息相关。因此，尊重自然界中动植物的生命、保护濒危动植物、保护生态环境也是珍爱生命、尊重生命的体现。生命存在本身就是最高的价值，对于任何生命我们都不应轻易去蔑视和践踏，应对生命充满关爱与尊重，这是人类生命存在的必然之责。生命教育有责任告诉大学生：每个来到世界上的生命都是极其幸运的。作为生活在这个世界上的高智慧生物，人类要尊重自己和其他同样生活在地球上的生命个体的生存权利。一个人可以放弃自己的生命，但同时放弃了温暖和爱着他的人们；一个人也可以剥夺其他人的生命，但不可能不为此付出比自己生命更沉痛的代价。生命教育要让大学生明白"我是独一无二、与众不同的，世界上没有一个人能替代我！无论我身上有多少缺点和不足，我的生命都是有价值的""我身边的每一个人都是独一无二的，无论他们和我有多大的不同，我都必须尊重他们、悦纳他们"。生命教育首先要回到唤醒生命意识的起点，启迪当代大学生重视和尊重生命。

2. 敬畏生命

生命是自然界中最宝贵的东西，也是人生中最宝贵的东西，敬畏生命是生命教育的首要内容。敬畏生命第一要"敬"，要珍视生命、爱惜生命。古人云：身体发肤，受之父母，不敢毁伤。每个生命来到世界上都是非常偶然非常不容易的事情，然而现代社会教育却把生命异化，应试教育和物欲横流的价值取向掩盖了生命的本质，生命被异化为分数、物质、金钱，一些大学生变得既不重视自己的生命，更不重视他人的生命。所以大学生命教育首先要回归到生命意识的教育，要启发学生对生命的感觉和珍视；敬畏生命第二要"畏"，要保护生命，明白自己的责任。生命是极其脆弱的，也是极易消逝的，死亡始终伴随着生命始终，特别是人死则不可复生，因而必须爱护自己的生命，要懂得正确对待网络、烟酒、性，要学会避免各种危险境况，让生命能够安全健康地成长。

3. 珍爱生命

生命是个体存在的基础和前提，是个体生存发展的基础。"在实际的人的实际生活中，生命，即使在觉得它是个负担时，实际上也深受珍爱，也具有崇高的价值，也被人接受。人的存在的真理是热爱生命。"所以，热爱生命是生命教育之始。

培养对生命的美好情感是生命教育的重要内容。生命情感是指个体对生命意义的自觉、欣悦、沉浸，以及对他人生命乃至整个生命世界的同情、关怀与钟爱。但据有关调查显示，有相当大部分的大学生不满意目前的生活，一些大学生表现出冷漠、孤僻的情感特征。由于现代教育的急功近利、市场经济残酷的竞争压力和社会价值评价的偏颇，有的大学生无法从容地欣赏与理解生命的美好，对生命更多的是负面的情感体验如郁闷、焦虑、烦躁、孤独等。有些学生更把自己置身于虚拟网络世界中，丧失直面人生的勇气和能力。生命教育的目的就是要引导大学生自觉体验和感受生命的美好，重新建构对生命的认知和态度。首先要让学生充实自己的生命情感，学会欣赏世界上各种美好的事物和人类创造出的各种灿烂的文化，学会珍惜生命中各种美好的情情，真实地体验生命的丰富多彩；其次要让学生懂得悦纳自我，悦纳人生。每个人都要学会接受自己的不完美，学会欣赏自己，从而才能有快乐的人生；此外要引导学生正确看待社会现实，培养学生更客观更宽容的视角，不偏激，不冷漠，心存感恩和关怀。

4. 创造生命

创造生命的价值，明了生命的意义是生命教育的中心内容。人的生命的存在与其他生物的生命存在有着本质的不同，马克思指出："动物和它的生命活动是直接统一的，它没有自己和自己的生命活动之间的区别。它就是这种生命活动。人则把自己的生活活动本身变成自己的意志和意识的对象。他的生活活动是有意识的——有意识的生活行动直接把人跟动物的生命活动区别开来。"人生虽受到既定社会历史条件的限制，但人是有意识的、自觉的生命存在，有能力把自己从既定的宿命中解救出来，表现出独特的个体性。生命教育要激发起学生努力创造自己人生的激情和热情，为他们注入生命的永恒不息的动力和灵感；引导学生正确分析人生，树立合理的人生价值目标，设计科学的职业生涯路径；启发学生正确看待生命中承受的种种压力和挫折，勇敢面对，积极化解；教师在生命教育过程中要保护每个学生的独特个性，因势利导，激发每个生命的潜能，创造出生命的最大价值。

5. 超越生命

超越生命，提升生命的品质则是生命教育的最终目的。郑晓江教授认为人的生命是由亲缘性血缘生命、人际性社会生命和精神性超越生命三重性构成的。一些大学生人情淡漠，把生命看作是私人的事情，但实际上死亡结束的只是亲缘性血缘生命，人际性社会生命和精神性超越生命却不会结束。生命教育最终目标就是要教育学生超越死亡，超越生命的限制。现代人往往沉溺于追求世俗的享乐生活和当前现实的利益，不再具有远大的追求和超越的精神，使得生命失去了终极价值的支撑。我国古代有三不朽之论，立德，立功，立言。这实际上也是古人超越死亡、超越生命限制的大智慧。现代大学生应该自觉地树立远大的理想信念，把自己的个人追求与社会、国家的历史命运结合起来，从社会生命和精神生命中求得生命的永恒和不朽。生命教育要引导学生从过度的物质追求中解放出来，积极构建个人的人际性社会生命和精神性超越生命。

（二）生命信仰教育

生命信仰是指个体对自己生存的价值和意义、生活的前途和人生状态等问题的最高信念，是价值观在人生问题上的体现，是人们对于生活的目的和意义的本质把握和升华。德国的哲学家恩斯特卡西尔说："人用以死相对抗的东西就是他对生命的不可征服性、不可毁灭的统一性的坚定的信念。"可见，对生命的渴望、崇敬和信仰是人超越个体存在获得生命永恒意义的基石。

1.确立科学崇高的人生信仰

面对社会压力和空虚的精神世界，人们渴望心灵的宁静，对信仰的需求日益明显。这时，如果没有及时正确的指引，就有可能使学生在一些的错误思想的诱惑下，从一些错误的方向寻找信仰。所以，应及时引导学生慎重选择自己的人生信仰。在人生信仰的确立上，做到科学、理性和崇高，符合人生价值实现的科学规律，符合国家的主导信仰，还应对人生实践有着积极的指导作用。只有这样的信仰才能真正促进生命的成长和生活的幸福。同时，在确立生命信仰时，还应重视理性思维的培养，引导大学生养成科学的理性思维方式，让信仰成为其内在的精神生活的选择和理性思考的结果。

2.积极投身于人生实践

人生信仰的形成来自个体生命的体验和社会阅历的积累，其基础都是客观的人生实践。信仰的确立有多种途径，但每个途径都离不开对生命的体验和社会实践。科学信仰的形成需要对不同的理论和价值观念进行比较和选择，通过实践确定最终的人生信仰。恩格斯曾提出确立信仰的三种途径：实践的途径、哲学的途径和政治的途径。这三种途径虽有着各自的内涵和侧重点，但都可归结为人生的各种实践活动。我们引导大学生确立科学、崇高的人生信仰，关键是要引导学生投入现实的生活中,在丰富的人生体验、科学理论学习和积极的政治追求中获得对生命的认知、对社会的情感和对理想的信念,并把这种信仰追求转化为生命活动的动力。

(三)生命责任教育

责任是人和人之间所形成的相互依存、相互支持的关系,它要求个体在实现自身利益的过程中,不忘他人和集体的利益,自觉履行各种职责和义务,正确处理好不同利益主体的关系。责任感则是指对责任的一种强烈的自觉意识,它是人生理想、信念和价值观的高度统一,大学生只有将责任作为个体行为选择的出发点,才会使生命变得更加有价值、有意义。培养理性自觉的责任意识,建立和谐的生命关系责任意识的培养是要把责任放到更广泛的意义之中,使学生意识到自己的发展是与他人的存在、社会的发展,人类的幸福紧密联系在一起的。责任意识应建立在主体的自我理解和理性自觉的基础上。主客体相互作用时,对于相互作用的后果负有责任,这个责任由主体的需要和目的本身所赋予。大学生只有深刻认识到个体的生存和发展还依靠他人的劳动和社会的发展,社会的发展也需要每个人的共同努力,才能树立真正的责任感,并自觉承担自己的人生责任。人的自由度越大,自主性越强,承担责任的欲望就越强。因此,提高大学生的生命责任感,首先要提高他们对履行和承担责任的理性自觉。人的生命处在他人生命、社会生命和自然生命的包围之中。如何保持与他人、社会和自然之间的和谐关系也是生命教育的一部分。人的社会属性决定了人总要和周围的人相互接触。生命教育要让学生了解生命之间相互依存的重要性。学会尊重他人,尊重人们之间的差异性。关爱他人,关注社会中的弱势群体,培养人文关怀精神,创建和谐的人际环境。要使学生在充分展现自我生命的同时,又负有一定的社会责任感和使命感。在承担社会责任的同时,深化自身生命的意义和价值。自然界是人的生命赖以生存的外部环境,学会与自然界的和谐相处是人类长期存在的重要基础。生命教育应教导学生尊重生命的多样性,珍爱环境,保护动植物,节约资源,热爱自然界中的各种生命形式,树立人和自然和谐发展的生态思想。

责任本身具有层次性。意大利的思想家朱塞佩·马志尼按其重要性把人的责任划分为:对人类的责任、对国家的责任、对家庭的责任、对自己的责任。国内学者认为,按照个体自我意识以及承担责任的能力,可分为对自己的责任、对他人的责任、对社会的责任、对国家的责任、对人类的责任等。笔者认为,责任教育的起点是教育学生对自己负责,大学生是大学生活的主体,增强自我责任意识，首先要尊重自己的主体地位和主体人格，在各种利益冲突中具备清晰的判断力，并对自己的行为后果承担责任。以往的责任教育往往忽略了责任的层次性，只强调对他人和社会的责任，导致学生不能真正懂得如何为自己负责，本该承担的基本责任被忽视，也就无法更有效地为他人和社会负责。所以，生命责任教育首先要教育大学生对自己的生命负责，对自己的事业负责，由己及人，由近及远，对自己的家人负责，对身边的人负责，再升华到对社会、对民族、对国家负责。在这里，责任已经具体化到生活的每个层次、每个领域、每个行为之中。生命因责任而更具价值和意义。

（四）人生理想教育

理想是人们在实践过程中形成的而具有现实可能性地对未来的追求和向往，是人的世界观、人生观和价值观在奋斗目标上的集中体现。真正的理想是对整个人生的展望，对幸福生活的憧憬。理想源于生活，又高于生活。作为对人生的展望，理想引导着大学生向着更高的人生目标奋斗。

1. 合理制订生涯规划

生命教育中的职业生涯规划不仅是教育大学生规划好自己的职业，还强调要明确生活的目标，精心规划好自己的人生。随着就业形势的严峻，择业的难度增大，部分大学生在择业的过程中出现了心理上的偏差。生命教育要指导大学生客观地认识自己，发掘自身的潜力，明确自身的优势和劣势，根据自身的情况，进行合理、科学的职业规划，寻找符合自己个性特征的职业。此外，还要帮助大学生了解社会发展的方向，了解其所学专业在社会上的供需趋势以及具体的职业性质和内容，把个人的发展和社会发展的需求紧密联系，确定自己的职业目标。在明确自身的职业目标后，合理规划自己的学习和生活，为实现自己的职业目标积极准备，在规划的过程中加深对生命的体悟，自觉思考生命的价值和意义。

2. 树立正确幸福观

幸福是人生的根本目的和最终追求。但幸福不是单纯的快乐享受，而是一种不懈努力追求、永远进取的动态过程。正如美国心理治疗专家罗杰斯所说："美好生活是一个过程，而不是一种存在的状态。它是一个方向，而不是一个终点。"面对一些大学生的价值迷茫、内心孤独和精神颓废等现象，生命教育应帮助他们培养健康的身心和积极的人生态度，使他们在和谐的身心中追求幸福，实现幸福、享受幸福。首先，要引导大学生提升幸福的层次，培养正确的幸福观。幸福不是物质欲望和生理需求得到满足时的那种快乐。幸福是人生价值的实现，是不断进取的创造性过程。生命教育要帮助学生从肤浅、狭隘的生理欲望满足和个人需求实现中解放出来，追求高层次的精神需求，从而获得更持久的幸福感。其次，引导大学生加强人文修养，培养学生体验幸福的生命情感。人文素质的高低，决定了人的道德水平的高低，也决定了人对幸福的真实把握。加强大学生的人文修养，提升大学生真挚、豁达、进取的情感，是创造幸福生命存在的基础和源泉。生涯发展教育以大学生生命愿景的建构为出发点，以自我实现为宗旨，是生命价值和意义实现的重要途径和渠道。"生涯乃一种生活方式之概念，其包含一生当中工作以及休闲的活动。生涯教育在协助儿童与青少年，甚至一般成人了解个人特质与工作世界，期望个人能与工作世界最佳适配，进而规划自己的人生、开发潜能、贡献社会"。大学生正处在生涯探索期向生涯建立期转换阶段，这个阶段的生涯探索将会影响一生的生命走向。许多大学生都对成功有着强烈渴求，也因此容易被社会上一些拜金主义、实用主义、享乐主义所侵蚀；另一方面，大学生在成长过程中，常因为现实自我和理想自我存在差距，从而否定自己。生涯发展教育能够在这些方面给予大学生帮助。高校生命教育视域内的生涯发展教育就是帮助大学生了解自己的特质，正确认识与对待自身的优缺点，接纳自己，朝着最优化的自己发展，从而提升自己的生命价值。

（五）死亡教育

在中国的传统观念中，谈及"死亡"都会被认为是不吉利的，会被大多数人排斥。在实际的生活中，中国人也十分避忌死亡问题，认为死亡是不祥之事。长期以来，生死教育在我国的学校教育中几乎是空白。由于死亡教育的长期缺失，部分学生缺乏对生存艰难和死亡恐惧的认知，不能科学地看待和理解死亡。由此可见，在生命教育中开展死亡教育是弥补现行生命意识缺失的客观需要，是指导大学生正确认识和理解死亡，树立科学的生死观，帮助大学生体验遭遇打击和生活突变时的复杂心情，使他们在艰难时期能够控制自己的情绪，珍视生命，从而更好地筹划人生，提高生命质量的重要途径。死亡教育立足于从生命的另一个向度来关照生命，即"由死观生"，从而减少大学生伤害生命事件，激发大学生对生命意义的追寻，最终丰富生命的内涵。生与死是生命的一体两面，死亡是生命的重要组成部分。规避死亡不但不能免除死亡，还容易使大学生轻言死亡。"由死观生"即是死亡教育的起点，也是死亡教育的归宿，它引导大学生站在一个全新的角度来直面死亡，用倒计时的方式审视生命。当代著名心理咨询师欧文·亚隆认为，许多心理问题的根源在于"死亡焦虑"。大学阶段是大学生从依附于家庭到独立生活的过渡阶段，在这个过程中，大学生面临着脱离父母，独自摸索成长而产生各种压力，当压力无法承受，伴随的是死亡焦虑的潜滋暗长。而死亡教育主要包括鼓励大学生探求死亡课题，认识死亡，了解死的本质、获得有关死亡各种知识，认识生与死的关系，思考死亡的意义，预防因死亡焦虑而产生的种种问题；其意义在于，通过对死亡的思考，加深大学生对生的理解，使大学生意识到自己生存时间的有限，体会到生的可贵，生的价值，抓紧生命的每一时刻，为国家、社会做出贡献，使"生"更富内涵；其宗旨在于使大学生掌握健康而积极的生命观，从而珍惜有限的生命，敢面对生命中的艰难困苦，以正确的态度保护生命，提升生命的质量。因此，死亡教育是高校生命教育的重要内容。

1. 正确理解认识死亡

死亡是生命中不可回避的话题，生命的延续不过是生、死间的选择过程。正如海德格尔所说，"此在作为被抛在世的存在向来已经委托给了它的死亡。作为向其死的存在者，此在实际上死着，并且只要它没有达到亡故之际就始终死着。"生命就是不断走向死亡的过程。死亡意味着生命的终结，意味着人世的一切都化作了虚无；但也正是死亡赋予了生命崇高的地位，因为死亡，生命方显珍贵，也正是死亡赋予了生命以意义。正如雅斯贝尔斯所说，"倘若真的超越了生死界限，也就是说，人可以永无止境地活下去而不必直面死亡以获得震颤，那么，人就始终处于开端与终结两极：他可以做这件事也可以干那件事，一会儿是这样，一会儿又是那样，仿佛随时都可以做一切事，但却没有一件是真实的。"哲学家别尔嘉耶夫也说，假如没有死亡，生命变得没有意义，因为不会死亡，所以就不会有珍惜。许多人认为，大学生正值青春年华，死亡对于他们来说可能是遥不可及的事情，死亡教育对于他们可能过于沉重或为时过早。因此，在教育中，涉及死亡问题时，老师通常会采取回避的态度。这是我国死亡教育的一个误区，死亡不是每个人面临死亡时才考虑的问题，死亡教育也不仅仅是临终关怀，死亡教育具有生死双重价值。如果能够正确地理解和认识死亡，就能感受到生命的有限和宝贵，从而珍爱生命，积极筹划自己的有限人生，实现对生命的尊重，通过死亡教育，使大学生明白，死亡是一种正常的自然现象，是自然变化流程中的必然环节，而非神灵操纵的偶然事件。对待死亡应坦然面对，不必无端的恐惧。同时，死亡也是人生旅途中不可避免、不可逆转的一个过程。它是个体生命的一部分，也是生命发展的必然终点。了解死亡的不可逆行，使大学生在面对各种和死亡相关的打击挫折时有所准备。了解死亡的本质，正确地认识死亡，树立正确的生死观是死亡教育中的重要内容。

2. 超越死亡的教育

生与死是辩证统一的关系。庄子曰:"生也死之徒,死也生之始。"黑格尔也说过:"生命本身就具有死亡的种子。"只要生命存在,死亡就存在。死亡不只是外在于生命之外,还存在于生命之中。死亡凸显了生命的有限性和短暂性,也正是死亡的存在,赋予了生命的意义和人生的价值。也只有对死亡有清晰的认识,才会意识到生命的有限,才会珍惜当下美好的生命时光;也只有以死亡为参照,才能反观生命存在的意义,努力实现自己的人生价值,期望对死亡的精神超越。总之,通过死之教育,促使大学生在观照死亡的基础上,体会生命的珍贵,学会珍惜生命、尊重生命,从而把生活的重心转移到人生的关注,积极投入当下的生活之中,赋予生命以无限的价值。

3. 培养生存自救能力

近些年来,高校中因失火、溺水、雷击等事故而导致死亡的事例时有发生。有一部分则是因为当事人缺乏一些基本的求生技能而最终导致死亡的。因而,在死亡教育中,对大学生介绍一些特定场景中基本的生存自救技能很有必要,教会大学生在危急的情况下如何实现自我救助和保证自身生命的安全,通过掌握一些简单易行的自救办法,帮助避免危险和伤害。比如:突遇火灾的自救常识、如何从高楼逃生、溺水时如何自救和救人、雷雨天气应如何避免雷击、触电的急救常识、如何发送求救信号、野外伤病的急救常识等等。此外,了解在遭遇地震、海啸、洪水、泥石流等突发性自然灾害时的一些自救知识,进行有效自救,避免伤害的扩大和恶化,这些都是死亡教育的重要内容。联合国教科文组织提出:"学会生存是教育的根本目的。"大学生作为社会的栋梁,其生存能力不仅关系到个体生命的发展,还关系到国家、民族未来的生存境况。我国高等教育对于关乎大学生生命存在的生存能力教育仍比较欠缺,部分大学生没有掌握在面对危险与灾难的时候自我保护的方法,造成难以估量的损失。因此,锻炼生存能力是高校生命教育的内容之一。大学生生存能力教育的主要方式是生存拓展训练。通过生存拓展训练使大学生了解来自各方面的不安全因素,掌握简单易行的安全防范、自救与他救的方法,以规避危险与伤害。例如懂得在遭受火灾、雷击、溺水时如何自救和他救,在野外及其他特殊艰苦的情况下如何生存等。生命的保存不仅仅是生命健康安全知识的学习与掌握,但拥有保存生命的知识与本领是个体生命的延续的前提条件。而且,在生命保护知识的学习中,也可以培养个体对生命的珍爱与敬畏。

(六) 生命伦理教育

生命伦理教育是高校生命教育至为紧要的内容，我国德育在伦理教育的目标上，过分强调约束的外在价值，忽视生命发展的内在价值。"传统的道德教育模式忽视了人的情感体验和主体的道德参与，忽视了与生活的联系，以及日常生活的德育价值"。生命化伦理教育立足于从生活的角度来关照生命，以期实现生命与生命之间的和谐共处。从伦理规范的终极性视角看待生命化伦理教育，其着重探讨在生死两点之间常需面对的"有所为或有所不为"。改革开放以来，多元文化的相互激荡使大学生的思想受到多种价值观的冲击，与之伴随的是伦理道德观念的模糊。伦理方面的真知与力行，是每个人迈向理想生命境界不可或缺的条件，生命化伦理直接影响大学生生命意识的激发，是存在于人格深层结构中的一股强大的力量。生命化伦理教育不同于传统的伦理教育，传统伦理教育注重人伦关系，生命化伦理教育除了对传统人格陶冶及人伦关系的关注外，强调伦理省思和伦理行为的重要性，重视从生活面向，启发大学生道德思辨能力，调适自身的思想与行为，自觉地形成保护生命，深入生命意义的体认与探索，从中学会关怀生命，珍惜生命，丰富生命的内涵，做到与他人，与自然和谐相处。其意义在于探索道德的本质，使大学生能够不仅知其然，且能够知其所以然地掌握道德的原则与要求，在自身的生命内涵得到丰富的同时，能够对他人生命的成长起到促进作用。

(七) 生命审美教育

生命充满了苦难与艰辛，但生命同时也是美丽的，是世上最美的存在。生命审美教育就是要引导学生从美的角度、以美的眼光去欣赏生命，悦纳自我，悦纳世间一切生命。"在新的世纪，我们不仅要教育青少年学会生存，而且要教育他们学会审美地生存。"生命审美教育要让学生感受生命，欣赏生命，不仅欣赏自己的生命，还要欣赏他人的生命，欣赏大自然中的一切生命。以一颗安静纯净的心等待一朵花的开放，倾听鸟儿的鸣唱，善待每一个与自己不同的生命。享受成长的快乐，欣赏生命带来的喜悦与感动。正如朱永新教授所说，"美育要引导和教育学生热爱生命，珍惜生命，享受生命，优化生命，激扬生命。要让学生懂得，生命本身就是美的，自己的生命就是美的杰作，因而应该为自己拥有生命而自豪"。教育学生欣赏生命，要欣赏生命中的每处风景。不仅是欣赏生命中的健康、快乐、幸福，品味其意义与价值，更应该引导他们去欣赏生的负面状态—如孤独和痛苦的意义与价值，因为正是它们常常直接导致青少年走向自杀和杀他者的不归之路。存在主义认为，孤独是个体存在的一种形式。个体作为一种被抛在世的存在，孤独与生俱来，是一种纯粹的生命状态。孤独难以摆脱，痛苦是生命不可避免的体验。然而，人在孤独中才能沉淀生命，才能从容地品味生命、欣赏生命。所以，存在主义哲学家克尔凯戈尔指出，存在作为一种主观的体验只有作为"孤独的个体"的人的亲身经历才能领略到它的境界。人经历了痛苦方能成长，方能坦然地面对生命、更深刻地体认生命。生命审美教育要唤醒学生以审美的眼光来看待生命中的种种。要教育学生学会欣赏生命的美，善于追求美、创造美，用美的眼光来看待人生，看待生命中的苦难与挫折，从而在对生活的历练和感悟中保持对生命的热爱，保持积极向上乐观开朗的心态，最后提升自己的生命价值观。生命教育正是在这种种教育中，实现着对生命本体的关照，引导着对生命价值的理解，对生命意义的体认。

（八）生命情感教育

生命情感是人类精神生活中最重要的组成部分，它的力量极其强大，既可以发挥正向作用也可以产生负向作用。情感的正向性功能发展又称为积极情感的生长，情感的负向性功能发展又称为消极情感的生长。积极的生命情感是个体对自我生命的积极认同与珍爱，是在肯定和欣赏自我及他人生命价值的基础上形成的。它是个体生命的内在发展动力，是尊重和关怀他人以及整个芸芸众生的生命，个体对生活的麻木、对个体生命意义的否定以及对他人生命价值的漠视则是消极的生命情感的表现。生命情感教育就是要涵养积极的生命情感。

1. 提升自我意识

自我意识是对自我存在的认识，是人区别于其他动物的内在本质，如马克思所说的那样："有意识的生命活动直接把人跟动物的生命活动区别开来。正是仅仅由于这个缘故，人是类的存在物……只是由于这个缘故，他的活动才是自由的活。"生命个体实践活动建立在自我意识的基础上，他对自我人生意义和人生价值的追求也是建立自我意识的基础之上的，正是在认识并超越自我的转变中，生活的意义和生命的价值才得以在个体发展中实现。"人的生命及其意义，是要靠人自己寻找和发现的；而人寻找和发现自己生命及其意义的过程，也正是人的生命及其意义得以生成和觉醒的过程。"所以，生命情感教育就是要促进大学生不断地提升自我意识，"创造自我，超越世俗的拘束而达到精神自由的高度；升华自我，守住生命的热情；沉思自我，伸展情志的深度和广度——从而形成整体的人文自我，凸现人文情怀，让生命走向丰富、充盈、绚丽、深刻"。

2. 激发责任感

在《德意志意识形态》一书中，马克思指出："作为确定的人、现实的人，你就有规定，就有使命，就有任务，至于你是否意识到这一点，那都是无所谓的，这个任务是由于你的需要及其与现有世界的联系而产生的。"英国的维克多弗兰克曾经说过，"每个人都被生命询问，而他只有用自己的生命才能回答此问题，只有以'负责'来答复生命。因此，'能够负责'是人类存在最重要的本质。"也就是说，责任体现了人的一种社会必然性，每个个体不可能是孤立存在的，他的存在与他人、与社会息息相关，每一个有价值的生命都是在承担和实现生命责任的过程中得到升华的。目前，部分大学生责任意识淡漠主要表现有：第一，个人在为社会、为集体尽责任时，侧重于索取回报；第二，将本来应该属于个人责任的事情看成是高尚的行为；第三，漠视或逃避为他人、为社会尽责任。这种责任意识淡漠的现象不仅是对自己的不负责，也是对他人对社会的不负责，是一种对生命态度的漠视。所以，生命教育的重要与核心内容就是引导并激发广大学生的责任感。首先，激发大学生对自己负责。即引导大学生树立对自己生存、发展和完善负责的态度。其一，引导大学生对自己肉体生命负责；其二，引导大学生尊重他人个性人格，引导大学生在利益冲突中做出正确合理判断，并对自己的行为承担相应责任后果；其三，引导大学生对自己的人生发展、人生价值负责，恩格斯说："每一个人都无可争辩地有权发展自己的才能。""任何人的职责、使命、任务就是全面发展自己的一切能力。"其次，激发大学生对他人负责。培养大学生对他人的责任意识，可以增强一个人的人生责任感，体现生命个体的生命意义和生命价值。一旦树立了对他人负责的生命态度，当大学生个体遭遇生命困顿而无法解脱的时候，就不会轻易选择放弃自己或者伤害他人的生命的行为；当大学生个体做了一件对他人关爱地充满了责任感的行为的时候，他的生命意义和生命价值的自豪感就会油然而生。再次，激发大学生对社会负责。应该说，人的责任感的最高层面就是社会责任感，它不仅是个体顺利完成或实现社会化的客观要求，也是个体的内在精神追求，个人自我价值的实现只有把与履行社会责任结合起来，才能得到真正地体现。社会责任感的培养，有利于充分激发学生的自我潜能，引导学生明确自己的学习工作努力方向，明确生产生活目标，从而实现自我甚至超越自我，克服生命困顿，以积极的态度面对生活。大学生作为将来社会的中坚力量，理应自觉树立承担社会责任的意识，使自我的生命在承担责任中彰显意义和价值。

（九）抗挫能力教育

生命的成长不是一帆风顺的，不是永远快乐的。每个生命的成长都会遭遇许多的挫折和悲伤，有许多无奈与彷徨，这是我们甩不掉的负担。生命之重，意味着承担，生命之轻，就意味着放纵、随心所欲。人的一生不可避免地要碰到各种各样的挫折、失败和不如意的事情，总需要面临来自社会、个人事业、家庭等种种压力。若是经不住这些挫折、压力失败，一味地逃避，那这样的人生注定是失败的。我们应该学着正确的处理，把这些困难、失意，当作是我们人生中的一种经历，要从中学会教训，学着成长，变压力为动力，实现所谓的失败是成功之母，将其中消极的因素变成正面的东西，促进实现自身价值。由此可知，正确的人生态度，是生命教育中不可缺少的，它能让我们接受生活中的各种挑战，铸就人生的辉煌。这主要体现在以下3个方面：一是树立敬畏生命的价值理念。法国阿尔贝特史怀泽提出"敬畏一切生命"，认为自然界的一切生物都与人类的生存息息相关，任何生命都有其平等的存在价值，我们应该像敬畏人类生命一样去敬畏其他生命；人对一切生命负责的根本理由是对自己负责，人对其他生命的关怀也是对自己的关怀。这可算是对人类中心主义的反思。二是追求生命价值的高层次即发展性理念。教育者要引导大学生以欣赏的眼光看待世界，以积极的态度认识生命。三是重建生命信仰的价值理念。这是生命价值教育的终极目标和最高追求。

作为当代的大学生，人生经历中缺乏必要的磨炼、挫折，因此他们的心理承受能力比较脆弱。只有接受暴风雨的人，才能自由地撑着雨伞在暴风雨里走。生命教育就是通过强化他们的忧患意识，提高其受挫能力，引导大学生认识挫折和苦难是人生的重要组成部分，挫折和苦难是无法回避和选择的。人生的真正意义和价值往往是在战胜厄运、挑战苦难的过程中得以充分实现。通过挫折和苦难教育的大学生才有勇气直面人生的苦难，超越自我，提升生命境界。

第六节 大学生生命教育的原则与方法

一、大学生生命教育原则

生命教育的原则是在生命教育实践中形成的，体现了生命教育客观规律的、是生命教育活动必须遵循的准则。大学生生命教育的过程，就是生命教育者依据生命教育的目标，结合教育对象——大学生的特征，遵循生命教育的原则，确定生命教育的内容，选择生命教育的方法，最终实现大学生健康成长的过程。在这个过程中，大学生生命教育的原则指导着整个生命教育实践，贯穿于生命教育的全过程，最能体现生命教育的本质、目标和宗旨。在生命教育的理论体系中，生命教育的原则与其他理论有着相互制约的密切关系。它体现了生命教育的规律，是生命教育实践的科学总结，是教育者在生命教育活动中正确处理各种关系，确定生命教育的内容，选择生命教育的方法，增强生命教育的效果，实现生命教育目标的准则。

针对当代大学生的生命特征和大学生命教育的目标，教育者在实施大学生命教育的过程中，必须遵循以下原则。

（一）认知、体验与实践相融合原则

生命教育既要对学生进行科学知识的传授，又要引导学生体验生活，在实践中融认知、情感、意志和行为于一体，使学生丰富人生经验，获得生命体验，拥有健康人生。

1. 生命的认知教育

认知是指人们获得知识或应用知识的过程，或信息加工的过程，包括感觉、知觉、记忆、想象、思维和语言等。人脑接受外界输入的信息，经过头脑的加工处理，转换成内在的心理活动，再进而支配人的行为，这个过程就是信息加工的过程，也就是认知过程。认识生命的意义，生命的本质是生命认知教育的关键。生命对于大学生个体而言意味着什么，对于家庭社会而言又意味着什么，这一问题是生命认知教育需要急切澄清的问题。生命的认知教育是关于生命本质的拷问，是属于生命教育的观念层面。生命的认知教育的意义在于从观念层面澄清生命的本质及其外在形式，从而让学生看清楚生命的真正的内涵。

对大学生来说，认知是由他们对现实知识的积累，经历的多寡等决定的。即使在同一时间、同一地点、同一认知对象，对于不同的学生来说，所获得的认知也会有深刻、比较深刻或者是肤浅之分。所以，在生命认知教育过程中，我们要注意生命教育的认知性、开放性、活动性、合作性和实践性，以便在教育活动中积累多方面的知识和经验，在合作交流中相互启发、相互补充。正是因为认知的结果不是唯一的，具有个性化和多样性的特点，所以我们绝不能以学生的认知程度来评价学生接受教育的效果，避免使生命认知教育走向极端。

2. 生命的体验教育

要促进自己全面自由发展，大学生不仅要学会认知学习，还要学会体验学习。"体验是对亲身经历的反思，是全身心融入对象后对意义的揭示，是对生命意义的感悟。通过体验就能丰富自身的情感，提升人生境界。"①

生命需要体验，只有个体的用心体验，才能感受到生命的真实与活力。人生是体验的人生，情感是体验的活动，智慧是体验的发现，感悟是体验的果实。体验生命就是对生命意义的把握，生命意义并不是固定在生命之中的，而是需要每个人在日常生活中不断去揭示和体验的。生命的意义也在不断体验中逐渐生成，成为生命自身的一种精神支柱。一个人无论在生活中还是在学习中，只有真切地感到自己为自己做主，从而获得充分的体验，才会感到人生的快乐。所以，真正的生命教育不是单纯的传授知识，教授技能的教育，而是触及学生心灵的教育。要想让学生理解和真正懂得：生命的意义，其核心因素在于自由的情感和感悟，而这些只有经过亲自体验才能获得。对大学生来说，生命的体验教育就是扩展学习环境和生活环境，扩充其生活阅历，强化其对校园，对生活、学习、工作，对社会的积极体验，进而使生命教育与生活世界相互融合、相互促进。我们说，教育要通过生活和体验才能发出力量而成为真正的教育；生命教育，尤其是大学生的生命教育，同样必须通过生活和体验发出力量而成为真正的生命教育。通过体验，能够使大学生加深对生命的认识，丰富生命的情感，磨炼生命的意志。

3. 生命的实践教育

只有落实到实际行动上的教育才是有效的教育，否则就是失败的教育。生命教育作为教育的一种重要形式，更需要在实践中检验，通过实践的检验，生命教育才能发挥真正的价值和意义。

---

① 吴增强. 生命教育的历史追寻及其启示[J]. 思想·理论·教育, 2005 (17): 22-27.

大学生生命教育是实践性很强的一项教育活动。大学生生命教育的教育效果，不仅仅在于使大学生了解一些与生活、与生命相关的基本常识，更在于使大学生从认知与实践的结合上，去理解和掌握生命教育的基础知识，达到学以致用。大学生命教育的基本理论和知识以及大量的教育实例来源于生活实践，这就要求大学生在接受生命教育时，必须与生活实践相结合，在理解基本理论和知识的过程中，认知人的生命世界，明了生命的意义，理解生命的价值。相应的，这也要求教师必须引导学生积极参与实践，在实践中树立新的情感、态度和价值观，懂得生命的可贵，增强自我保护的能力，潜心创造生命的美丽和幸福。

在生命实践教育过程中，大学生要加强对自己生存能力的培养。一个人只有具备了相应的生活、生命能力，才能为热爱生命、保护生命、创造幸福生活、创造美好的人生做好充分准备。比如说，培养自己的基本生活能力，学会拒绝各种诱惑，提高自身的是非判断能力，通过培养科学的学习方法，良好的学习习惯及浓厚的学习兴趣来提高学习能力，增强自我保护能力，创造能力等。懂得了能力的重要性，并不等于说具备了能力，关键是落实在能力的培养上，正所谓"知识变成能力才有用，能力作用于知识才有力量"，说的就是这个道理。为此，大学生既要系统地掌握有关生命的基础知识，还要通过反复训练，持续地演练，使之在长期的实践中形成能力，从而成为生活的强者！

人的生命是完整的，一个真正的人是一个拥有认识、情感、意志并且不可分割的人，认知、情感和意志是相互联系、相互影响辩证统一的。"人的认识过程是人的情绪情感和意志产生的基础，没有人的认识活动，人既不会产生喜怒哀乐的情绪情感，也不可能有自觉的、坚强的意志。情绪情感和意志又反作用于认识过程，没有人的情绪情感的推动或者缺乏坚强的意志，人的认识活动就不可能深入。"[①]因此，我们在实施生命教育过程中要坚持认知、体验和实践相结合的原则，从多个方面入手，不仅要向学生传授有关生命的知识，也要通过实践培养学生的生命情感，培养他们对生命的热爱，培养他们的生命意志，使他们敢于面对人生中的种种失落与悲伤，并尽快走出悲伤，重新开始幸福人生。

（二）发展、预防与干预相融合原则

大学生的生命教育应以发展性、预防性教育为主，对已发生且危及大学生生命的问题要及时干预，尽力减少对生命的危害性。

---

① 叶奕乾等主编.普通心理学[M].上海：华东师范大学出版社.1997：158.

1. 生命的发展教育

生命的发展教育是指在生命教育过程中坚持以人为本，遵循生命发展规律，促进生命健康发展的教育。生命的发展教育，就是要让学生了解到生命的真谛在于发展，自己的生命要实现最大价值要靠自身的不断发展。大学生要在实践中、在现实生活中，多角度、多层次地发展自己，发展自己的生命。比如一些大学生面对挫折，不知如何应对，克服挫折的能力极度匮乏，生命的发展能力差。从卢刚到刘海洋，从刘海洋到马加爵，从马加爵到深圳大学的校花等等，这种血淋淋的教训一次次鞭笞着教育工作者，一次次冲击着高校的教育。我们亟须加强生命的发展教育，明确生命的真谛在于发展。生命的基本的意义在于其发展，能够开出世界上最美丽的花朵，只有清晰地意识到自己的生命处于不断发展的过程中，生命才能彰显其本真状态，才能通过生活展现其发展的本质，才能够组织和践行生命的多种形态，成功也罢，失败也罢，其都是生命的本真状态，都是对生命的诠释，生命的发展就是克服生命的不完善和不真实，走向真实发展的"自由王国"。

2. 生命的预防教育

生命的预防教育是指预先做好事关影响个体生命和防范教育。生命教育既有关注每一个学生健康成长的发展性目标，也有禁止吸食毒品、防止性传播疾病、防止自杀和各类事故等的预防性目标。通过建立健全各种有关大学生生命安全的预防机制，完善各种预案，做到预防为主，防患于未然。生命的预防教育是针对生命的"失态"和"变态"而言的。生命的"失态"是指生命失去原本向上积极的形态，从而走向下降甚至堕落的形态；生命的"变态"是指极端的生命"失态"，如死亡、彻底地堕落。生命的预防教育就是要对这两种生命的特殊形态加以预防引导，减小其出现的概率，同时宣扬生命的积极向上和发展状态，将学生引向生命彼岸的光辉国度里，实现生命的真正意义和价值。

3. 生命的干预教育

生命的干预教育指对在生命危机状态下的个人采取明确有效措施，使之最终战胜危机，重新适应生活的教育。生命教育关注的是每个学生的发展，它的作用就在于促进每个学生的自由全面的发展。在教育的过程中，教师要以此为出发点，创造各种条件以利于学生的健康成长。对于已经发生的大学生危机问题，要进行科学的干预，尽可能避免自伤、自杀或伤及、杀害他人的事件发生，保证正常的学习、工作和生活秩序。生命的干预教育是就所酿成的生命的"悲剧"而言的，当不可避免地发生生命的悲剧之时，生命的干预教育就要及时介入。生命干预教育的介入需要与学生的身心状态相一致。如果生命的干预教育造成了学生的反感，或者是排斥，那么其教育必然是失效的。因而生命的干预教育势必要从学生的实际需要出发，从重塑学生的生命信念出发的。在生命的干预教育过程中特别要注意学生身心状态的变化，让干预变成学生所能接受的并所需要的。

大学生生命教育中，要坚持发展、预防与干预相融合原则，这三者之间是紧密相连的，疏忽其中的任何一项，都会影响大学生的健康成长。防患于未然，才能创造良好的发展空间，健康的发展同样也是最好的预防手段，适当进行正确的干预和调节，才能让大学生的发展顺利进行，直到最终达到既定的目标。

（三）自助、互助与援助相融合原则

开展大学生的生命教育，一方面在于提高大学生应对生命的自助能力，另一方面在于提高大学生的生命意识，学会生命的互助和援助。

1. 生命的自助教育

自助注重引导学生进行自救、自律与自我教育。自救就是在一个危险环境中，没有他人的帮助扶持下，靠自己的力量脱离险境。自律就是遵循法度，自加约束。广义的自我教育是指受教育者以一定的世界观和方法论，认识主观世界和教育自己的全部过程，又称自我修养，即人们以自己已经形成的思想品德为基础，而提出一定的奋斗目标，监督自己去实现这些目标，并评价自己实践结果的过程；狭义的自我教育即指自我批评，它是德育的一种方法。生命的自助教育原则就要求通过生命教育，使学生能够掌握一定的技能和方法，提高他们的自救能力，提升他们的自律意识，从而使自我教育达到一个新的高度。自助教育是生命教育的最高意义上的教育，是生命教育最终所指向的本质。生命教育的最终指向就是人能够珍爱生命，能够意识到自己生命的独特，对于生命"失态"和"变态"有正确的态度，能不断拓宽自己生命的广度和深度，实现生命的本质意义和价值。

2. 生命的互助教育

互助重在开展学生之间、师生之间、亲人之间等各种帮助。生命的互助教育原则，强调的正是培养并形成学生之间的、师生之间的以及学生与亲人之间的互助氛围。通过学生之间的互助，师生之间的互助，学生与亲人之间的互助，强化生命教育的互助性原则，从而为生命互助教育原则的实现创造条件。生命的互助教育属于道德层面的教育，是人道主义情怀的最终体现。人类社会的可贵之处即是生命的互助。将别人的生命看成与自己的生命拥有相同的意义和价值，甚至

超越自己的生命价值。这需要道德的底气和生命的魄力。生命的互助教育不是狂热的没有前提的牺牲自己的生命而换取别人的生命。真正的生命互助教育是理性的，是机智的。

3.生命的援助教育

援助强调教师、家长和社会机构等的积极引导和主动帮助，包括引导大学生增强求援意识和应对技能，为提升大学生的生命质量搭建开放式的发展平台，营造生命教育的良好氛围。生命的援助教育的原则对大学生提出了更高的要求，他们不仅要学会掌握突发事件的应对技能，而且要增强自己的求援意识，更重要的是通过援助教育，使大学生在掌握技能和方法的基础上，化援助为自助与互助，形成援助—自助—互助的生命救助模式。只有这样，才能够真正达到生命教育的目标。生命没有贵贱、高低之分，但生命有强劲和脆弱，灿烂和灰暗之分。生命的援助教育既是强劲的生命对于脆弱生命的关怀，灿烂生命对于灰暗生命的支持。因而，生命的援助教育必须体认生命的平等性，从平等性出发看待每一个生命体，用真正以"生命—生命"的对话来实现生命的援助，而不是居高临下的施舍或者是同情。

大学生通过生命的自助、互助和援助的有机融合，形成互动互补效应，为提升他们的生命质量搭建开放式的平台，共同营造出生命教育的良好氛围。

（四）学校、家庭与社会相融合原则

生命教育既要发挥学校教育的积极引导作用，又要积极开发、利用家庭和社会的教育资源。在学校课堂教学、校园文化活动等方面落实生命教育的同时，还要通过家庭、社会活动等途径，培养大学生健康的生活习惯、积极的生活态度和生命自救的技能等，从而形成大学生生命教育的合力。

大学生的生活环境可以分为两类：第一类是直接的生活环境，主要表现为家庭生活、学校生活和同辈群体生活；第二类是间接的生活环境，主要表现为邻里、社区以及宏观的社会文化生活环境。

尽管学校生活是大学生最主要的生活方式，但是整个社会生活中的任何一类因素都会或主或次、或隐或显、或直接或间接地影响大学生的成长与发展。绝大多数大学生的失范行为，都可以从大学生现实生活环境的差异、矛盾和冲突中找到原因。[①]

---

① 钟启泉，吴国平主编.革新中国教育 《教育参考》精选[M].北京：教育科学出版社.2004：188.

1.学校的生命教育

学校的生命教育应当从关爱师生的生命开始。要关注大学生生命,就不能忽视教师。教师与学生都生活在教育的"生命场"中,要想获得各自生命的全面而和谐、自由而充分的发展,就必须依赖教育活动中两个生命主体间的交往和互动、理解和支持,就必须依赖对教育活动中两个生命主体关注的对等性。教育要关注大学生生命,而关注大学生生命的教育必须由教师来承担。试想,一位生命教育意识不强的教师如何培养尊重生命的大学生?显而易见,教师只有真正感受到学校、社会等对他们无微不至的关怀、包容和理解的时候,才会自然而然地把这份关怀、包容和理解加倍地传递给大学生。

生命教育既是学校教育应有的内容,也是促使大学生成人成才、全面发展的手段之一。但是,与国外生命教育的成功做法相比,我国的生命教育还有很多的工作要做。高校应当建立生命教育的大学科概念,让生命教育贯穿于教育的全过程。众所周知,生命教育涵盖了我们目前学校教育的所有内容,从文化学习到体育,从心理健康教育到品德教育等。因此,生命教育应该贯穿于各学科教育的全过程,学校和教师有责任和义务在教学过程中渗透生命教育的相关内容,让生命教育不再是空洞的说教,而是成为实实在在的内容。

2.家庭的生命教育

生命教育要"立足于现实人生,⋯⋯坚持理论与实际相结合。因此⋯⋯必须要延伸到学校以外,形成多方互动"。[①]家庭教育在生命教育中起着重要作用。父母的价值观、行为方式对孩子的影响是终身的。如果父母尊重孩子,能够与孩子进行平等地交流,那么孩子在与他人的交往过程中就会尊重对方,形成和谐的人际关系。同样,父母对待生命的态度,也会影响孩子的生命态度。父母积极的人生态度,会对孩子的人生产生积极的影响;相反,父母消极的人生态度,就会对孩子的人生产生消极的影响。因此,家庭教育在生命教育中的重要地位和作用应该得到应有的重视。

大学生的生命问题凸显与家庭生命教育缺失的矛盾不断提醒家长:必须填补家庭生命教育的空白,让生命教育走进家庭,引导学生从小树立热爱生命、尊重生命、敬畏生命的意识,学会珍惜和保护自己的生命,懂得善待和关爱其他的生命。对于大学生,在家庭中开展生命教育,主要从两个方面展开。一是生存教

---

① 胡宜安.论生死观教育的必要性及其途径[J].黑龙江高教研究,2005(08):103-105.

育。学会生存是联合国教科文组织提出的响亮口号，它与学会认知、学会做事、学会共同生活并列成为教育的四大支柱。道理很简单，如果"生命"都不"存在"了，就不用说什么生命的素质、生命的成长和生命的价值了。因此，生存教育应该是家庭生命教育最基本的内容，家长应该从生存的常识、生存的技能、生存的工具等方面对学生进行全方位的生存教育。二是生活教育。生活是"生命活着"的体现，是"生命"所有"活动"的总和，"生命"存在的不同，会造成"生活"的不同，"活动"方式的不同，也会造成"生活"的不同。著名教育家陶行知指出："教育不通过生活是没有用的，需要生活的教育，用生活来教育，为生活而教育。"四对学生进行生活态度和情感的教育是家庭生命教育的重要内容，从小培养学生积极乐观、自强自立、永不放弃、懂得感恩等生活态度和情感会改善学生的生活品质，也会为学生创造幸福生活奠定基础。

在我们的家庭教育中，家庭应该成为守护学生生命的乐园，家长应该成为培植学生生命意识的导师，家庭教育应该充满生命智慧和生命情怀，只有这样，学生的生命才会更加安全、健康、精彩、幸福。

3. 社会的生命教育

社会是人的生命的存在形式，人在社会中舒展着自己的生命，体验着自己的生存状态，享受着生命的快乐和生活的乐趣。社会是最好的老师，社会是每个人切实的经历，它对人产生最直接、最深远的影响，生命与社会是不能分开的。生命哲学认为，人不是靠逻辑思维来认识生命的，而是靠自觉和体验来把握生命的。生命教育是内在于生活的一种教育实践。因此，社会性原则，是指在教育过程中要立足于学生生活实际和社会实际，充分体现理论和实际的统一，理论和生活的统一；主张学生向社会生活经验倾斜，主张教育内容与形式走进学生的现实生活与社会，全面关照学生的认知、体验、陶冶和感悟等多种社会生活形式，使教育真正具有生命的活力以及生活的价值和意义；主张遵循大学生社会生活的逻辑，以他们的现实生活为教育内容的主要源泉，以密切联系现实社会生活的主题活动为载体，以正确的价值观引导大学生在社会生活中发展生命，在发展生命中幸福地生活。为此，"作为生命教育的大环境，只有当社会环境越来越承认教育应该是个性化教育、而不是整齐划一的统一性教育时，我们的学校才会鼓励学生去挑选适合他们自己感兴趣的课外读物作为生命教育补充教材，而不是安排那么多的考试，那么，或许现在弥漫在我们周围的挫折感和无助感就不会这么深，自杀率就不会这么高。"同时，我们也要想办法净化社会环境。改革开放以来，原有的单一的价值体系逐渐瓦解，新的价值体系还未建立，社会上存在着多种良莠不齐的价值观念，因此我们有必要针对现有的价值观念组织全社会的讨论，帮助大学生澄清并建立正确的价值观念。对于网络以及其他新兴媒体所传播的暴力、自杀等信息对大学生的暗示作用，社会要予以高度重视，相关的管理部门要切实负起责任，尽量净化传媒文化。

大学生的生命教育需要坚持学校、家庭和社会相融合的原则，充分发挥学校、家庭和社会的各自优势，为大学生的生命教育打下良好的基础。

二、大学生生命教育方法

大学生的生命教育有一定的特殊性，与一般的知识教育也有所不同，它需要教育者用心地关注他们的生命发展历程，针对其生命发展中遇到的各种问题和困惑加以引导，从而给他们以心灵的震撼、实践的体验及情感的陶冶。同样，生命教育也必须通过教育方法这个中介来实施。当前，大学生生命教育的实施方法主要有情境教育法、案例分析法、体验教育法、困惑咨询法、价值讨论法。

（一）情境教育法

情境教育法是指从"动之以情"的原则出发，利用各种情境中的有利因素，特别是教育者创设的教育情境对大学生进行生命的熏陶和感化，最终潜移默化地培养大学生积极健康的生命情感，从而促进大学生生命良好发展的方法。如果说生命认知教育是"晓之以理"，那么生命情感的陶冶则是"动之以情"。通过情境教学这样一种方法，让大学生在接纳、肯定、珍爱自我生命的前提下，从而热爱他人生命乃至整个生命世界。

1. 以情育情

"以情育情"即通过教师生命人格的感化培养大学生积极向上的生命情感。所谓教师生命人格感化，是指教师通过自己所体现出来的对生命的热爱，对高尚人格的追求，对学生真挚无私的关爱来影响和感化学生，使学生正确认识生命、珍惜生命，不断追求生命的价值和意义。这是情境教学法取得成效的基础，是教师感染大学生性情的媒介，是达到教师和学生心理交融的结合点。教师要具有生命情怀，要以具体的举动或行为感染、教育大学生，及时掌握大学生心理特点，并适时给予他们心理引导。由于大学生的生命教育是一种身教重于言教的教育，教师对大学生的感染力和影响力有着这种特殊性，因此，教师要用积极向上的人格魅力来影响和激励大学生，教师越关心和关爱学生，教师的威望就越高，对学生人格感化的力量就会越大。

教师作为大学生生命教育的具体实施者和指导者，首先自身必须珍惜生命、尊重生命和关怀生命，并能够主动与学生分享自己对于生命的认识和理解，使学生能够充分地感受生命的价值和意义。其次，教师自身还应该树立正确的生命观，拥有正确的世界观、人生观和价值观。因此，教师要把关爱倾注到生命教育的整个过程中，把自己的期待与信任给予每个学生，用自己独特的人格魅力来影响和感染学生，引导他们用心感受，用情感领悟，让他们在爱的情境中得到情感上的陶冶，形成积极向上的生命情感，最终达到老师和学生能够在心与心的碰撞中、在情与情的交融中一起完成生命价值的提升。

2. 以境育情

"以境育情"是情境教育法的一种重要方式，即通过环境的影响和情境的感染培养大学生积极向上的生命情感。通过这种方法，教育者可以创造和利用积极向上的生命情感氛围来感染和影响大学生，从而帮助学生不断地完善自己生命、追求生命的意义与价值。这种正确的生命态度以及良好的生命感情，只有通过日常的教育生活中的潜移默化作用才能形成。这种积极向上的生命情感的形成，除了物质环境的作用外，更重要的还必须通过精神环境的作用，比如优良的校风、班风和学风，融洽的同学关系以及和谐的师生关系等。

此外，教育者还可以采取"移情"的方式，也就是有意识地精心创设一些良好的情境，使大学生能身临其境，在对生活经验的思索和讨论中获得有关生命的知识和体验，并通过这种生命情感体验内化为自身的生命价值观。如在开展生命教育的活动中，组织学生模拟街上乞讨者的生活，在模拟的过程中让学生体验乞讨者生命过程的艰辛，这样不仅可以增加学生对乞讨者的关心和关爱，还能加深学生对生活和生命的感悟与理解。如组织学生排演包含生离死别情节的小品、相声以及话剧等，让大学生扮演其中的相关角色，在剧中感受和表现"真实情境"中人物的各种情绪，体会他们的喜、怒、哀、乐，然后再集体讨论和反思，唤起大学生真实的情感体验。还可以设计一个弱势群体遭受不公正或歧视的模拟情境，让大学生在这样一种情境中去感受和体验，从而学会关爱他人、尊重他人、平等待人、与他人和谐共处。通过这种"移情"方式，使大学生认识到生命的价值，从而增强生存的责任感和生命的意义感。

（二）案例分析法

案例分析法是指教育者将现实生活中的一些典型的生命案例作为大学生生命

教育的素材，然后通过教师的引导、学生的思考以及学生之间的讨论，从而提高学生对生命的感悟和认识，对生命价值和意义的理解，并树立正确人生价值观的一种方法。通过对一些与学生实际生活联系紧密的典型案例的分析，调动他们思考人生价值的积极性，从而获得较好的教育效果。案例分析法的采用，可分为以下三个步骤：

1. 精心挑选典型生命案例

选择出来的案例必须是最贴切和合适的，所以，教师在挑选案例时必须广泛阅读和搜集。所精选出来的案例应该符合以下两个要求：第一，要选择典型性的案例。要想引起大学生的共鸣，提高他们参与案例讨论和研究的积极性，必须要贴近大学生的生命发展实际。比如在组织学生开展"增强生命意志，勇于直面人生"的主题教育活动中，教育者就可以选择司马迁惨遭宫刑之祸的典型案例。虽然司马迁遭遇巨大的挫折，蒙受莫大的不幸，但他孤而不堕、苦而不悲，终于凭借自己坚强的意志和顽强的毅力为后人留下伟大的历史巨著《史记》。第二，要选择有挖掘价值的案例。比如上面提到的案例可以使大学生深刻地认识到：挫折给人带来的不仅仅是失意、灾难和无情的打击，当挫折降临时，只要你能够冷静对待，把挫折当成动力，就一定能够战胜挫折，最终走向成功，还能引导人在挫折面前不断提高自己的认识能力，磨炼自己的意志，增长自己的才干。案例的选择必须有一定的说服力，如果案例过于大众和简单，就很难调动学生的主动性和积极性。案例只有选得好，挖得深，才能够促使学生加深对生命的认识和感悟，树立正确的生命观，领悟生命的意义和价值。

2. 指导学生分析生命案例

案例分析法中最为关键的一步就是指导学生分析生命案例，教育者必须认真组织落实。教育者要积极引导大学生对案例进行分析和讨论，讨论过程中要鼓励他们积极发表自己的观点，并阐述理由和根据。只有对案例的目的、内涵以及相关的重要问题有了深刻的把握，分析才能起到实质性的作用。此外，要围绕案例的事实、原因、要点和对策四个方面去进行分析。比如，选择一组大学生自杀案例进行生命教育的案例分析和讨论，首先，就要让学生对案例的基本事实和前因后果有充分的了解和认识；然后，教育者要对案例分析的重点问题提出要求，引导参与讨论的学生在分析家庭、学校和社会等方面外因的基础上，重点分析内因，如心理因素、性格因素、感情因素等；关键是引导大学生结合案例联系自己的实际情况进行分析：遇到同样的情况自己应该如何做？通过该案例自己获得了什么经验和启示？案例中反映的生命观念有哪些？如果自己遇到类似的困境将采取什么样的方法？通过这样的换位思考，不断提高学生对生命的感悟和认识，对生命价值和意义的理解。

3.师生共同总结得出结论

在讨论和分析的基础上，教育者要引导大学生对案例进行总结并得出结论，这也是案例分析法中最重要的一个环节。比如，在对大学生自杀案例进行分析和讨论后，要总结出结论：当前，大学生自杀等很多漠视生命的现象之所以常有发生，根本的原因还在于学生对生命的认知和理解出现了偏差，他们的理商比较低、情感意志比较薄弱、生命价值观扭曲等。教育者在对大学生进行生命教育的过程中，可以借助这些真实案例，通过深入分析和全面总结，对学生晓之以理、动之以情，加强学生的认识，找到相应的对策，引导他们以积极向上的心态走好自己的人生之路。教育者不能简单地把珍惜生命、追求人生意义与价值的观点"注入"给学生，而应该引导学生对鲜活的生命案例进行分析、讨论、反思、总结而逐渐获得。

（三）体验教育法

所谓体验教育法，是指教育者组织和引导大学生在日常学习生活、主题教育活动、社会实践活动中亲自体验生命的存在、追求生命的意义和价值、真正了解人生真谛的方法。体验教育法是大学生生命教育实施的重要方法，仅仅依靠外界的影响，大学生的人生态度难以得到转变，人生价值观也难以形成，只有通过他们自身对生命的亲自体验，才能真正激发他们珍爱生命，提升生命的热情。

1.借助现实生活体验生命

生命的意义和价值不是与生俱来的，它需要每个人在日常学习生活中不断去体验和领悟。日常的学习生活是大学生们充分展现自身生命活力的重要场所，他们可以通过每天的学习生活去体验生存感受和感悟生命意义，让自己成为学习生活以及掌握自身命运的主人，也只有这样，他们生命的意义和价值才能在不断地体验中逐渐生成，并成为生命自身的一种精神支柱。在学校的日常学习生活中，教育者可以通过组织各类丰富多彩的校园文化活动，使大学生在这样一种多姿的生活氛围中认识和领悟人生，如通过开展"直面人生"为主题的演讲赛、"勇攀高峰、挑战人生"为主题的登山活动等，使大学生体会到生命自然存在的重要性，充分认识到生命的生机和活力，并从中懂得珍惜生命、爱护生命。在家庭的日常生活中，父母的一言一行都会影响子女，父母为了子女的成人成才艰辛付出、不计回报，也能让学生体验和感受到生命的责任和意义。这种责任和意义还能让他们勇于面对生命中的各种磨难和挫折，并从中找寻生命的意义，坚定珍爱生命的信念，过好完整、充实而有价值的人生。

2.通过主题教育活动体验生命

教育者要引导大学生追寻生命的意义和价值，简单的说教很难起到实质作用，通过组织开展主题教育活动，既能锻炼学生的体魄，陶冶学生的情操，为大学生的成人成才奠定坚实的基础，还可以帮助他们增强团结合作的意识，建立良好的人际关系，消除心理障碍，加强学生对生命的认识和理解。因此，教育者可以在大学生中组织开展一些"追寻生命意义与价值"的主题教育活动：如组织学生观看爱国主义影片，在重温历史的过程中体验无数的革命先烈为了祖国和人民奋不顾身、勇于牺牲的崇高精神，通过革命先烈的以死报国的伟大精神，让学生体会"生的伟大、死的光荣"的生命价值；可以在五四青年节、国庆节、抗日战争胜利纪念日、烈士纪念日等重大纪念日组织开展以"激扬的青春"等为主题的系列教育活动，帮助大学生了解当时的青年学子是如何心系祖国，为了民族的解放与人民的命运勇于牺牲自我的伟大壮举；此外，还可以通过举办关于"健康生命""安全生命"的主题讲座，讲座的内容可以包括健康生活指南、女性知识普及、饮食卫生宣传、预防青少年犯罪与禁毒等，让每一名学生都能直面生命发展中的各种挫折和磨难，拥有健康的生活、健康的心理以及积极向上的人生态度，真正认识和理解生命，体会生命的意义和价值。

3.通过社会实践活动体验生命

大学生参加社会实践活动的积极性非常高，教育者可以利用这样一个平台，引导他们对自身社会实践的经历进行反思，在这种反思中追寻生命的意义和价值。教育者可以组织一些社会公益活动，比如组织学生深入孤儿院和敬老院等机构开展教学帮困活动，引导学生加强对弱势群体的关爱与帮助，一方面可以增强他们的社会责任感，另一方面也可以帮助他们感悟和体验生命的意义，实现自己的人生价值；可以通过"暑期三下乡"、室外素质拓展等课外活动让大学生体验艰苦、感受成功，从而使他们更加珍惜自己和他人的生命，感受人生的意义；还可以通过组织学生到烈士纪念馆、烈士公园以及博物馆等爱国主义教育基地参观，让他们体验生命的崇高与伟大；还可以动员学生参加亲友的追悼仪式，让他们亲身体会失去亲人、失去生命的悲痛，领悟生命的宝贵，同时加深他们对死亡的了解，形成珍爱生命的态度及理性的死亡观。通过这些社会实践活动的开展，教育他们不能因为出现挫折就轻视生命，更不能因为一时的冲动而伤害自己、伤害他人、伤害社会，而要珍爱和敬畏生命。

（四）困惑咨询法

所谓困惑咨询法，是指以咨询双方在民主、平等的基础上，有针对性地为大学生开展咨询活动，通过分析疑解惑以解除他们生命发展中遇到的学习、生活、感情、就业等方面的困惑，从而促进他们身心健康和谐发展，不断完善生命的一种方法。当前经济社会虽然高度发展，但是社会价值观念多元化、就业竞争与压力越来越大，学生很容易陷入迷茫与焦虑。所以，生命教育要针对大学生生命发展过程中遇到的实际困惑，适时开展咨询活动，以帮助他们解除困惑，实现人生价值。

1. 咨询双方必须平等

咨询双方平等是生命困惑咨询法的前提和基础。咨询过程中，双方必须在相互尊重、坦诚相待的基础上进行商量和讨论，离开了这个基础，咨询也就失去了意义。如果咨询工作者在咨询过程中居高临下，学生肯定很难接受，也不愿意讲心里话，心理的困惑就不会完全表达出来，尤其是关于恋爱等感情上的困惑，甚至还会担心和害怕被老师批评而隐瞒自己真实的想法。这样，咨询工作者也就不能有针对性地采取措施帮助学生解决困惑了。但是，咨询双方平等并不意味着咨询者完全把自己置于学生的地位，如果只是停留在这一层次，学生也不会主动说明自己的困惑，这样一来，咨询也就达不到想要的效果。因此，在咨询过程中，咨询双方既要平等，咨询工作者还要在尊重和爱护学生的基础上，充分发挥自己的主导作用，循循善诱地引导和启发学生，帮助他们走出生命困境，找回生命的价值和意义。

2. 分年级开展咨询工作

大学生生命发展中遇到的困惑问题主要包括学习、环境适应、人际关系、恋爱、就业等。这些困惑在大学四年期间呈现出一定的规律，大一到大四不同的年级中有不同的表现。大一年级主要是对环境适应的困惑。由于许多学生在进入大学之前都跟父母生活在一起，所有的饮食起居都由父母全程负责，当他们离开父母和家庭，独自一个人生活的时候，什么都得靠自己，环境的变化就会让他们极度不适应；还有的学生在高中时期各方面都是佼佼者，进入大学后，由于同学们成绩都比较优异，所以优越感逐渐丧失，心理的落差很容易让他们怀疑自己的人生价值。大二年级学生的困惑主要体现在人际交往。大学生活虽然"三点一线"，但是学生之间的交往无处不在，而有的学生缺乏人际交往的能力，从而导致他们出现人际交往冲突，甚至被孤立的现象。大三年级学生的困惑主要表现在恋爱方面。大学生处在青春后期和青年期，恋爱现象非常敏感和普遍，有的学生因为恋爱而忽略了学习，有的学生因为恋爱而陷入无法自拔的情感困惑，有的学生不能正确处理爱情和友情关系，有的学生甚至因为恋爱而自杀等。大四年级学生的困惑主要集中在就业方面。如今，大学生就业难的问题已经成为社会普遍关注的一个问题，毕业人数有增无减，就业形势日益严峻，毕业生就业压力也就越来越大，而有的学生在如此艰难的情况下不能适时调整自己的就业期望值，造成就业的时候高不成低不就。所以，教育者在生命教育的过程中要充分把握这种普遍性和规律性，根据不同年级学生的困惑设计不同的咨询方案，帮助他们走出生命的困惑，用积极乐观的心态走好自己的人生路。

3. 积极开展网上咨询活动

当前，网络已经成为大学生生活中不可缺少的一部分。利用网络开展咨询活动有一定的优势，学生可以通过网络将自己平时不愿讲的话通过网络表达出来，所以，咨询工作者应该掌握以网络为媒介开展生命困惑咨询工作的新技能，善于利用网络媒介与大学生进行交流，通过 QQ、微博、微信、校园 BBS 等新媒体平台拉近与学生的距离，针对大学生生命发展中的困惑在网上进行讨论和分析，最后再对讨论的结果进行总结，对有困惑的学生开展针对性的指导，帮助他们走出生命的困惑，实现生命的意义和价值。

（五）价值讨论法

所谓价值讨论法，是指大学生在教师的指导下，老师与学生之间、学生与学生之间就生命的意义和价值等问题进行深入探讨，积极沟通交流，最后师生共同总结，得出结论，并确立积极的生命价值观、人生观。教育者在生命教育的实施过程中，要改变传统的"填鸭式""注入式"的单向式教学方法，而要运用"参与式""启发式"的师生双向互动的价值讨论法。

1. 选好讨论话题是前提

大学生对"生"与"死"的基本生命知识已经有所认识，因此，价值讨论的选题必须有利于帮助他们树立积极健康的生命价值观，必须具有思想性和启发性。与此同时，选题还必须具有可辩性和新颖性，只有这样的选题才能够调动大学生讨论的积极性。所以，教师可以根据大学生中普遍存在的问题以及社会关注度高的问题来确定选题，比如可以对见义勇为、安乐死等社会问题展开讨论，也可以选择学生学习生活中经常碰到的自杀、他杀等各种现实问题。比如在专业选择上，是选择轻松又工资高的工作，还是选择能充分发挥自己才能实现自己价值的工作。大学生生命教育更应承担起价值澄清的重任，因为要想使他们能够珍惜自己的生命，把握自己的人生，健康积极地生活，首先必须帮助他们领悟和体会到生命存在的意义和价值。

2. 教师调控能力是保证

只要是学生所关心和关注的且具有很强现实性的话题，大学生们一定会踊跃发言，如"我生命中的爱情""如何确立自己的人生目标""如何更好处理人际关系"等话题。而有些比较抽象、理论性较强的话题，学生可能不知道怎么说，可能会出现冷场的情况，如"如何认识生命的本质""如何实现生命价值与意义"等，学生很可能不感兴趣。这种情况下，教师就必须具备一定的调控能力，在讨论过程中一定要采取各种方式调动学生的积极性，比如可以通过列举一些案例来启发学生，引导学生思考。讨论过程中既要防止冷场现象，也要把控讨论的秩序，如果讨论中出现学生因意见不统一而争吵的现象时，老师要及时干预，根据学生不同意见进行不同解释和阐述。既不能打击学生参与讨论的积极性，更不能伤了学生的自尊心。

3. 师生归纳总结是关键

学生对于"见义勇为"和"自杀"等问题进行讨论后，会有各自不同的看法，究竟哪种观点是正确的，哪种观点有失偏颇，他们自己也难以统一意见。因此，老师就必须引导他们总结得出结论：见义勇为和自杀虽然都是主体自愿行为，但两者有着本质区别。见义勇为是冒着生命危险挽救他人，而自杀是对自己生命的漠视和极不负责任的态度，是从根本上践踏生命，否定自己生命的意义和价值。最后，教师要对学生中一些有失偏颇的观点提出具体意见，同时也要肯定他们发言的积极性，对于学生在讨论中一些好的表现也要给予肯定和表扬。通过讨论和总结，使大学生充分认识和珍爱生命，并树立积极的生命价值观。

第三章 大学生生命教育与哲学思想

一门学科或一个领域的核心，总是体现在它的哲学思想上：哲学思想对其起着基础性作用，为其提供具有指导意义的、根本性的方法论原则，因而是建立学科或支撑学术领域理论体系的前提和基础，关系着整个学科理论体系的科学性。大学生生命教育也不例外。

在当下通行的关于生命教育的著作中，多半有关于哲学思想的章节，它们一般包括西方哲学、中国传统生命观和马克思主义生命价值观三个方面。这三方面已经成为一个哲学的统一体，发挥着理论基础的作用，因此这三方面内容在这里一并讨论。

第一节 中国传统哲学思想

我国是一个历史悠久、幅员辽阔的多民族统一的国家。在五千多年漫长而曲折的历史过程中，我们民族创造了独具风格、丰富多彩的文化。从根源上讲，它不是一源分流，是在各种文化的相互影响和渗透中形成的具有无限生命活力的多元统一性文化。

在中国传统哲学中，儒、道、释三家对中国人的心理结构、思维方式、行为准则、价值观念等影响最为深远，但三家在历史上既冲突对立，又渗透融合，形成了以儒为核心而又包容各家思想的中国文化的主流。

一、中国古代哲学的特质

所谓"特质"，指事物特有的性质，是一种结构化的特征。中国传统哲学作为一种"事物"，自然也有其不同于其他哲学的特点或特殊性。

（一）经世致用

中国古代哲学，哲学家之立学旨趣非纯智问题的探究，而是以用世、人伦日用和现实功效为目的。孔子说："道不远人。人之为道而远人，不可以为道。"（《中庸》第十三章）这说明儒家哲学与人伦日用是合二为一的。老子说："故有之以为利，无之以为用。"（《老子道德经》第十一章）这表明老子哲学也离不开日用价值。《易》追求开物成务、盛德大业："夫易，圣人所以崇德而广业也。"（《易传·系辞上》）这更是把建功立业和实践价值当作最终目的。因此，就中国哲学家而言，其主要的任务，并不是建立一个哲学系统且以学问传世，支持其生活的一个最强烈的因素，不是对思想本身的探索，而是历史文化的使命和社会教化的责任，如能得君行道，那才是儒者最高愿望的实现，著书立说只不过是人生余事。与中国传统哲学关注生命相一致，支持他们生活最强大的动力是用世，是直接参与政治并影响社会，他们对政治社会有强烈的责任感、使命感，能遇明主采纳他们的意见实现他们的抱负，才是人生最大的愿望。

在西方哲学家眼里，现实的社会政治，实践和实用不过是次要的问题，可是在中国，却正是哲学问题的重心所在。韦政通教授说得好："认清这一点，在处理中国哲学时，如仅以西方的形而上学和知识论为准，或仅抽象地讨论一些零星的概念，都可能只搜罗了中国哲学的糟粕，不足以显出它的精彩。"[①]

（二）以群为重

与西方哲学个体至上的价值观不同，中国哲学强调以群为重，这个特点是由社会生产力水平低下决定的。荀子曾说："人，力不若牛，走不若马，而牛马为用，何也？曰：人能群，彼不能群也。人何以能群？曰：分。分何以能行？曰：义。故义以分则和，和则一，一则多力，多力则强，强则胜物……故人生不能无群，群而无分则争，争则乱，乱则离，离则弱，弱则不能胜物。"这里强调的是社会性的结合，只有结合起来，人才能战胜自然；削弱了这种结合，则会被自然降服。而且人的结合是要按"义"的要求来实现的。这是一种非常有意义的人生价值观。因为这种思想一方面看到了个人对群体的依赖，另一方面也看到了社会要发展，要战胜自然，同样也离不开个人的组合；同时还看到了"义"的作用，看到了社会分工的作用，如果人人都尽力于自己的社会职责，那么社会就会强盛起来。实际上这种思想已经为人们提供了一种价值选择，那就

[①] 胡宜安.论生死观教育的必要性及其途径[J].黑龙江高教研究，2005（08）：103-105.

是个体利益应该从属于群体利益。

这种以群为重思想的延伸，便是视国为家。关于这点，宋代张载的《西铭》中"民胞物与"说较有代表性："乾称父，坤称母；予兹藐焉，乃浑然中处。故天地之塞，吾其体；天地之帅，吾其性。民，吾同胞，物，吾与也。"张载的理论把社会关系家庭化了，而且在《西铭》中他还进一步写道："大君者，吾父母宗子；其大臣，宗子之家相也。尊高年，所以长其长；慈孤弱，所以用其幼；圣，其合德；贤，其秀也。凡天下疲癃、残疾、惸独、鳏寡，皆吾兄弟之颠连而无告者也。"这一思想体现了中国古代社会的一种人道精神，虽然带有阶级调和论的色彩，并且是建立在封建等级制度的基础上的，但对于稳定社会、安定人民生活是有着积极的意义的。

（三）道德为上

中国传统人生价值观主要是从道德的角度去考虑人的幸福，孔子认为君子追求的是一种道德上的快乐，所谓"仁者不忧""饭疏食饮水，曲肱而枕之，乐亦在其中矣"。这种内心道德的内容是"内省"的快乐，是"仰不愧于人，俯不怍于人"的快乐，是"父母俱在，兄弟无故"的快乐，是"得天下英才而教育之"的快乐，是"仁者爱人"的快乐，是"闻道"的快乐，等等。可以看出这些都是道德感得以满足的幸福，儒家思想中对道德幸福的推崇影响了中国古代许多思想流派的人生幸福观，成为中国人评价人生意义的重要标准。

中国人追求的幸福是一种完满，既排斥享乐主义，又排斥禁欲主义，人们的道德感也是建立在一种对天地人生和谐统一关系的认识上的。在人世间人们所追求的是多方面的幸福，只不过这种幸福是以有度为美，一旦过度，则过犹不及。在社会生活中人们的幸福标准是伦理的完满，君贤，臣忠，父慈，子孝，夫妇和；在思想道德中的幸福是能达到君子乃至圣人的修养程度，真正做到恭、宽、信、敏、惠和温、良、恭、俭、让，这些实际上是一种内心道德感的崇高意境，而不是身体自然欲望的放纵，本质上提倡的是一种对个人欲望的节制。

（四）重义轻利

义利观体现的是人们的价值选择。义与利的问题之所以能引起哲学家的重视，从本质上看是由其与人的生活密切关联性所决定的。它直接对应的是人存在的二重性，即人既是一个自然的存在物，又是一个社会的存在物。人作为一个自然的存在物有其自身的物质生活需要和感官需求，其满足方式不得不通过对物质利益的追求表现出来，否则，人就不能生存。人作为社会的存在物，又有其自身的社会生活，必然也应当考虑行为方式的正确性与合理性，其行为必然受到社会的制约和他人的影响，从而将其自然需求和谋利行为纳入道义的宰制与规约之下。

而在中国古代，传统思想中重义轻利价值观非常突出，儒家的义利观影响很大。孔子说："君子喻于义，小人喻于利"，"君子谋道不谋食"。孟子则更明确："王何必日利，亦有仁义而已矣。"荀子认为应该"先义而后利"。这些是儒学中很典型的义利观。虽然在中国历史上有的学者将义利统一起来，在利的基础上强调义的作用；还有近代一些有资产阶级思想特点的学者，如颜习斋、梁启超等都竭力主张"利"的作用；另有一些思想家认为应该兼顾义利，二者皆不可去；但始终占据主流思想的仍是将义利对立起来，并主张轻利，去利的孔孟学说，后来这一学说得到了董仲舒、朱熹等人的继承和发挥。

二、传统哲学思想中的生命内容

中国传统哲学最能代表中华民族的精神生活，贯穿中国古代社会始终，表现于大多数中国哲学家思想中区别于别的族类的哲学特质。其中，自然哲学、儒家、道家、佛家、医家等各派哲学思想中有着大量关于生命内容的论述，集中反映了中国人对待生命的价值观念和思维方式，并直接影响了人们的生命行为。

（一）自然哲学

自然哲学，是关于自然整体及其基本要素的哲学，研究自然本体的一般性质和人类的自然图景，提供人们对于自然界以及人与自然关系的总观点即自然观。

中国先民认识自然、社会、人身与人生，经历了复杂的过程。他们在日常生活中，在"仰则观象于天，俯则观法地……近取诸身，远取诸物"的活动中，力图把握天、地、人、物、我等各种现象，特别是身边的现象及现象间的因果联系，于是逐渐产生了早期的自然哲学。就中国哲学中的自然观而言，气学说、阴阳说、五行说对古代学说产生过极大影响。

气学说中"气"与"阴阳"的观念出现在春秋初期。"气"具有无形无象、无所不包、弥沦无涯、能质混一的特性，是能动的、生机的、连续的、整体的。"阴阳二气"论则把事物运动变化的根据表述为内在的诸种力量中相互克服与制约的两种主要的力量，这两种力量又是交互作用、相互补充与促进的。但在一个系统中，需保持均势与平衡，任何一方偏胜，不能"交通成和"，则失去正常的秩序。因此，人们要善于"燮理阴阳"。"气"论与"阴阳"观不仅用来说明自然，也被用来说明社会、人事、人文现象、身心等。它尤其便于说明自然、社会、人事之间也处在一个大系统之中。①

古人根据日常的观察经验,以为世间万物均可分为相互对立又可相互转化的阴和阳两种基本力量或两种属性。《老子》则说:"道生一,一生二。二生三,三生万物。万物负阴而抱阳,冲气以为和。"即万物从混沌未开之气,分化出天、地,再分化为阴气、阳气及其混合之气。正式将阴和阳作为一对哲学范畴来解释各种自然现象,首见于《易传》。其中,《系辞(上)》有:"一阴一阳之谓道,继之者善也,成之者性也。"《说封》进一步认为动态的阳刚与静态的阴柔的适当结合,是自然与人事有序的条件。阴阳五行学说不仅被用来解释自然界的本原、属性、功能,还解释了自然万物的生化发展的基本规律。同时,它又渗透到社会政治等领域,成为统摄一切的综合性的自然哲学理论体系。

五行说被称为古代中国的"原始的系统论",它的历史同阴阳说、气学说一样久远,其概念在西周之前已出现。至于五行说的产生,从直观上看,先民处于农业社会,与自然打交道最多,最基本的自然物乃水、火、土、金石、树木等,逐渐成为自己的自然崇拜对象。古人采用取象比类的方法,将世上万事万物按上述对象朴素地分为五类,以此五类物质作为自然界的本原,以最基本的物质形态来解释世间万物,有一定道理。五行说是集哲学、占卜算命、历法、中医学、社会学等诸多学说于一身的理论。五行说不仅能解释事物的本原、属性、功能等问题,同时也在其基础上,运用生克制化的关系,说明和解释事物之间的相互联系和变化。这即是五行说的相生相克观念。

气学说、阴阳说、五行说是古代中国人解释自然现象和社会现象的重要理论,儒家、道家、佛家尤其是医家都从这些概念中获得养分。

(二)儒家的生命观

儒家哲学也称儒学,是先秦诸子百家学说之一,由孔子所创,后来以之为基础逐渐形成完整的儒家思想体系,成为中国传统文化的主流。以儒家生命观为主,结合道家、佛家以及医家的生命观念,便是古代中国生命观的多元构成。这一构成历经数千年的演进、发展,最终保留下来,直至今天仍然在发挥着作用。

儒家重生。重生即重视生命,这种观念多现于儒家思想中。孔子曾说"未知生,焉知死?"意思是"还没明白活着的道理,又怎能理解死呢"。这句话可以

---

① 郭齐勇编著.中国哲学史[M].北京:高等教育出版社.2006:21.

说充分体现了孔子的生死观。在孔子的认知中，生先于死，或者说生大于死，他强调要重视现世。传说为孔子之作的《孝经》也说"天地之性，人为贵"意思非常明了直白，是强调天地之间人的生命最为尊贵，这也是孔子重生观的重要表述之一。据《论语·乡党》所记："既焚。子退朝，曰：'伤人乎？不同马。'"他首先关心的是人的安危而不是自己的财产，由此可以看出孔子对他人的仁爱之心。上古时期，中国有以活人殉葬的例子，但是孔子坚决反对，不仅如此，他甚至连对用人形的木俑去陪葬都深恶痛绝。重生观见在其他的儒家典籍中也有体现，例如"天地之大德曰生"，意思是"天地间最伟大的道德是爱惜生命"。

孝是儒家重生观念的出发点。《孝经》强调："身体发肤，受之父母，不敢毁伤，孝之始也。"这里说的是，人的身体发肤来自父母，应当十分爱护，不得轻贱，这是孝的开始，是孝的基本要求。同时，孝也同生命的延续直接关联。孟子就说："不孝有三，无后为大。"显然，儒家把生命的延续看得很重。

"仁"是孔子的核心思想之一，其核心内容是"爱人"。孔子倡"仁"，意在用人与人之间的爱来消除隔阂和敌对，其提倡的仁道是人文主义的价值理想。孔子认为主宰知识的灵魂是仁德，而不是知识本身。他说："知及之，仁不能守之；虽得之，必失之。知及之，仁能守之。"孔子在这里强调了仁德高于聪明才智的知识观和道德观。他说："弟子，入则孝，出则悌，谨而信，泛爱众，而亲仁。行有余力，则以学文。"（《论语·学而》）意思是说，做一个有道德修养的人，在家的时候要孝顺父母，兄弟姐妹之间要有爱心，与同学、朋友交往的时候要讲信用，对所有的人都应该充满爱，推己及人，努力追求仁德的精神境界。如果做到了这一切，并且有多余的力量，就可以读书了。换句话来讲，孔子认为，我们每一个人的道德修养是最为重要的，只有首先达到了仁德的要求，在此基础之上，才有可能掌握学习的方向，才能够使学到的知识发挥积极作用。以此作为前提和基础，在社会道德和社会功利之间，在德政与法治之间，孔子都选择前者。孔子认为，升官发财是人人所盼望的，然而不用正当的手段去得到它，有道德修养的人是不会接受的。所以，对于有道德修养的人来讲，一刻也不会离开仁德的关照，即便是仓促匆忙、颠沛流离，都应该与仁德同在。

孔子和孟子都承认人为正常的生活而追求满足自然需求是正当的、合理的。孔子说："富与贵，是人之所欲也；不以其道得之，不处也。贫与贱，是人之所恶也；不以其道得之，不去也。君子去仁，恶乎成名？"又说："君子无终食之间违仁，造次必于是，颠沛必于是。"孟子说："无恒产而有恒心者。惟士为能。若民，则无恒产，因无恒心。苟无恒心，放辟，邪侈、无不为己。及陷于罪，然后从而刑之，是罔民也。焉有仁人在位，罔民而可为也？是故明君制民之产，必使仰足以事父母，俯足以畜妻子，乐岁终身饱，凶年免于死亡。然后驱而之善，故民之从之也轻。"

儒家虽然重生，但更关注和探讨人的精神不朽。《左传》记载叔孙豹："大上有立德，其次有立功，其次有立言，虽久不废，此之谓不朽。"这就是著名的"三不朽"思想，死而不朽当时已经是人生价值的一种追求。《论语》记载了孔子对此论所做的进一步发挥："君子疾没世而名不称焉。"在孔子看来，人的名誉和名声比什么都重要，如果生前身后不为他人所知，这个人就白活了。北宋名儒张载言简意赅的"横渠四句"道出了人生应有的志向和追求，故能一直被人传颂而不衰。

儒家重生，但以高度的原则为前提，为道义是可以放弃生命的。孔子、孟子提倡"杀身成仁""舍生取义"，便反映出在面对生死时儒学所主张的基本道德准则：宁愿牺牲自己的生命以成就自己的崇高志向，宁愿抛弃自己的生命也要保全正义。

（三）道家的生命观

在中国传统文化中，与儒家"入世"的生命哲学不同，道家主张一种"隐世"的生命哲学。儒家讲"仁义"，道家重"自然"；儒家主"有为"，道家主"无为"；儒家讲"杀身成仁，舍生取义"，道家讲"养生、贵身、尽年"；儒家的理论基点是"人"，道家的理论基点是"道"。道家认为"道"是万物最初的始点，也是万物的终点。在对生命本质的认识上，道家认为生命乃宇宙自然之化生，"道生一，一生二，二生三，三生万物。万物负阴而抱阳，冲气以为和。"人世间的一切自然现象、社会人事等都是由"道"派生出来的，"自然"是道的本性。生命来源于"道"，生命本性即为"自然"，因此道家主张一种自然主义的生命本质观。它摆脱了神性，超越了物性，也超越了人为的德性，直接从生命的根源处、从人类生命与宇宙生命的统一中去理解人的生命本质。因此，道家倡导把生命置于自然本性下，使其自然本性自由发展。既然生命是宇宙自然化生的产物，那么，任何生命的存在都有其内在的价值和意义，人的生命更是如此，由此，道家重生。就是把人的生命看得至高无上，在价值判断和选择时以生命为根本，不以天下害其生，不以天下易其生。

在生死观上，道家强调生死应顺其自然。"人之生，气之聚也。聚则为生，散则为死"中人的生死都是气的不同变化,生是气的凝聚,死则是气的消散。生命作为气的产物,不是鬼神、上帝的有意创造,而是自然变化的结果。"死生,命也,其有夜旦之常,天也;人之有所不得与,皆物之情也。"道家认为生死之事自然而不可避免,如同昼夜的变化一样,有白天就有黑夜,有生就有死,这是自然"道"的运行。道家这种最朴素的生死观渗透着浓厚的回归意识,给予生死问题以自然的无神论解说。在此基础上,道家追求死而不亡,向死而生。"知人者智,自知者明。胜人者有力,自胜者强。知足者富。强行者有志。不失其所者久,死而不亡者寿。"道家认为一个人的生命本身有生必有死,但肉体生命的死亡不等于整个生命的完全消失,不丢失品格的人就能长久不衰,人的不朽在于肉体虽死而精神仍存。道家认为"不失其所者久",就是生命要有价值,是生的境界;"死而不亡者寿",就是人的精神生命可以超越时空,甚至万古长存。可以看出,道家对生死的思考,实际上是在思考如何赋予有限的人生以永恒的意义或价值,实现人的存在的永恒。

在生命思想的教育展现上,道家远不如儒家的轰轰烈烈,"儒显道隐",道家隐世、避让的"隐世哲学"在教育思想上的体现往往是"潜移默化"。正如牟钟鉴所指出的:"儒道两家相比,儒显道隐,故在场面上道家远不如儒家有名气,但这并不表示道家不重要,只不过它影响社会的方式与儒家不同,多是潜移默化的,不易引起人们的注意。"但是道家一直用其深邃的大智慧,以独特的言语和方式对生命的发展进行着观照,实施着其生命教育功能,与儒家相辅相成,形成互补。道家的生命思想的教育观是一种自然主义的教育观,其教育观来自"道",把认识、追求、实现"道"作为教育活动的总目标;在教育内容上,重视人与自然的和谐,以"道"为中心,探求自然本身及其本质与规律,强调重生、养生、达生,以德养性;在学习路径上,强调"为道""醒悟",重视人的精神境界的升华与充实,摆脱妨碍人自然发展的政治伦理的束缚。

(四)佛家的生命观

佛教是一种从西方引进的外来文化,汉朝时流入,隋唐时得以发展为盛。它在吸收了儒家和道家生命文化的基础上形成了独特的佛学哲学,是一种"出世"生命哲学。国禅宗一方面吸收了儒家积极入世的生命态度和生命情怀,把人的日常生活都看作是寻求解脱的"妙道",认为一切事务中都体现了"真如"……通过对有限日常生活的超越,最终顿悟成佛。另一方面,又采纳了道家的超越物质生命的出世哲学,主张现实世界里的一切包括人的个体生命都依存于"心",也就是'佛性'……通过人对'佛性'的追求来实现自己的生命价值。①"

在对生命本质的认识上，佛家既不像儒家那样热衷于对生命的眷恋和热爱，也不像道家那样追求生命的本真价值，佛家的根本精神或者真谛就是引导人对现实的超越，化解人生的痛苦，寻找生命的本质，实现人的心灵的自由。佛家彻悟生命的真谛，探究生死的本质，宗密的《禅源诸诠集有序》中指出，"一切众生皆自空寂，真心无始，本来自性清净。"认为人性本净，净则空，空则不受外染，人之超越自我，超越现实，超越"身"之一切的虚幻，唯有"心"才是真实的、永恒的，实现"心"对"身"的超越、顿悟成佛是人之生命的最终目标，放下外在物欲，使有限生命进入无限的境界中。

在生死观上，佛家认为，人的生、老、病、死，是生命自然的轮替，死并不代表生命的结束。因此，佛教称"死亡"为"往生"，认为这一生的死亡，是进入另一生的开始，所以说"生死一如"，是要众生学会看淡生死，进而看破无常。在此基础上佛家认为人生在世，生生死死，非生非死，亦生亦死，生亦非生，死亦非死，生亦是死，死亦是生，无须贪生，无须怕死，要生死两遣，任其自然，置生死于度外。在佛家看似生的虚无、死的空寂、消极悲观的人生态度背后，是对生命的达观，是佛家不追求"生"之长存，而是精神的永恒的写照。

在生命思想的教育展现上，关于禅宗的基本特点，可以总结为是对普通人在日常生活中可以保持一颗平常心的关照。佛家要求人要有一颗平常心，用平常心去超越现实的矛盾，寻找生命的真谛；用平常心去处世待人，宠辱不惊；用平静的心境、心情去体会生命的充实和幸福。佛家参禅悟道要做到"心静如止水"，唯有此，方可使人正确把握自己、肯定自己，达到高远、清净、圆满的境界。佛家还强调通过个体生命的体会去顿悟人生。这种顿悟无法言说，只是个体心灵的独自体验，境同心不同，就是说每个参禅悟道者对相同的事物和境况都有不同的顿悟，更不要说对不同事物和境况了，因此佛家主张人要通过参禅悟道来学习、掌握和运用禅的智慧去提升人的生命境界，抛却现实生活给人生带来的苦难和折磨。

（五）医家的生命观

医家的理论是中国古代传统生命理论不可或缺的构成。医家的生命观更贴近人的生命实在，医家教人注意饮食起居，四时冷暖，医家诲人不治已病治未病，

---

① 刘济良著.生命教育论[M].北京：中国社会科学出版社.2004：20.

分析产生疾患的多种原因，授人合理保健之道。在古代生命理论体系之中，医家的养护智慧与儒道释三家生命观念互补，共同构成了世界上独树一帜的生命教育观念。中医学产生于古代，育于传统文化的土壤，与中国古代朴素唯物主义哲学息息相关，带有浓厚的思辨色彩和传统文化的烙印。构成中国医家体系的核心内容包含了用以揭示物质世界规律的阴阳五行学说。藏象经络、气血津液学说，解释致病规律的病因病机学说，维护生命健康的养生与治疗原则以及研究自然界气候与人体发病关系的五运六气学说，等等。中国先民以其特有的智慧揭示了生、长、壮、老、已是生命的基本过程，并集中反映了先人对生命、健康、疾病、生死等问题的价值观念。

关于生命的起源，《素问·宝命全形论》指出："夫人生于地，悬命于天，天地合气，命之曰人。"生命起源于天地阴阳之气的交感合和，源自自然。至于人体生命"生"的具体过程，《灵枢·决气》与《灵枢·经脉》中则有详细的阐释："两神相搏，合而成形，常先生身，是谓精。"生命的孕育始于男女交媾，阴阳精气结合。精气是构成人体的根本。具体而言："人始生，先成精，精成而脑髓生，骨为干，脉为营，筋为刚，肉为墙，皮肤坚而毛发长。"而对于生命的基本构成要素，《内经》则认为非血气精神莫属。《灵枢·本藏》指出："人之血气精神者，所以奉生而周于性命者也。"人的生命源于自然，是自然界生命的最高级形式，是非常可贵的。《素问·宝命全形论》指出了生命的可贵："天覆地载，万物悉备，莫贵于人。"

从对中医的文化理解中，我们可以看出，"生"的价值观念是中医文化各种概念的基石，是其永恒的主题。医学作为济世救人之术，其根本目的在于保全生命，而为了更好地"生"就必须要认真地研究"已"。《黄帝内经》将"已"分为两种基本形式，一种是自然死亡形态，即"尽终天年"。《灵枢·天年》中说："百岁，五脏皆虚，神气皆去，形骸独居而终矣。"人到了百岁，脏气衰竭，自然而亡，"度百岁而去"正是生命规律的自然表现。而另外一种，则是因各种疾病而导致的死亡。生命的"生"与"已"是对立统一的：没有"生"，就无所谓"已"；同时，如果生命不"已"，生也就无从谈起。二者作为一对矛盾通过相互的对抗与统一推动着生命的发展，是生命的源泉与动力。

为了达到健康这一目标，中医衍生出了"治未病"的养生价值观与"治已病"的治疗价值观。"治未病"与"治已病"同样是中医生命观的组成部分，是中医独特的养生与治疗方式，自然也应具备中医的思维特征。《黄帝内经》就将养生置于《素问》开篇，对于养生的重要性进行了论述，并且将养生看作"善待生命"的重要手段。而"治未病"的思想首见于《素问·四气调神大论》："是故圣人不治已病治未病，不治已乱治未乱。"这一思想演变成了中医保健的特色与优势，至今仍对我国预防医学的发展有着深远的影响，具有唯物辩证法的思想。可见，中医"治未病"的养生观是因天（季节，气候）、地（地域特征、物产）、人（个人的体质，生活习惯）有所变化的，这同样符合唯物辩证法普遍联系的观点。在这一养生观念中，人体与外界环境被看作一个有机的整体，人体内外的因素与外界环境都处于相互影响、相互作用、相互制约之中。养生与治疗是保证生命健康与生活水平过程中的重要环节。

通过以上分析，我们可以看出在中国古代传统文化中，自然哲学、儒、道、佛、医家的生命哲学虽然出发点不同，对生命本质认识不同，生死观不同，对生命思想的教育展现上也存在差异，但是他们在超越现实物质生命的基础上，注重人的生命的精神性、超越性、无限性是相同的。无论是儒家的"人世"生命哲学、道家的"隐世"生命哲学还是佛家的"出世"生命哲学，他们强调的都是人的道德、精神、灵魂方面的人格陶冶与升华，正是儒、道、佛的"三位一体"，才造就了中华民族独特的民族精神和品格。我们今天开展生命教育，更是要继承这一宝贵的精神财富。

第二节　西方哲学思想

一、古希腊的哲学思想

古希腊是西方文明的摇篮，在这一时期，人类的先哲们已经在思考人类和宇宙的起源问题。哲学家们首先从繁多的自然现象中寻找万物统一的"始基""本质"或"规律"，将"水""气""火""数"等自然现象作为万物本源，同时对它们"活跃的流动的物相体现了自然存在的自因性和变易性"的认识，将它们视为人的生动活泼而绵延的生命的隐喻，表明了人类对人的生命的生存意志与自由律动诉求。[①] 由此可见，这一时期的人类哲学蕴涵于自然哲学中。

---

① 张曙光.生存哲学 走向本真的存在[M].昆明：云南人民出版社.2001：91.

毕达哥拉斯是古希腊时期最早明确主张重视人的生命，关切人的生命，倡导"生命和谐"的哲学家。他认为，在世界上，唯有生命最为可贵，而且一切生命都是平等的，都是尊贵的，都是神圣的。苏格拉底将目光从自然哲学转到对人类认识和合乎道德的生活方式研究。他认为，之前的哲学研究过于关注对自然现象和自然规律的探讨，而忽视了对人的现实生活和真实生命的关注。"何种生命才是有价值的？如果我要使自己臻于完美和幸福，我该成为怎样的人？"是苏格拉底要求每个人必须审视的问题。他对这个问题的回答是：生命的德性主要在于善的实现，即真正有意义、有价值的生命在于道德上的"善"，真正的幸福体现在人的道德的善的追求中，灵魂的改善中，每个人的人生职责就是审察自己的生活而趋向于善。苏格拉底这些充满智慧的生命教育思想为他的学生柏拉图所继承和发扬。柏拉图对人的生命予以肉体和灵魂的划分，灵魂由理智、激情和欲望三部分组成。理智起领导作用，激情和欲望服从而不违反它，灵魂能够自己主宰自己，这样的人便是正义的人。柏拉图非常重视教育在人的生命发展过程中的作用，他认为，教育是知识达到生命的最高状态的唯一方式。"只有整个的人性已经发展了，那时才有和洽的心灵，始有良善的人，始有完善的国家。理想国的实现道德的完成、人性的发展，完全依赖适当的教育。"因此，他根据生命的发展设计了教育课程，他的理想国是一个教育的理想国。柏拉图对于生命发展和教育的思想和见解，在西方教育发展史上的影响是非常深远的。但是柏拉图"把人的生命与生活中一切美好的属性，把从经验事物与主观感受中抽象出来的一般规定性，与人的感性的存在分离开来，使其成为独立而绝对的理念"[①]。以抽象的理念代替感性的生命，这种"形而上学的生命观"，是对苏格拉底生命人学思想的僵化。

亚里士多德作为希腊哲学思想的集大成者，其理论是以生命为中心的。他首先追问的一个问题："人是什么？""人是有理性的动物。"亚里士多德指出了人类生命与其他生命的区别，即具有"逻各斯"或理性，是人之生命的特点。在生命发展上，亚里士多德首次提出生命的自然发展和强调生命的自由发展。"生命本身就是美好的、宝贵的，活着，好好地活着并感受之，这本身就是我们的存在，就是人的最高幸福。"从上述亚里士多德的理论当中，我们可以看出，他的思想是以人为中心的，为人的生命本身在现实生活中的价值生存提供合理性和可能性

---

① 刘济良、等.生命的沉思 生命教育理念解读[M].北京：中国社会科学出版社.2004：18.

的论证。在追问人的最终目的——幸福的过程当中,可以看到亚里士多德对人的生命的珍惜。

可见,"对人的生活、生命的关注和重视"是古希腊一个重要的文化哲学理念。对人自身的认识,心灵德行的追求,理性境界的提升,幸福生活的追寻,生命意义价值的体现,人性的崇高升华都是希腊哲学中重要的生命思想。可以说,希腊思想史就是人的生命和生活的哲学认识的发展史。

二、现代西方人本主义哲学

从中国生命教育涉及的西方哲学思想的流派看,诚如不少著作所反映的那样,远及希腊神话为核心的西方传统文化、希腊理性精神、罗马法治精神,犹太教、基督教文化传统,但是,中国的生命教育所受影响主要是现代哲学,其中受存在主义、生命哲学、实用主义、人本主义心理学的影响尤为突出。

(一)现代西方人本主义哲学思想

现代西方人本主义哲学是现代西方哲学的构成部分,是其中的一股思潮。所谓,人本主义哲学,是指从人本身出发,研究人的本质及人与自然的关系,并强调人的地位、作用和价值的一种学说。它的产生、形成可追溯到欧洲文艺复兴运动时代的人文主义,文艺复兴运动是14、15世纪时期,为了资本主义的自由发展,为了建立适应资本主义生产关系的新的意识形态,正在走上前台的欧洲新兴资产阶级在文化思想、意识形态领域内掀起的一次反封建斗争。新兴资产阶级借助朴素的唯物主义哲学和自然科学,以世俗的形式同封建制度和宗教势力进行斗争。在反封建、反神权的斗争中,新兴资产阶级在认识论上坚持理性主义,高扬摆脱宗教桎梏,追求世俗幸福的人文精神,因而现代西方人本主义哲学就其本质来说与新兴资产阶级的认识论存在一定的内在联系。但是,由于各自形成的历史与理论背景的差别,在哲学形态的表现上就有所不同。现代人本主义哲学的产生有着特定的社会历史条件:19世纪,欧洲各国资产阶级大部分掌握了国家政权,地位的变化使得它已不再追求和向往从前那种强调理性、建立在唯物主义基础之上的哲学;同时,在新的历史条件下,作为资产阶级意识形态的近代哲学的发展方向也必然发生相应的变化。即从反封建的意识形态转化为一种能够用以论证和维护资本主义制度的新理论。

现代西方人本主义哲学的世界观和方法论,总体说来是属于资产阶级的,资产阶级以全人类名义宣扬的人本主义,适应的是自由资本主义的经济政治的需要,是资产阶级进行革命和统治时期所反复宣扬的价值观,本质上是资产阶级的意识形态。

由于西方教育家、哲学家未能摆脱资产阶级的狭隘眼界,以西方文化价值为出发点和归结点,其社会历史的和现实的意识形态观念必然为生命理论带来负面影响。比如对于生命教育涉及的一个重要内容——自杀,涂尔干(又译杜尔凯姆)所写著名的《自杀论》,揭示了由资本主义各种社会危机造成的自杀现象,并推动了对资本主义制度下"异化行为"的研究和认识,然而,却没有揭示资本主义社会的固有矛盾和制度本身是导致自杀现象出现的真正根源,反而错误地认为自杀是因社会变化迅速、道德意识滞后所造成的。为摆脱自杀危机,他甚至建议组建一种生产团体来巩固社会道德秩序,这实际上是乌托邦式的幻想。而且,正是受此阶级局限的影响,西方现代主义哲学家虽然在一定程度上揭露和批判了资本主义社会的丑恶现象,也触及了广泛的、深刻的社会问题,甚至主观上存在为生活于同一时代的人们寻找一条出路的至善初衷,但在面对其体的问题时,却拿不出具有实效性的解决方案,以至于令人大失所望;他们破坏了旧的传统和习惯,但又无力建立新的传统和习惯,把人引入了一条无所适从、手足无措地没有路标的道路。[①]

我们在评价和吸收西方哲学思想时,应该坚持辩证的方法,看到其正反两方面的影响,进行批判式的借鉴和吸收。

(二)积极与消极两方面的影响

哲学思想来源于现实世界又反作用于现实世界。现代人本主义哲学在其思想的对象化和实践化过程中必然会产生巨大的社会作用,而这种社会作用具有双重性。

1. 积极方面的影响

(1)促进人们对个性精神的追求。主体性精神,是西方现代人本主义强调的重点,关注个体的独特性、创造性与自主性,提倡实现个体生存的尊严与价值,在现世生活中最大限度地追求个人的自由与幸福,实现人生的价值。人本主义哲学思想从自由和解放的角度让人们认识到完整面又健全的个体应该是自由发展的个体,而健全的社会应该保证社会中的每一个个体自由、自主的发展。在这一点上人本主义哲学与马克思主义对未来理想社会中人的自由存在状态的设计有相同

---

① 吴灿华,詹万生主编.人生哲理[M].北京:北京教育出版社.1988:261.

之处。所不同的是马克思主义的个性独立是历史的和实践的，是在真实的社会关系实践中得到发展和实现的。西方人本主义突出个体价值，推动了个性自由和解放，促使人们在深刻反思个体存在的同时，努力从单调、平面化的生存状态中走出，竭力追求充满个性化、多样性的生活方式和行为方式；使人们从盲从和迷信中走出，勇于和善于独立思考，不再机械地模仿和复制他人的存在样式；促进人们努力打破人的依赖性，改变依附性人格；使每个人都根据自我的需求和实际来进行自我设计，自我选择，自我创造和自我奋斗。

（2）关注非理性的作用。非理性是现代西方人本主义关注的一个焦点问题。他们通过对人的行为动力的分析与讨论，揭示了人性内在的丰富性，同时也对人性的把握超越了抽象意义上的善与恶；让人们对自我的认识提升到了一个新的高度，同时也为健全社会的发展提供了主体人性的依据。非理性在引导人们认识社会存在特性的过程中有着重要的作用，人的非理性在得到满足后，可以促使个体增强能动性和发挥创造性。

（3）引起人们对科学理性的反省。现代人本主义通过对理性的批判向人们揭示了科学给人类所带来的痛苦和危机。指出其突出表现在两个方面：一是人与自然关系的紧张。人类依靠科学，按照人定胜天的理念向自然要资源，造成了大量的环境污染和生态破坏问题；自然反作用于人类，并由此对人类自身的生存和发展带来严重危害。二是人的物质满足和精神需要的二元分裂。科学技术给人类创造了前所未有的财富，人们在极力追求物质财富满足的同时，忽视了主体精神层面的追求、发展与完善。人们在对科学理性的反省中，逐步摆脱了对理性精神的绝对信念，开始广泛关注科技代价论，比较典型的如以罗马俱乐部为代表的悲观主义思想。"他们在技术的发展中首先感受到人与自然的异化，然后感受到人与其文化和环境的异化。最后是人与人性本身的异化。"由此，他们认为，现代科技革命在促进社会发展的同时，也是导致当今社会各种难题与病态现象的始作俑者。他们甚至认为解决目前全球性危机的唯一办法就在于放弃使用和发展科学技术。

2.消极方面的影响

在一些问题上，虽然现代人本主义哲学包含一些合理的、有价值的、有启发性的、应予重视的因素，但本书对西方生命哲学中的有益成分的肯定，并不意味着我们接受它的一切。例如，现代西方人本主义哲学中的一些流派提倡的个人主义存在着滑向极端个人主义的危险。在这一问题上，存在主义最为突出。存在主义作为一种世界观，是资产阶级个人主义的世界观，反映了资产阶级或小资产阶级的利益和要求，本质上是一种主观唯心主义的哲学。这种世界观强调个体价值、个体需要，高扬个性、自由抉择等，把个体价值、个体自由发展看成是生活的全部，将个体价值凌驾于社会价值之上，而忽视个体的社会责任，完全从孤立的个人出发，无视他人和集体的利益，脱离社会走向极端个人主义。

受这些负面影响，一些人认为存在本身便具有其合理性，无须再追究其原因，或产生了为活着而活着的想法，在生活中失去了目标和方向，无所事事，无所作为。

3. 历史的经验教训

20世纪80年代的"西风"吹入，继"萨特热"，"弗洛伊德热"和"尼采热"以后，"热点"继续向纵深拓延。西方人本主义，尤其是存在主义的自我设计理论、非理性主义的意志自由论、精神分析学说中的泛性论。人本主义心理学需要层次论，对这一时期大学生人生价值观的建构的影响很大。而且，逐渐从抽象的人生价值观和自我意识范畴拓延到具体的西方政治哲学和政治制度领域，到西方的三权分立思想、多党制思想乃至私有制观念。其政治性越来越强，与我国基本的意识形态和社会主义社会制度的对抗性越来越强。

这一段历史告诉我们：一个民族不可没有理论思维，但理论思维又不可脱离民族的历史与现实的国情。对待外域的文化，不能仅仅是拿来，重要的是拿来后还要善于剔除糟粕，汲取其精华。

三、后现代主义哲学思潮

在国内的生命教育研究中，现代人本主义哲学因著作者仅将其简单引入而未做应有的分析，难以产生正面影响，甚至还起到负面作用。同时，后现代主义对中国青年大学生的思想观念和日常生活的影响也十分明显，现在已有不少论文开始对其进行批评，但我国现在业已面世的大多书著却对后现代主义的影响全然不予理会。在这一点上，我们的生命教育著作在继人本主义哲学评价失误之后，又再次出现因后现代哲学介绍的漏失而造成的在理论和实践方面研究的缺失。

（一）后现代主义本质

后现代主义（Postmodernism）是一种文化现象，它并无一套系统的思想体系，而是泛指一种态度和心理状态。后现代哲学既是其理论基石，又是其重要构成部分。近半个世纪以来，后现代主义的崛起和迅速传播是西方文化精神变化中最重要的事件之一，在西方思想界产生了广泛而深远的影响。

尽管后现代主义哲学流派纷繁，理论立场不同，观察问题视角有别，分析问题的方法各异，但它们的基本观点，思想实质却有着一致性：在其破茧之时就以一种专事摧毁的否定性思维，以一种文化逆动的姿态呈现于世。它们在理论上，对继承和发扬自古希腊以来的西方哲学传统的"现代主义哲学"造成的社会危机进行反思、批判、解构、摧毁等；在生活实践中，对男权主义、种族主义、人类中心主义、经济主义等现代文明的"毒瘤"进行了尖锐的抨击，切中时弊，向世界传递着正能量。这标志着当代哲学思维的一次重大转向。具体而言，后现代主义文化思潮作为一种社会批判理论，它对资本主义社会自身发展的理论反省，其所倡导的创造性、批判性，后现代主义文化思潮对社会矛盾现象的揭示具有一定的广度，正确了解后现代主义本身也有助于大学生正确认识资本主义社会、调整思维方式，开阔文化视野。后现代主义文化思潮从一个独特的角度去观察社会发展和文化发展，揭露了现代社会造成的精神危机，使大学生从中看到了社会中的危机以及人们精神世界的迷茫，启发大学生对人生价值进行思考。就这一意义而言，后现代主义是具有一定的正面价值的。

但是，后现代主义哲学也包含许多消极因素，对于西方传统哲学与西方现代社会的反思、批判、解构、摧毁，它采用了矫枉过正的极端手法，这便决定了这一理论思潮在哲学发展历程中"过渡性"的历史地位，而矫枉过正的批判方式又导致其自身理论走向了怀疑主义、虚无主义，荒诞性、无政府主义的另一极端。由此造成的不良后果，本章将在"被忽视遗漏的后现代表征"部分进行进一步讨论。

在对后现代主义的理解中我们要明确，作为一种思维方式，后现代主义不是在时间上后于现代的，而是对现代的批判、反思与否定性理解。从这个方面出发，我们可以避免对后现代主义的误解与过分指责。

（二）后现代主义：西方青年研究不可缺少的视角

后现代主义对于认识、分析当代一些西方发达国家最新境况必不可少。据吴鲁平介绍，20世纪90年代，欧美和日本的一些著名专家、学者纷纷感到，用现代化理论的研究范式，再也无法解释他们所处的当代社会的青年价值观与行为方式了。于是，他们不约而同地开始用后现代化或现代化的理论范式来解释本国青年的文化价值观变迁及其行为方式的变化。[1]

---

[1] 吴鲁平，刘涵慧，王静．后现代化理论视野下的青年价值观研究[M]．北京：社会科学文献出版社，2013：97．

（三）后现代影响下的西方青年的行为表征

依据美国学者密歇根大学教授英格蔡哈特（Ronald Inglehart）研究的成果，在西方发达国家中后现代主义在传统社会中有以下征象：

工作价值观和劳动伦理衰退。不少青年人认为，工作以外的生活更有人生意义；如果有钱，想玩一辈子；工作的目的是为自己，而不是为企业和国家。

性观念开放和宽容。赞成同性恋的人越来越多；同居，不想结婚者增多；丁克家庭增多；代际关系上，自主与依赖并存，父母的权威丧失。

从重视物质消费，重视实用价值到重视符号价值，名牌消费在青年群体中成为时尚；精神消费领域流行"快餐文化"；文化消费市场流行"拼贴文化"，专业化的文化成果问津者少。

传统意义上的朋友关系日渐消失。朋友之间有"边界"，不能涉及个人私生活；隐私观念强化，不仅朋友之间有"边界"，夫妻之间也要设定"边界"，要保留隐私。

制度性权威下降，制度内参与下降，但自主性公民参与上升，对制度性权威机构的信任度降低；选举中的投票率下降；对国家感到非常自豪的人比例下降；针对具体问题而出现的签名、请愿、游行等活动增加。

第三节 马克思主义思想

马克思主义对"人"的认识是建立在对时代特征的剖析、对智者先哲们思想的分析、对实践的理性考察和对理论的深入认证基础上的，具有科学性和实践性。建立在"人学"原理上的马克思主义对生命本质和生命价值的分析是丰富而全面的，他将个体生命放在与他物、与社会的整体关系中进行综合的思考，认为整个人生就是生命在从"物化"到更高程度上的"人化"这一辩证过程中不断地扬弃和超越，最终实现人的自由而全面的发展。

一、马克思主义生命本质思想

马克思认为，认识人的属性和人的本质是人认识自己的基础和前提。人的属性简称为人性，也就是人在其活动过程中所表现出来地与其他动物所不同的特性。对于人的属性，马克思在《1844年经济学哲学手稿》中就有过鲜明的论述：

"人不仅仅是自然存在物,而且是人的自然存在物,也就是说,是为自身而存在着的存在物,因而是类存在物。他必须既在自己的存在中也在自己的知识中确证并表现自身。"马克思认为,人的特性包括人在同自然、社会和自己本身三种关系中,作为自然存在物、社会存在物和有意识的存在物,人表现出自然属性、社会属性和精神属性,而且这三种属性并不是相互割裂的,而是统一在人的生命中的。

人的生命是一种自然存在,人首先是一种自然存在物,是自然界的一部分,人的自然属性决定了人的自然存在。虽然马克思一贯反对把人看成是纯粹的"自然人",反对把人的自然属性看成是人的唯一属性,但是,他并不否认人是一种自然存在物,是自然界的一部分。马克思认为,"人直接地是自然存在物"①。在《1844 年经济学哲学手稿》中又提到:"人作为自然存在物,而且作为有生命的自然存在物,一方面具有自然力、生命力,是能动的自然存在……""全部人类历史的第一个前提无疑是有生命的个人的存在。因此,第一个需要确定的事实就是这些个人的肉体组织以及由此产生的个人对其他自然的关系。"②在这里,马克思承认人存在的客观性以及满足人的肉体存在的合理性。人的生命的自然存在于哪里?自然界是人的生命客观存在之根。不仅人的肉体属于自然界,自然界中的植物、动物、空气、阳光、水等能满足人生命的自然需要,是人生存的必要条件和前提,是人的物质和能量的源泉,而且人类越发展,人对自然界的依存越强烈,与自然界的关系也就越密切。

马克思虽然肯定了人的自然属性,但是在他看来,真正的人之为人的东西,并不在于他的自然属性,即人的自然属性也并不是纯粹的本能,而无不打上社会的印记。人的本质属性是在社会实践中生成的,生命只有在社会合作和劳动实践中才能自我肯定和发展,人根本上是一种社会存在物,生命是一种社会存在。马克思认为:只有在社会中,人的自然的存在对他说来才是他的人的存在。人类的早期活动和简单交往,产生了人类的语言和意识,使人脑和猿脑最终区别开来,结成了一定的社会关系,人才能生产劳动,劳动创造了人。而劳动、语言、意识这些人类独具的特殊属性都只有在人的社会性中才能得到说明,人是一切动物中最社会化的动物。

人不仅是自然界的一部分和社会化动物,而且"人是有意识的类存在物",

---

① 马克思恩格斯文集 1[M].北京:人民出版社.2009:209.
② 马克思,恩格斯.马克思恩格斯选集 第 1 卷[M].北京:人民出版社.1995:67.

人是有精神需要、精神能力和精神生活的存在物，人具有精神属性，具有意识和自我意识，人的生命是一种有意识的精神存在。人有意识、有理性、能思维，尤其是人有"自我意识"是人区别于动物的重要特征之一。"动物和它的生命活动是直接统一的。动物不把自己同自己的生命活动区别开来。人则使自己的生命活动本身变成自己的意志和意识的对象。他的生命活动是有意识的……有意识的生命活动把人同动物直接区别开来。""动物只是按照它所属的那个种的尺度和需要来建造，而人懂得按照任何一个种的尺度来进行生产，并且懂得处处把内在的尺度运用于对象。"人的自我意识可以把客体规律和主体需要结合起来，按照"两个尺度"实现对世界的自由改造。人的自我意识是人的精神属性的集中表现。所谓"自我意识"，就是人对自我的反省意识，指向人类自身内部的各种关系、体验以及自己区别于他物的性质、地位、作用以及由此形成地与他物关系的意识。自我意识形成人的"内在尺度"。如果离开人的有意识、有理性、能思维、有"自我意识"的精神属性，就无法解释在自然属性上人和动物的本质区别，也无法说明在社会属性上人和动物的本质区别。

人的生命的自然存在、社会存在、有意识的精神存在，无论对个体生命还是对人类生命来说，都是同时具有的。从人的生命的本性来说，人是生命的自然存在、社会存在、有意识的精神存在的有机统一体。人的这三种生命存在，不仅为每一个人所内在的同时具有，而且更主要的是在人的实践活动中形成和表现出来。只有在实践中把人的生命的三种存在统一起来，才能真正地了解人，任何把人的生命的三种存在割裂开来孤立地看待人的本质的做法，都是片面的、不科学的。

二、马克思主义生命价值思想

马克思认为，价值是"表示特地对人有用或使人愉快等等的属性""实际上是表示物为人而存在"[①]。价值从总体上划分为三大类型：物质价值、精神价值和人的价值。马克思将人的价值确定为寻求切实改变世界的手段，寻求推动世界从低级向高级发展进步的有效路径，人的价值通过实践和劳动得以实现。总体来看，马克思是站在如何改造世界、如何推动生产力的进步与发展的立场上界定人的生命的自我价值和社会价值的。人的自我价值，就是凡人皆有的一种潜在的

---

① 薛克诚.人的哲学：马克思主义人学理论新探[M].北京：中国人民大学出版社.1992：250.

劳动能力，也叫作内在价值。人的社会价值，就是把内在价值发挥出来，即为社会，同时也是为自己创造物质财富和精神财富，也叫作人的外在价值。人的生命价值就是自我价值和社会价值的统一。没有脱离自我价值的社会价值，也没有脱离社会价值的自我价值。自我价值是社会价值的基础，社会价值则是自我价值的体现。劳动和实践是实现价值的唯一途径，劳动贡献越大，人生越有价值。"历史承认那些为共同目标劳动因而自己变得高尚的人是伟大人物；经常赞美那些为大多数人带来幸福的人是最幸福的人。"可见马克思主义的生命价值观既强调个人对社会的尊重和满足，更强调个人对社会的贡献和责任，即人的生命的社会价值。

三、马克思主义人的生命的理想

人的自由而全面发展，作为马克思主义对未来新社会人的生存的发展状态的本质规定，主要是指每一个现实的人摆脱和超越各种内在和外在的限制与束缚，从而在关系、能力、素质与个性等诸方面所获得的普遍提高与协调发展的过程和境界。用马克思的话来说，即"人以一种全面的方式，也就是说，作为一个完整的人，占有自己的全面的本质"。在人类获得彻底解放的共产主义社会，人的生命"是人和自然界之间、人和人之间矛盾的真正解决，是存在和本质、对象化和自我确证、自由和必然、个体和人类之间斗争真正解决"。换句话说，人的生命的理想就是个人的生命得到充分发展，个人发展与人类社会的发展协调一致，每个人能通过个体自我意识普遍地、现实地认识自我价值和社会价值，并在实践中充分展示自己的各种潜能，达到个性自由。

第四章 当代大学生生命教育存在的问题及策略

要解决部分大学生消极漠视生命的问题，首先必须探究形成这样问题的原因。原因主要包括五方面的：个人因素、家庭因素、学校因素、社会因素和文化因素。

第一节 家庭因素问题

家庭是社会成员最先开始接触的地方，对个体的思维模式、性格和为人等方面都会产生深远影响。这个阶段是大学生性格和处事形成的关键时期，父母和其他家庭成员关系、突发事件、家庭经济状况和父母培养子女方式等在很大程度上对大学生的心理和思维方式产生影响。从家庭层面来讲，情感荒漠化是漠视生命最主要的原因。情感荒漠化是指一个人的注意力只集中在知识或技术等一个狭窄的领域，而忽略了丰富的情感世界，主要表现为情感冷漠，对人缺乏同情关怀之心，为实现个人目标很少考虑后果。首先，情感荒漠化的出现是计划生育政策的产物。自从计划生育政策实施以后，大多数"80后""90后"的孩子成了万千宠爱于一身的独生女。在"4-2-1"家庭结构中成长起来的小皇帝、小公主们自然是家里的掌上明珠，要星星不敢给月亮，可也正是这种过分的溺爱助长了他们的自私性。曾经有个"90后"的大一新生有这样的疑问：寝室只有一个厕所、一个洗漱台，4个人早上起来都要先使用怎么办？这个在大家眼中根本不是问题的幼稚问题却如实地反映了很多刚入校的"90后"新生的疑问。这只能说明：在这些大学生的字典里，缺少最基本的"集体"和"谦让"。其次，部分家长或长辈的"暴力"教育方式也是导致"90后"大学生情感荒漠化的主要原因。所谓"暴力"教育，不是指在身体对孩子实施体罚、打骂等粗暴式教育，而是在价值导向上的"暴力"。一些"80后""90后"的家长都曾经因为某些客观原因没有实现自己的大学梦、音乐梦或作家梦。因此，他们将完成梦想的全部希望寄托在子女身上，以满足几乎所有的物质要求来强迫孩子达成自己年轻时为未实现的愿望。这些孩子在家长们的"暴力"鞭策下，将大部分甚至是所有的精力用来做学问、学才艺，甚至没有闲暇顾及其他。在不久的将来，这些大学生或许会成为各个领域的精英人才，但是如果变成自私自利、冷漠无同情心的人，最爱他们的家长和长辈就间接地变成了刽子手。这样沉重的代价应该引起每一个家长的反思和自省。

家庭在孩子的生命教育方面扮演着不可替代的角色，孩子的生长环境直接影响着他们对待生命的态度。精神分析专家弗洛伊德·阿德勒等研究指出，"那些处于家庭不良氛围中长大的人，在遇到挫折时很容易唤起脑中的创伤性记忆，这将会在潜意识里更加剧他们的悲观情绪，严重的可能产生变态作为，更甚者踏上自杀之路。"新世纪的大学生大多数是独生子女，家庭给予的温性保护，养成了他们依赖性强、抗挫能力弱等特点，大大降低了他们应对危机的能力；而那些缺失家庭关怀的孩子，对生命的解读模糊，难于和他人亲近，性格孤僻，人际关系的淡薄很容易让他们产生极端行为。另外，当前家庭教育观念一味地灌输"望子成龙、望女成凤"的老思想，对孩子的期望值过于高，孩子的心理压力大，进入大学之后，面对各种新奇事物以及来自社会的各种压力，助长了他们的自闭心理，以及对生命态度的扭曲。

家庭是每个孩子成长的摇篮，父母是孩子的第一任老师，父母的言行举止对孩子的人生观、世界观、价值观有着至关重要的作用。"在家庭生活中，家庭教育是家庭或成员之间相互实施的一种教育。"在家庭教育中，父母的教育方式、家庭氛围的不和谐都对孩子的健康成长极为不利，目前的大学生许多都是独生子女，由于在家庭中往往受到家长的过分溺爱，不少学生养成以"自我为中心"的坏习惯，如冷漠、自私的人生态度。有些父母过分的要求孩子，用孩子的学习成绩来衡量孩子的学习水平，有的孩子因为无法达到父母所期望的要求，不能获得生命体验和成功的喜悦，使孩子产生自卑的心理、叛逆的心态厌倦的生活方式等消极的倾向，更严重的是有些孩子有可能对生活失去信心而产生极端的行为。因此，家庭教育对大学生人生观、世界观和价值观的形成都起着重要作用。

第二节　学校因素问题

一、应试教育体制的弊端

意大利教育家蒙台梭利曾深刻地指出：教育的目的在于帮助生命力的正常发展，不管是教育还是生命教育，其中心都应该围绕生命个体的发展来开展。可是传统的应试教育对高校的生命教育有一定的影响，导致一些高校忽视个体的发展需求，把教育变为单纯的知识和技能的培养活动。这种教育模式已经完全背离了"通过知识来启迪智慧、提升个体生命意义、促进个体生命的全面发展的教育之最高目的"，抹杀了大学生作为个体的个性，这是应该摒弃的。同时，高校对于生存基本技能训练、生理卫生和心理健康等方面关于生命的基本知识也涉及的不够多。应试教育主要依靠分数来对学生进行评价，这种单一的评价方式会给学生带来巨大的心理压力，影响其身心健康发展。

二、课程设置倾向的偏颇

当今高校里面开设的大多数课程都是应用型的课程，对人文社会科学类的课程缺少重视，而对生命教育就更为忽视。高校只关心学生考研、考博的上线率，学术科研能力和毕业生的就业率，却大大忽视了达不到这些"率"的大学生的心理健康和思想动态，因而导致了大学生漠视生命的比率不低。目前在全国范围内，开设了专门的生命教育课程的只有少数高校。作为可以渗透生命教育的思想政治教育理论课程和心理健康教育课程，多数也流于空洞的说教，没有满足当代大学生对相关生命知识的渴求。问卷调查表明：47.03%的学生反映学校没有进行生命教育；26.75%的学生希望学校开设生命教育的相关课程。从被调查者的需求可以看出，学校相关课程设置的偏颇是造成许多大学生生命观意识模糊不清，缺乏生命安全知识最终导致漠视生命的又一诱因。很多被调查的大学生对生命是什么、生命包含什么以及生命的价值和意义都没有最基本的了解，怎么能在接受的过程中将其内化然后再外化为自己的行为。在前面提到的调查中，还有一些大学生对于自己、他人和小动物的生命都持漠视态度，充分说明高校的生命意识教育没有达到应有的效果。此外，由于缺乏生命的相关知识，在遭遇如火灾、洪涝灾害和地震等一些自然灾害时，他们往往因为没有任何经验而不知所措，最终失去生命。由此看来，高校的生命教育应该从完善相关课程的设置及内容入手。

三、人文教育的缺失和弱化

目前，中国社会由于竞争的激烈和就业的困难等原因，教育的功利化生存目的凸显，而教育的终极目的——关注人的生存状态在高校并未受到足够重视，高校往往越来越重于专业学习和技能的传授，尤其重视学生的就业率、考研率，并以此来衡量判别高校的教育质量，却一直忽略了责任感、荣辱感、羞耻感等方面的人文教育的重要性。人文教育是在培养大学生的人文精神，提高其人文素养的基础上，最终达到给予他人力所能及的人文关怀的教育活动。人文教育首先要让受教育者体验被爱被关怀的温暖，进而使他们懂得如何去给予他人关爱。在培养受教育者情感独立的过程中，提升他们的抗挫折能力和意志力。人文教育的精髓是让受教育者通过提升自身道德层面上的素质来获得内在幸福感，在大学教育中扮演着非常重要的角色。然而，高校教育中对于学生的人文教育和关怀明显不够。在这种人文教育的缺失和弱化中，大学生会被培养成为感情缺失的机械劳动力。教育是直面人的生命，为着人的生命，提升人的生命价值的活动。课堂是完成这一神圣使命的主渠道、主战场、主阵地。所以，大学生在接受教育的同时，被功利化和生存目的主导人生方向时，人性的丰富内容被追逐物质利益所消融。人活着真正的生命意义被淡化，大学生忽视了对生命个体的价值关照；只成为知识的负载体，而难以形成人的完整人格。有一些身处异乡的大学生因情感上孤单无依，消极情绪又无人倾诉，无处排解，最终走上绝路。

第三节　社会因素问题

一、物化世界的熏染

马克思认为："既然人天生就是社会的生物，那他就只有在社会中才能发展自己的真正的天性。"所以每个人的生活都离不开社会环境，人和社会环境的作用是相互的，生活在社会环境中的人，会不断地受到社会环境的熏陶，使人们的思想发生变化。因此，社会环境的好坏对大学生的人生观、世界观、价值观、理想信念、人生追求等起着关键的作用。随着科学技术的发展，人们享受着前所未有的物质财富和精神财富，同时也面临着各种各样的精神冲击。在这种社会环境下，处在人生观、世界观形成关键时期的大学生极易受到外界的影响而产生消极悲观的情绪，引发对自身生命价值的藐视，开始对生活的意义和生命价值产生怀疑，有的青少年甚至遇到困难不能妥善解决而走极端之路。

在物化世界极尽发展的新世纪，人被当作一种生产资源，为追求财富，不惜漠视人类的生命安全。在这种社会环境熏陶下，很多大学生把权力、金钱当作追求的目标，对物质利益过分追求，忽视精神世界的发展，严重影响着大学生的身心健康。人和人之间的关系也越来越多地被利益价值所代替，对生命本质的架构关系理解歪曲。

二、不当的价值导向

当今社会正处于与世界接轨的阶段，各种价值取向的冲突，社会道德的缺失，扭曲的价值观念，都会使人们的内心发生矛盾与冲撞，残酷的竞争使我们的生活受到前所未有的冲击。此时大学生正处于人生观确立的阶段，非常容易造成他们自我认识上的迷失和困扰，尤其在遭受逆境时容易迷失方向，导致悲观，进而轻生。当今社会的大学生并不是只生活在一个世界中，现实世界之外的"虚拟世界"似乎对他们有着更大的吸引力。整日沉迷于网络游戏、武侠小说和漫画之中不能自拔的大学生随处可见。沉迷于虚拟世界中的他们，在那里尽情地宣泄感情，与日常生活中却拒绝与家人朋友沟通的自己完全判若两人。但是，虚拟世界里无不充斥着色情和暴力的成分，其中关于死亡的描写也非常多，导致大学生的价值取向被这些不良信息严重误导。另外，在一些影视作品中，死亡象征着解脱，这在极大程度上误导了大学生，很可能会造成虚拟社会和现实社会的混淆脱节。当大学生在现实生活中遇到问题的时候，就会模仿虚拟世界中的人物去解决问题，这种不健康的心态终将导致他们对生命意义的错误理解。

三、不平等的就业体系

随着社会生产力的快速发展，社会竞争日益加剧，人们生活节奏不断加快，让人们有喘不过气的感觉。随着竞争的日益激烈，大学生的含金量大大降低，随处可见的大学毕业生已经从稀有动物变成了普通劳动者。这使得寒窗苦读十余载的大学生心理上极不平衡，也使部分大学生的铁饭碗美梦瞬间破碎。又由于高校扩招，导致大学生的就业情况不容乐观，因而他们的心理承受着巨大的就业和生存压力。这种就业生存压力得不到排解，久而久之，容易导致他们自暴自弃，因此引起轻生的行为。杭州市的一项有关大学生心理压力的调查显示：对自己的前途"比较担忧"的大学生占70%，感到"很悲观"的大学生占2%。以上数据说明：大多数大学生在就业问题方面是有压力的。过于沉重的就业压力使大学生们意志消沉，并有一部分大学生会因此而产生严重的自卑、无助和迷茫等消极情绪。一些用人单位对应届大学毕业生的要求非常之苛刻，如必须通过英语六级、担任学生干部、获得学院级以上奖励和奖学金等等，使得一些达不到要求的大学生产生严重的自卑和消极情绪，寻找工作的积极性备受打击。还有一些行业或用人单位招聘时带有明确的歧视色彩，如只招收男性员工、只招收已婚已育的女性员工或只招收有一定工作经验的员工。这些苛刻的招聘条件无疑对刚走出校门走上社会的大学毕业生是很不公平的。

第四节 个人因素问题

一、主体意识强烈

"90后"大学生的自我意识很强，他们独立并且有个性，强调自我权利。但是，一些大学生一味强调自己的利益却缺乏对他人和社会的责任感，极其容易陷入个人中心主义。"90后"大学生的人生观、世界观和价值观在许多方面还不成熟，做事欠思考并且容易冲动，并也因此对生命意义的思考还不够深入。他们特立独行的个性使得他们在处理问题时不太顾及他人的感受，首先考虑的是自身的利益，很少考虑他人的感受。当他们遭受挫折的时候，也会用攻击他人或伤害自己的方式去解决问题，很少思考自己的言行将给他人和社会造成的影响。一些以自我为中心的"90后"不擅长与他人进行情感交流，致使他们在遇到各种挫折时不能向同学、朋友或亲人倾诉宣泄不良情绪以得到安慰。

二、心理承受力差

自身因素包括个体心理、生理两个方面。大学期间正处在个人价值观、人生观初步形成的关键阶段，但还不成熟，情感丰富、容易冲动，有的甚至有逆反的心理，会致使对生命观的误读或模糊。首先，他们个性张扬、思维活跃、自我意识强，而对世界的新生事物反应迅速，但同时叛逆和反抗的潜意识较浓。其次，他们的生活阅历较浅，对事物的认知程度不深，情感容易波动，他们面对自身的这些变化往往感到不知所措，因而产生浮躁的心态和对抗的情绪。大学生心理状态显示了青春期心理的特殊性，在这个时候他们觉得自己已经成年了，什么事都可以自己做主，再加上他们强烈的好奇心和自我意识的片面性，因此，他们在面对生活中经常出现的问题时会呈现出一种幼稚的独立性。在事物认识上容易产生片面化、理想化的看法，也容易受外界不良环境的影响，会诱发各种心理障碍。相比以前，大学生不得不面对巨大的生活压力和激烈的社会竞争，经常会感觉精神萎靡，不堪重负，从而丧失生命活力，怀疑生命的价值和继续生活下去的意义。当心理承受能力超过自己预期的限度时，他们便会采取一些极端的手段，例如：自杀，自残等，寻求精神上的解脱。在精神层面上讲，他们觉得自己没有依托，不能正确理解生命的意义和生命的可贵，就更谈不上珍惜生命，尊重生命。任何看似简单的原因都可能导致他们出现轻生的想法。尤其是在当下就业形势、生活压力等多重作用下，特别容易诱发一些心理问题，那些心理承受能力不强的人很容易误入极端之路。由于长期生长在被溺爱的环境中，"90后"薄弱的独立生存的能力致使他们无法摆脱对家人在心理上的依赖。

第五节　文化因素问题

一、传统文化的影响

（一）传统文化对死亡的忌讳

某种文化一旦凝结为观念，就必然会对人们的价值判断产生深远影响。因此，文化因素是制约高校生命教育开展的深层原因。孔子曾说："未知生，焉知死。"大体上代表了中国人对待生死的态度。正是因为传统文化对死亡的回避，凝结为忌讳死亡的观念，使得高校生命教育难以有效推进。因此，即使高校自杀事件增多，生命教育依然难以引起高校足够重视。对大学生的教育中，教科书里基本没有死亡的概念，这方面的科普知识更是少之又少，结果是对于生命死亡，大学生普遍缺乏客观理性的认识。对死亡话题的回避态度使大学生对死充满了神秘感和恐惧感,恐惧死亡是因为不了解死亡。我国特有的忌讳死亡的观念揭示出深层的文化背景,即"只愿意接受圆满,不愿意接受挫折(包括生命的挫折),这只能说是一种心理障碍,这种障碍使得人们在谈论死亡时难以气定神闲"。其实,生命教育意图带来的不是对死亡的恐惧,反而是超越心理障碍后的气定神闲,使大学生敢于面对困境,更为坚强地规划被困境阻碍的生命。

(二)民族文化中消极成分的影响

五千年的悠久文化是中华民族的瑰宝。在传统文化经典中,既有闪耀着人文精神光芒的积极思想,如珍爱生命和民本思想,也有三纲五常的封建伦理道德思想。这种伦理纲常思想被儒家看作是维护封建社会秩序的最主要的道德关系,是不能违反的亘古不变的"天理"。加之,中国传统文化倾注最多心血的是"人性"和道德素质的养成而非生命。当我们关注人性,却忽视了人性所依托的人的生命的时候,生命教育也就成了传统教育中缺失的一片天地。

第六节 针对存在问题的策略

一、做好入学阶段教育,奠定生命教育基础

大学生了解和接受大学的第一课就是大学生入学学教育。新生入学教育是大学生迈入高校学习所要接受的首要教育环节。其目的正在于让新生了解大学生活和学习的特点,以及所学专业的发展方向,把握这一时期的生命价值取向,并为大学规划明确的努力方向。

(一)开学典礼

开学典礼是一个重要的仪式,不仅代表了一个大学的文化,而且折射出一个大学的办学理念。大学自身发展的历史、办学特色、未来方向等,都会在开学典礼上得以展示。其意义在于通过文化传递和经验交流,让新入校的大学生感同身受地体会到大学的文化底蕴和自身成长所需要努力的目标,起到心灵震撼和行动实践的积极作用,从而激发进一步学习的主观能动性,为将来的成长与成才提供精神动力。

（二）校长致辞

校长致辞是开学典礼上必不可少的环节。近几年来，因其具有的名师效应产生了广泛的社会化的影响，自媒体传播和网络热评使得许多校长致辞愈发引人关注，甚至成为高校教育正能量信息的代言人。2014年，国家公务员考试热点时评即是"复旦校长致辞何以被疯转"，并引发了人们的情感共鸣。不难看出，其间，折射出高校教育工具化与功利性的弊端，也透露出了时下民众渴望人格教育、自由教育的强烈诉求。

（三）军训活动

从大学生自身讲，军训活动是大学生进入大学所进行的第一场体能训练，是加强大学生爱国主义教育的重要形式，是增强组织纪律性的军事化管理。军训中，大学生可以体验军人生活，增进同学情谊，严肃纪律观念，磨炼意志，提升觉悟，以期养成不怕困难、肯于吃苦、勇挑重担、乐于奉献的优秀品质，进一步增进青年大学生的生命活力。

（四）专业认同

对不同的大学而言，其专业设置也不尽相同。所就读专业的发展现状、师资水平、办学软硬件条件、课程设置以及专业的市场需求情况、专业的就业前景等问题，这都是新入学大学生所关注的焦点，也是高校入学教育要介绍的主要内容之一。其目的在于进一步激发新生的专业兴趣，提升专业认同度，从而结合专业特点做好未来的职业生涯规划。入学之初，应该让大学生了解所学专业的过去与未来，引导大学生多花点时间和精力钻研专业，力求精通一门专业，弄透一门学科，做到术有专攻，业有所成，精于业而成于道，在专业的不断发展中获取自己的生命价值。

（五）校史介绍

校史就是一个学校的发展演变史。其内容包括学校成立的历史渊源、办学理念的沿革、专业设置的变化以及多年来形成的文化传统和不同时期的历史使命等。做好校史教育和介绍，有助于新生最快地了解所就读大学的优良文化传统，获得学习归属感和提升对学校的认同感，尽快适应即将开始的大学生校园文化氛围。

（六）安全教育

安全问题是关系到大学生未来四年生活的重要内容，需要在入学教育中予以说明。这包括人身、财产、饮食、防火防盗以及预防突发性事件等多项内容。这都需要在入学教育活动中以参观、演习和专题讲座等形式展开，帮助新入学大学生增强防范意识，有效预防各类不安全事件的发生，做好必需必要的防范工作。

二、落实社会实践，提高生命教育实效

在外国的本科教育中，这里以美国为例：美国顶尖大学本科教育的一个重要特点是千方百计提供各种机会，增加学生与社会的接触。以麻省理工学院为例，它的核心理念是"关心真实的科技与世界"。教授鼓励学生提出各种各样匪夷所思稀奇古怪的想法，并动手把它做出来。有时候，教授会把学生丢到印度一个穷乡僻壤中，在没有网络、没有数据、没有资料、没有任何前人研究成果的情况下要求学生研究真实的事件和问题。有趣的是，美国顶尖大学的课堂对丹尼尔·笛福笔下的鲁滨孙特别感兴趣，常常要求学生设想如果自己处在鲁滨孙的环境下，应当怎样解决面临的各种问题。许多经济学、社会学、法学和政治学的理论就是从鲁滨孙的讨论开始的。

理论的学习最终要付诸实践。只有在实践中才可以学会做人和做事，才可以检验理论的可行与否，才可以完成生命赋予自己的意义。正如大学校长黄进在《健康成长，立志成才——在中国政法大学2012级本科生开学典礼上的致辞》中所讲的那样：大学生"在大学期间要通过积极参与实习实践、社会调研、勤工助学、公益活动和校园社团等来增长自己的才干和能力；既要读万卷书，又要行万里路，积极走出校园，认知社会、融入社会、适应社会，进而改造社会。"

（一）组织校外走访参观活动

学校之外的世界是大学生丰富人生阅历，感知生命价值的重要场所。校外实践活动是大学生了解社会，感知生命的有效方式之一。

高校大学生的生命教育活动既要做好校内教育学习，又要联系校外生活。在校园内，大学生的生活与学习比较有规律，从宿舍、教室到图书馆、食堂，每天按部就班地完成规定的学习任务，相对比较单纯，生活内容比较固定。校外生活就截然不同，或发现与已有价值观相冲突的现象，或体验不同的人生价值与生活选择方式，在校内校外的交流中，大学生往往在现实的人或事中能体验到不同的世故人情，深化对人生的认识和理解。可以说，大学生的校外生活是人生的大课堂，可以有效弥补课内知识的不足，进一步增强大学生的时事政策关注度，进一步完善大学生的生命价值观。高校大学生的生命教育活动既要关注生命的社会化过程，又要关爱弱势群体的生命状况。高校的生命教育活动需要进一步增加校外活动的数量，同时丰富生命教育内容，鼓励大学生到各级妇幼医院去了解生命诞

生的艰辛和孕育的辛劳，珍惜生命的来之不易；鼓励大学生到各大医院内外科手术室，感知生命与健康的关系，深刻理解人生命本身的重要性；鼓励大学生到敬老院、老年公寓，增强尊老爱老的孝亲意识；鼓励大学生到殡仪馆实践，体验生死之间的无常，在终极关怀中更加珍惜有限的生命个体。

（二）开展大学生志愿者活动

大学生志愿者是指那些为他人和社会进行公益服务的群体，即不索报酬，不计得失，能够利用专长义务为社会贡献自己能量的大学生。为了真正在志愿者活动中发挥大学生的主动性和能动性，对于大学生志愿者的选拔工作要严格条件，真正把品学兼优和具有无私奉献精神的大学生选拔出来，在志愿活动中彰显青春的生命价值。

严格把控招录选拔关。大学生志愿者的选拔不同于普通的评奖评优，成绩只是一个方面，更重要的是要具备无私的奉献精神和提升生命价值的理论认知能力。为此，在选拔中，要注重德才兼备，并侧重无功利无私心的德行修养的内容。这样，才能够把愿意贡献自己力量的大学生选拔出来，并让其以青春的朝气来服务于社会，体现当代大学生独有的精神风貌。把好团队建设规范关。大学生志愿者不是散沙似的个人单方行为，而是有明确服务对象的大学生组织。而且，组成大学生志愿者的团队应是一支阳光向上的青年团队。在活动中，需要每一名成员都能严守纪律，乐于付出，肯于奉献，不计得失，最终从理念和行动上都体现出团队风采，形成职责明确、分工协作，团队作战的良好作风。

提升志愿服务质量关。大学生志愿活动的对象多为老人儿童，服务内容多是希望小学支教、养老院义工、环保活动、各类演出等。无疑，大学生志愿者活动中，质量是关键，自然对服务对象的满意度有较高的要求。所以，大学生志愿者的活动不仅仅走一趟，看一下，而是静下心来体悟人世间不一样的生命样态，理性来思考人生的价值问题，真正通过提升服务质量来反观生命自身，从而在无悔的经历中为自己的青春画上一个惊叹号。参与志愿者活动本身是大学生生命价值得以提升的重要方式之一。在公益活动中，每一个大学生都是充满爱的正能量，通过自身的光与热把爱洒向需要帮助的群体，并在对方的认可中获得自己生命的价值。

（三）撰写社会实践调查报告

一切的实践若仅仅是泛泛而谈，必将是空走的形式，留不下半点记忆。当大学生的实践活动转化为可以梳理、整理、反思、记忆的文字材料，并永久地存在人生的记忆深处，那么大学生的社会实践应该是得到了一个圆满的句号。

撰写社会实践报告需要做好前期准备。每一次社会实践，都需要大学生做好事先的各种准备，对实践的目的、课题的选择、实践的方向等有一定的了解，并做好相应的心理准备和精神准备，为把握第一手材料做好先期工作。

撰写社会实践报告需要做到有据可依。社会实践报告的撰写比较讲究客观性，每一个结论的得出都需要有出处，有依据，切忌泛泛空论，纸上谈兵。为此，需要引导大学生在社会实践活动中细心观察，注意总结，分条缕析，有理有据，真正把社会中的实践转化为理论的反思，并通过理论来启发或指导未来的实践工作。

三、围绕生命教育主题，完善校园文化建设

（一）借助宣传媒体，加大网络宣传力度

高校的校园资源非常丰富，既有大家名师的讲学执教，又有青年才俊的奋发图强，励志故事和感人事迹都是开展生命教育最好的素材。教育工作者需要通过宣传栏、文化广场、草坪绿地和电子显示屏等介质，积极宣传生命的相关内容，在全校范围内形成人人关注生命，人人热爱生命的校园文化氛围，凝聚青年人特有的生命激情与活力，使得大学生在生活与学习中保持生命的热情，用实际行动来热爱生命，关爱生命，珍惜生命，在完善自我，服务他人，奉献社会的实践中，优化生命质量，用行动唱响青春主旋律，展现当代大学生的时代风貌。

（二）动员学生组织，开展生命类话题活动

高校的学生组织是校园文化开展的主力军。在生命教育实践中，显然离不开各类学生组织的积极参与和宣传。高校里，生命教育需要充分利用校园资源，发挥宣传栏的图文宣传作用，挖掘民族文化节日的生命教育内涵，利用现代传媒传播生命健康知识，依托学生社团组织开展有关生命知识和生命价值的研讨比赛，生命教育不仅可以成为必修科目，也可以走进校园文化，部分大学已经开始了这样的尝试。在活动中，让生命走进每一个大学生的心灵，让心灵在潜移默化中得到净化，从而在大学校园中形成关注生命、珍爱生命、尊重生命以及科学解读生命价值的良好氛围。

（三）依托现实生活，创新生命教育活动

在教育中，有意义的教育素材源于生活，有效的认知体验源于实践。我们生活在天地万物之间，外在环境对生命的威胁，自然灾害对生命的摧残，诸如"汶

川地震""山体滑坡"等自然灾害，都是引导大学生重新思考生命问题的生活素材，在大学生自己组织参与的各种纪念活动中，大学生自然会获得有关生命的新体验，潜移默化中形成珍惜珍爱生命的意识，并理性思考生命价值，在学习中发挥最大化的价值潜能，在生活中实现自身生命应有的价值。

四、借助理论，推进生命教育

（一）举办生命教育主题讲座

高校中，从学校和学院层面，积极举办生命教育主题讲座，融合多学科的知识，邀请自然科学和人文科学方面的专家做讲座，从生理学、心理学、医学等方面来阐释生命的价值，让生命教育进校园，让校园洋溢生命之声，引导大学生形成积极的人生观，预防消极人生观，从而让自己的青春生命更加精彩。

（二）组织生命教育理论研讨

生命教育已经不是简单的要求和口号问题，在新时期，高校生命教育工作需要上升到理论研讨的层面，主张各级教育工作者能够在大学生人才培养、国家发展、民族振兴和世界文明进步的高度上，积极开展生命理论研讨活动，日益丰富生命教育的理论内涵，提升生命教育的实践可行性，构建高校生命教育的理论体系，给予未来高校生命教育最科学的理论支撑。

五、依托队伍体系建设，提高生命教育保障

生命价值是人生必须思考的重要课题。迥然不同的价值观决定了人们处世做人的方式方法，从而影响一生的发展路径。针对大学生群体，由于受固有家庭、个人经历和受教育经历的影响，他们对生命的认识还处在不完全定型阶段，在大学阶段，有关生命的认识理解还有一个理论储备期，需要高校思想政治工作者给予积极而有效的关注和引导，在合乎自然生命的规律，顺应社会化生命意义的基础上，通过案例说服法、理论教学法、情感交流法开展工作实践，高校思想政治工作者，尤其是专职辅导员，需要积极发挥自身的引导作用，把学生工作看作是个人生命价值的生发点，把学生看作是个人生命的延长线，建立为学生生命服务的人文化的体系，努力成为大学生的心灵导师和人生顾问。

（一）业务培训

在我国，高校辅导员是一线学生工作者。这个群体对生命教育问题的理解程度将直接关系到生命教育开展的质量问题。只有他们不断更新教育理念、认可生

命教育理念并在实践中实行关爱生命的行动,我们高校的生命教育工作才可能落到实处。许多省市都组织了关于生命教育主体的辅导员培训。

(二) 理论研讨

辅导员兼有教师和行政这样一个双重工作身份。其中,开展科研工作,积极进行理论交流和研讨是一个重要工作内容。随着生命教育的开展,关于大学生生命教育的话题适时进入辅导员研讨的重心。高校需要支持和鼓励辅导员参与理论研讨,撰写生命教育论文,组织生命教育演讲,分析生命教育案例,在理论研讨活动中,多角度反思现实问题,多层面提出应对策略,在高校形成以学生工作队伍为中心,全员关注,全员参与的生命教育队伍格局,在理论中提升生命教育实践的时效性。

(三) 情感交流

一直以来,在高校思想政治工作中,面对面的师生交流是高校学生德育工作的传统交流方式之一。从心理学上讲,面对面有助于增强彼此的亲密感,有助于缩短师生的距离,有助于接受彼此的建议和意见,从而更有效地提升教育的效果。高校生命教育实践,不应该仅限于理念和理论,最终的工作成效要体现在融洽的师生关系和学生生命质量的提高上。大学生的生命之旅,对有限的四年大学生涯而言,就是生命情感交流对话的过程。在对话中,彼此倾诉,彼此认同,彼此开解,彼此支持,理解推进了对话,对话增加了情感。任何一种"独言堂"似的教育,都有可能直接削减已有的生命教育成果。

六、把好毕业教育关卡,确保生命教育的持续性

毕业季是大四学生的迷茫季、纠结季、抉择季。大四生总会面对各种生命的抉择和拷问。

对于很多大学生而言,他们不仅要找工作,不仅要考研,还要理清爱情和友情纠结的情感问题。为此,虽然"年年都有大四生,但是大四对于每个人来说却永远只有一年"。以至于我们经常会通过书籍报刊和网络新闻看到这样的言语:"大四是刻骨铭心的,仿佛是从一楼爬到四楼,绝怜高处多风雨,站在楼顶之上的你,是不是有点手足无措?而爱情、求职、友谊又时时纠缠着我们原本脆弱的心……没有上过大四的人,是无法体会到我们内心的这种失望与希望交替而来的

煎熬的；没有找过工作的人，是无法体会那种身心俱疲的焦灼感的。"① 为此，需要有针对性地引导大学生做好毕业生规划，恰如赫塞说过："生命究竟有没有意义，并非我的责任，但是怎样安排此生却是我的责任"，更是高校思想政治教育工作者不可推卸的生命教育使命。

（一）针对迷茫心理，做好毕业生职业规划辅导工作

毕业季是大四学生的迷茫季。迷茫的原因：一是毕业去向问题，二是就业去向问题。其中，如何择业，到哪里就业，需要做些怎样的准备等一系列相关问题都会缠绕着每一个即将离开校园的大四毕业生。针对心理迷茫的毕业生，高校思想政治教育工作的重心需要放在与就业指导有关的内容上。

1. 无论何去何从，都要把好学业关

即将迈入社会，大四学生的生命旅程即将赶赴社会这班列车。在积累工作经验，学习就业知识与技巧的同时，一定不要放弃专业学习，一定要保有专业优势，真正用优良的成绩来保证学有所成，学有所获。在过去的四年里，只有把握自己主业的大学生，才会向自己，向用人单位交上一份满意的答卷。因为任何一点学业的瑕疵，都有可能带来不必要的人生损失，甚至可能丧失掉已有的人生机遇。

2. 面对一切事物，保持乐观心态

身处毕业季，大学生总会面临或就业或继续求学的多重选择。在面临人生抉择的时候，每一位教育工作者都需要成为毕业生的良师益友，给予积极正面的引导，尤其建议大四学生始终保持一种乐观心态，始终用积极上进的言行为自己的人生书写精彩，做到"不以物喜，不以己悲"，敢挑重任，敢为人先，乐观进取，富有正能量，在社会化的进程中时刻展示当代大学生的时代风貌。

3. 无论东西南北，都要成就生命价值

每一个大学生在入校之初，就已经为自己的青春梦想赋予了不同的价值追求。小到个人理想，大到家国情怀，不同的价值追求成为鼓舞自己奋发图强的精神动力。在未来的生活中，大学生可以没有校园，可以没有"三点一线"的校园生活，但是一定要有属于自己的生命价值追求，无论何时都能够给自己的生命赋予积极的意义，做到离开书院仍有书香之气，离开校园仍有儒雅之气，并在学业和事业、家庭的成功中体现出自己的生命价值。

---

① 卞庆奎. 给大四学生的 N 个提醒 [M]. 北京：中国档案出版社. 2006：198.

(二)针对情感纠结问题做好爱情观引导工作

毕业季是大四学生的纠结季。一个很现实的问题常常摆在即将毕业的大学生面前：爱情与工作，孰重孰轻？每一年的大学毕业季，都会看到有人欢喜有人忧。因为青春的爱情要收获，如能工作爱情双丰收，当然可喜可贺。可是，不如意的事情总是存在，当工作远离爱情，当工作地远离家乡，当面临异地恋的痛苦，当面临分手的不忍等，各种纠结都会在大四学生的身上得到体现。针对种种情感纠结问题，高校德育工作者需要把握好教育尺度，尤其是要积极加强大学生爱情观的正向引导。

1. 学业为重，遵守恋爱道德

毫无疑问，大学生的学生身份本身就已经明确了自身的要务与职责。既然是学生，在其位，谋其政，主业是专业学习，辅之以综合素质的提升，在高校四年的学习生活中，全面发展自我，经得起未来风雨的锤炼，用扎实的基本功服务社会，成为国家和民族的栋梁之材。为此，当经历校园爱情的时候，能够理性对待情感，尊重对方的尊严和人格，严格遵守恋爱的道德规则，把握住恋爱的道德底线，不逾矩，不逾规，不偷尝禁果，为他人负责，并且做到用爱情作为促进学业的动力，赢得学业和爱情的硕果。

2. 事业为重，尊重恋爱选择

毫无疑问，大学生的事业就是祖国明天的蓝图。尽管恋爱是人生的一处靓丽风景线，但是当爱情与事业发生冲突时，要把事业放在第一位，彼此尊重对方的选择。现实中，面临人生的抉择期，不少大学生会理智地选择事业，放弃爱情。作为新时期的大学生，需要理性占主导，尊重他人的选择，不记恨，不报复，不伤害他人，不无理取闹，始终保持一颗友善之心，把更充沛的精力奉献给工作和事业，做青春梦想的追逐者，做人生价值的实践者，让未来的生活充满生命的光环，自然会迎来更为美好的爱情。

(三)针对学业抉择问题做好学习观教育工作

毕业季是大四学生的抉择季。其抉择的内容：一是参加工作，融入社会化进程的大军，成为国家建设的一员；二是继续求学，通过深造获得更高级别的学位，提升自身素质，成为未来教学科研人员，并最终成就一段求学梦。但不管选择哪一个，学习都是不变的主题。学习观的教育并不因毕业季的来临而自然终止。

1. 毕业不是解放，学习仍需要重新开始

针对毕业就参加工作的学生，毕业教育不仅仅是适应社会与融入社会的教育，而且仍需加强终生学习的教育。一方面，专业知识将在实际工作中予以应用，理论和实践会产生相容或相斥的问题，所以，专业的学习会在实践中得以继续。另一方面，社会是一所大学，社会知识和处世之道仍是要学习的新内容，是否做到德才兼备必然面临社会的真实检验，所以，社会大课堂的学习还刚刚开始，必然在未来的人生道路上日益丰富生命价值的内容。

2. 毕业不是结束，学习仍需继续

针对即将攻读硕士研究生的大四学生，毕业教育更侧重专业学习的理论高度和科研人才的努力方向问题。攻读更高学历的学习就是从事高精尖教学科研工作的学业积累。对于未来的求学而言，大学毕业仅仅是更高学历层次入学的基础条件，对这样一批大学生来讲，毕业仅仅是新的起点，未来的就业门槛会更高，未来的事业平台会更高，这就使得学习成为最基本的生活常态，学习就是生活，而良性的学习效力就是未来新生活原动力。我们的引导和教育致力于提升大学生对生命的理性认知，不仅让生命富有光彩，富有意义，而且更要让生命随毕业季的结束开始怒放，在人生的大舞台上展示最美丽的自己，绽放最夺目的自己，收获最有生命价值的自己。

七、优化课程设置，推进生命教育改革

与中小学教育不同，高校生命教育课程是薄弱的，甚至还是一片荒漠。现实中，不少高校根本就没有生命教育类课程。传统的观念大多认为，生命教育在大学已经不需要存在了。然而，尽管是成年人的大学生，还是存在这样或那样的生命价值观问题，优化课程设置是不可忽视的一个重要环节。在高校的大学生德育工作需要遵循生命发展的客观规律，根据生命教育工作的需要适当设置选修课、编写教科书、组织参与各种生命教育实践课。

（一）设置生命教育选修课

高校需要结合大学生的实际情况，设置生命教育选修课，并算作学分，从学习内容上把生命教育和所学专业知识教育有效地结合起来。生命是每个人的财富，更是大学生求学立业的资本。为此，高校需要开设生命教育选修课，积极引入生命教育的教学理念，让大学生从理论上认识生命的科学和生命的价值，进一步增强自主认识生命的积极性和专业性。同时，在现实生命案例中解读生命，反思生命，尊重生命，在学习中强化生命价值的意义。

（二）编写生命教育教科书

"一本好的教科书不只让读者读，而应该与读者进行对话，他要事先考虑到读者的兴趣、所疑惑和关心的问题，并把他们视作学习过程中的积极参与者，而不是被动的接受者。在人类发展的研究领域中，好的教科书还应该强调发展变化的内在过程，以便使学生在学完课程后能深切地理解发展的原因及其复杂性。最后，好的教科书应该说明要求学生融会贯通的理论和研究如何应用于大量的真实生活情境中。"

（三）参与生命教育实践课

生命作为价值存在，离不开教育手段。从应试教育到素质教育，从全面发展到突出特长，我国的教育始终在探索追求新的思想路径。然而，生命教育是一个终身教育。大学的生命教育不可缺失。高校的德育教育理念还仅是强调专业技术教育和道德教育，对人的生命发展问题还是就事论事，远没有纳入教育教学体系当中去。无疑，我们的大学生生命教育实践还有很长的路要走。

第五章 大学生生命教育模式研究

第一节 课堂教学模式

一、课堂教学模式的意义

（一）促进师生对生命真实存在的共鸣

教师和学生作为有意识的生命存在，不断突破自身的瑕疵和局限，走向生命的辉煌与灿烂。而追求生命的完善需要由知识去充实，用情感去点缀，由思维去激活；生命教育课堂以独特的方式影响着学生的生命观。不管是从时间的占有还是生活方式的形成上来说，它都对学生的生命态度造成了绝对的影响。"课堂，对学生的生命旅程来说，是重要的一站；对教师来说，是生命的主要空间，课堂应成为教师和学生不断摆脱个体的局限性，拓展各自的生命维度，提升生命意义的时空。"课堂生活的质量与教师和学生的生命质量密切相关，影响着教师生命价值的展现和学生一生的发展。

（二）生命教育课堂实现着主体性的回归

所谓生命课堂，指的是课题教学中，除了一知识教学为基本前提之外，还将一个人的发展作为了一项重要的教学内容。生命教育课堂是以关怀人和发展人为出发点和归宿，与传统"知识课堂"那种以知识为本、目中无"人"有着本质的区别，其本质特征主要表现在以下几个方面：第一，"生命课堂"以人为本，关注师生的生命，追求终极关怀，以促进师生的全面发展为终极目的。在生命课堂中，师生作为完整的人，将认知、情感、理性融为一体，投入课堂教学之中，在互动的交往过程中触动着彼此的心灵，找寻着生命的真谛。知识的增长、能力的提升和人格的养成同步实现。第二，互动中形成和谐共生。生命教育课堂与"知识课堂"不同的是：它不再是教师独演的舞台，而是师生间交往、互动的舞台；实现的不再是教学行为的模式化运作，而是师生共同探究知识、课程生成和建构的课堂。

（三）生命教育课堂促进大学生认识生命的完整性

现代社会对物质生活的过分追求使部分大学生迷失了人生的坐标，忘却了人生目标，虽然学到了"何以为生"的本领，却忘记了思考"为何而生"。他们把物质财富、技术力量、科学知识作为生命追求的目标，对为什么活着、怎样活着等生命本身带有的实质性问题缺乏深刻的思考。因此，生命教育课堂唤醒大学生生命意识帮助大学生认识生命的意义。因为只有正确地认识了自己生命的意义，人才能更好地认识生命，珍爱生命，才能正确而客观地面对困难，迎接挑战。

二、生命教育课堂融入模式的影响因素

有果必有因，要想提出行之有效的生命教育方法和途径，就必须首先对影响生命教育课堂融入模式的影响因素加以仔细深入地分析和比较，找到其中的关键节点，从而打开生命教育的通途，帮助广大学生正确看待自我，珍惜生命，健康成长。

（一）社会成因

1.社会竞争的激烈性对大学生生命张力的挤压

近年来，伴随着市场经济的深入发展、现代化进程的不断加快，高等教育从精英教育转向大众化教育，天之骄子的荣耀和光环在日益消退，社会对大学生的个体素质要求越来越高，多数大学生在学习、就业压力之下不堪重负。

社会竞争不断激烈，使得处在社会飞速发展和变化中的大学生面对来自学业、人际交往、就业等方面的多重压力，一部分大学生迷失了自己的精神世界，对生命的意义和价值浑然不知，漠视自己或践踏他人生命的事件时有发生。个别大学生甚至会选择结束自己生命的方式来逃避生命中的种种不能承受之重。虽然大学课堂中已经开始在进行有关生命观的教育，但是却很难引起大学生对生命教育内容的充分重视。导致这些严重问题的原因当然是多方面的，具体到教育者的角度，则是没有对生命教育建立系统、完善的教学体系。因此，重构我国生命教育的价值认知体系，让青少年懂得生命的神圣性和最为宝贵性，培养其高尚的人文精神和道德人格，去珍爱自己的生命，也尊重别人的生命，是学校和教师不可懈怠的责任。

2. 多元文化的混杂交融使大学生生命价值观发生迷茫

当代在校大学生大多出生在20世纪90年代后，成长在经济高速发展和经济全球化日益加速的时代背景下。正如美国学者约瑟夫·奈所认为的那样，文化意识形态是一种软实力，从观念上、感情上和心理上去影响别国人民，这是一种代价小而收获明显的软力量资源，这种无形的力量没有导弹驱逐舰护卫下的货轮那样气势汹汹，但是它却能散布在全球性的广阔空间，影响千百万人的思想感情，从而最终改变导弹和货轮的归属。经济全球化导致文化全球化，西方国家利用经济技术的强势地位，将其文化向全球渗透，西方资本主义部分消极堕落的生命价值观也伴随着大众文化、快餐文化进入大学校园。

一方面，西方的各种文化与社会思潮在毫无筛选的情况下一股脑进入，在这种情况下，世界观、人生观、价值观还不够成熟的大学生便无从选择，导致他们出现信仰危机，对理想、前途感到困惑和迷惘。另一方面，科技、经济的高速发展所带来的物欲横流、物质丰富，消解了部分大学生积极进取的斗志，使以独生子女为主体的当代大学生表现出人生理想的虚无和人生终极目标的缺失。多数学生把事业的成功与否作为生命价值的衡量标准，价值观念更加务实化。同时，还有不少的同学认为人生的价值取决于金钱和权势的多少。如此一来，一旦个人事业或者情感出现失败后，大学生就感觉人生已经失去了全部价值，从而丧失了生的欲望。

3. 喂养教育模式使大学生抗挫能力低下

现代教育理论告诉我们，做好青少年教育工作，家庭、学校、社会必须三位一体，形成良性互动。在三者之中，作为教育基础的家庭教育又起着非常重要的推波助澜作用。当代大学生多为独生子女，深受父母的溺爱。家长们缺乏理性的爱，于无形中培养了孩子任性、以自我为中心的性格，使他们不能很好地悦纳他人、融入社会，一帆风顺的成长经历和相对优越的成长环境为他们日后的生存能力埋下了隐患。不少"90后"大学生从小受到家长的过度保护，他们往往缺少自己处理问题和解决问题的能力和机会，自我控制和调节情绪的能力比较薄弱，遇到一点困难、挫折就会悲观失望，怀疑甚至否定自己。虽然部分高校开设了专门的生命教育课程，在相关学科中已经加强了生命教育内容的渗透，但是大学生对于此类课程的重要性却没有引起足够重视，甚至于出现一些轻视的心理，这就从客观上降低了生命教育的效能和可塑性。

（二）课堂自身影响因素

1. 课堂主客观环境的影响

除了外部社会环境对教学过程和效果有着必然影响外，课堂教学自身作为教学的重要载体，其内部的环境因素也对生命教育教学起着决定性作用。课堂环境包括物理环境和人际环境两方面。和谐的课堂教学环境，教学过程诸要素之间以及教学过程与学习环境之间民主宽松、和谐融洽的状态将促进理想教学效果的产生。然而当前部分高校的教学环境存在着不尽如人意的地方。

（1）物质环境。目前高等院校的招生规模仍较大，使教学生态空间环境超过了生态个体的承受力和耐受度。首先，由于师资力量的缺乏，班级学生数量多，在教室中学生数量众多，过于拥挤必然导致班级群体生理与心理压力的增加，使学生感到烦躁，影响上课效果。其次，由于学生人数分布过多，形成的师生配比严重失衡，造成师生之间的对话困难，教师难以了解学生的具体思想动向，因材施教也就成了一句空话，探讨式教学也成为一种时有时无的奢侈。再次，从生态学的视角审视，传统的教室空间布置体现了一种极强的权力意志：前面是黑板、教师的讲台，面向讲台，学生的课桌排排向后整齐地排列。这种结构强化了教师作为权威和信息发布者的角色。师生之间在空间位置上的不平等使得师生难以进行有效沟通和情感交流。最后，课堂教学硬件设备的平面化也阻碍了教学的有效进行。传统教学模式中，一支粉笔、一根教鞭、一张黑板的单一灌输式让课堂变得死板僵硬，在引入多媒体视听设备后，由于教师自身所掌握的多媒体技术未同步跟进，又使传统照本宣科填鸭式教学变成了照屏宣科的放映式教学，教学氛围再一次陷入僵局。

（2）人际环境。课堂人际环境的和谐平衡是课堂教学成功实施的又一重要因素。所谓和谐平衡就是指课堂的师生之间良好的人际环境能增进学生的情感体验，师生之间处于一种相互尊重、友好合作的氛围中，从而激发学生最佳的心理状态，使学生有轻松和谐的学习环境，有自由广阔的思维空间，有参与教学的热情。在这种情境中，教与学、传授和吸收达到和谐统一最佳状态，理想的教学效果自然产生。在和谐的多维度课堂人际关系中，教师应该扮演主导者角色。在课堂教学中，教师为了实现教学目标，需要有意识地主动营造出和谐的课堂氛围。这就需要教师具有共生观念和能力，能与学生和谐相处，会认识到学生和自己之间是一种共处共生的关系，而不是占有式关系。如果把师生关系看作占有式行为，认为学生就应该听我的，教师就会采取强制性教育行为，让师生关系变得被动与尴尬。然而，当前高校课堂教学环境多数过于封闭。许多高校无视课堂生态规律，课堂教学仍然是在花盆式的环境中进行，学生的学习场所与现实生活严重分离，这对于生命教育的渗透效果非常不利。此外，师生交往少，关系淡漠。师生除课堂交往外，课后各自行色匆匆，哪怕碰面也是擦肩而过。感情沟通渠道明显变窄，使得师生间出现心理上的代沟或情感期待上的落差。作为教育主体双方的种种不和谐语境，严重阻碍了教学过程的良性互动。

因此，面对形势的变化和发展，我们应该创建一个和谐的课堂教学环境，以适应不断变化的外部环境，求得自身更加良性的发展。

2. 教师个人魅力的影响

苏联著名教育家米·依·加里林十分深刻地说明了教师这一职业的特殊性："教师这一职业是特殊的，他要求具有特殊的、外表看来似乎同教学事业并无直接联系的品质。可是没有这些品质，就会显著地影响教学成绩。教师的世界观、他的品行、他的生活、他对每一现象的态度都这样那样地影响着全体学生这点往往是觉察不出来的。"这种觉察不出来的东西就是教师的人格魅力。为人师者的人格魅力对学生的影响往往是潜移默化的，他在学生的心目中既是学习的对象，又是要求进步的榜样，教师平时的一言一行都会对学生产生重要影响。

实施生命教育，首先需要教师具有强烈的生命教育意识和有效实施生命教育的能力。然而事实并非如此，在我们的调查中发现，当前部分高校教师对生命看法也很局限，主心骨里看淡生命的意义，在工作和生活中遇到挫折也悲观厌世，无法正确面对人生，遇到挫折也无法跨过去，甚至于部分高校发生教师因生活问题而自杀的案件。这在学生心目中起到了较大的负面作用，严重危害学生的健康成长。因此，教师自身必须有强烈的社会归属感，感受生命意义，用自身对生命的感恩情怀去唤醒学生的生命潜能意识；激发学生的生命主体意识，实现生命教育的效果。只有朝气蓬勃，对生活充满感激的教师，才能承担起拯救学生生命，唤醒学生生命意识的责任和使命。

3. 教师教学方式方法的影响

除了教师个人魅力的感召和影响外，教师在具体教学方式方法中的优劣也将影响到生命教育的效果。目前虽然一些学校耗费大量人力物力开设了独立的生命教育课程，但由于部分教师教学方法呆板，教师为本位的思想严重，从而导致学生没有从内心对该门课程给以价值认同。

影响生命教育效果的教学方式方法中，有几大重要因素需要引起重视。

第一，是否立足于学生的生活和真情实感。理论来源于生活，又高于生活。不是来自自己生活的理论，人们往往没有深刻的体会。第二，是否立足于学生新知识生长的特点。学习是一个新旧知识摩擦、碰撞并融合的过程。新知识被接受一定要立足于学生原有的知识结构。如果脱离了学生所掌握的旧的知识结构而灌输给学生新内容，会造成学生知识结构的混乱，难以建立有序、稳定的知识体系。教师应立足于学生已经知道的人物的事迹，启发学生在原有的知识结构中生长出新体验和新情感，最终使学生领会到生命的价值和真谛。第三，教师教育方法是否有助于转变学生学习方式，实现学生的自我教育。生命教育课程不同于知识教育，知识的学习主要是靠思维的活动，而生命教育课程关键在于学生情感的共鸣和行动的落实，因此必须以学生的自我教育为主。

三、传统生命教育课堂模式的缺失及原因分析

（一）道德教育理念的工具化倾向

长期以来随着市场经济的日趋成熟，人们日益滋生出功利主义价值观，教育理念中充斥着科学主义、工具理性和功利化追求，忽视对生命的呵护和关爱，对青少年成长过程中出现的烦恼缺乏足够的关注与适时的引导。家长们为青少年建立的价值观往往只是：努力学习然后赚大钱。可是，当他们无法获得好的成绩时，便只有听任其人生的整个天地塌陷，意义与价值全部隐晦不显。

在整个社会急功近利的影响下，教育的产业化及对金钱的追求已成当今中国高等教育最大的问题之一。在校学生的一切存在价值都体现为考卷上的分数，一切的教育成果反映在就业的比率和考取研究生的人数。为了有效地将自己的"产品"投入市场，许多高校把学生投入教育的工业流程之中，把学生按照工业化生产需要的模板制造成了标准化的教育商品。学校的教科书要统一、课程要统一、考试要统一、作息时间要统一、教学内容更要统一，整个教学围绕知识技能等实实存在的硬件展开，学生们鲜活的生命变成了预定的教学教育的程度。在教育工具理性的影响下，教育失去了本真的追求，忽略了对大学生生命本身的关注和尊重。以书本知识为中心、以考试为目的的教学价值取向导致了学生与生活世界、经验世界的分离。当大学生面对各种各样的心理矛盾冲突、苦难和挫折时，不能以理智的态度和正确的方法排解和对待，极端退路便成为部分学生的唯一选择。

（二）生命教育课程与大学生道德教育的脱节

在长期的学校道德教育中，道德的意义逐渐被异化，忽略了道德作为人的一

种生存方式所具有的内在主体性和动态生成性，其后果是导致了道德价值观念形成过程与道德行为实践中生命意义的缺失。

社会道德的趋同性取向使得道德教育最后竟然演化为一种纯粹而简单的"'牺牲'教育"。究其因，是因为忽视了生命的完整性。具体表现在两方面：一方面，将自然生命与社会生命、精神生命相脱离。根据生命存在的不同层次，生命分为自然生命、精神生命和价值生命。目前，大学教育中一直存在着重视精神生命和价值生命，忽视自然生命的现象。教育一般关注的是人的社会文化属性，强调个体的社会价值，当个体存在和社会价值之间产生冲突时，个体被要求牺牲自我，来实现社会的利益。而牺牲的对象包括个人利益之外的东西，甚至生命，这种做法的直接后果就是部分学生轻视自然生命，不珍爱自然生命。另一方面，生命的完整性包括从生到死的整个过程。教育忽视了对学生生命整体性的教育，特别是对生命中的死亡的认识，理解和接受。由于传统思想的影响，一般教育很少对学生进行死亡方面的教育，学生在不了解死亡的真相和威胁的前提下，失去了对生命的珍惜。

（三）道德教育过程忽视体验与差异性教育

如果我们因为当前大学生对生命的淡漠现状就断定他们对生命教育的轻视或抵制情绪是与生自来的，那就是对大学生的极端误会。作为新一代的年轻人，作为困惑的一代，他们对生命的渴望其实是强烈的。在对部分大学生的调查中，当我们问到"是否有必要开展生命教育？"的问题时，70%以上的大学生表示开展生命教育很有必要，我们可以看出大学生对生命教育的渴求。但是，当问到"哪一个因素对您的生命观影响最大？"很少有学生认为是学校的教育和帮助。可以看出大学生们对学校教育的不信任，使得当他们遇到事情或者生命困惑时，他们宁愿选择自我发泄或者求助家庭成员的抚慰也不会求助于学校或者老师。这使我们不得不重新审视我们的生命教育效果。

国内现在多数高校对学生的生命教育，存在着与学生需求相脱节的状况，生命教育课程多数走传统德育教育的模式，常常以教师的说教为主，这种教育方式将学生与一切情感活动、身体活动脱离，对大学生个体的情感关怀不足，主客体的二元论造成了人们对于生命意志中体验的局限，这是应该引起我们重视的。现代教育理念强调知识和情感的建构过程是整个思维、兴趣、情感、意志和身体的参与过程，是在群体互动中的建构过程。生命教育课堂作为唤醒和构建人生命意识的最直接的一种活动，要通过真实的体验而使个体的价值生命、情感、意识增强和丰富。回归到学生的真实生活、真实生命，关注学生的生命体验，已经势在必行。

四、生命课堂模式构建原则及目标

（一）课程目标

陶行知曾经说过："教育就是生活，生活就是教育。"教育存在于生活的体验中，两者不可分割。然而多年来，高校道德教育却愈来愈远离人的生活世界，教育同人的生活、经验产生了隔离，教育者放弃了对学生当下生活的关注。实施生命教育正是为了改变这种错误的价值取向，强调生活是教育的源泉、中心与依据，蕴涵着对教育的重建与对生命的尊重。

1.引导学生正确认识生命现象

首先，让学生明白生命的本真。生命是什么？马克思主义的解释为："人的根本就是人本身"，"人就是人"。它深刻地揭示了人的生命本质。生命具有双重性：生命对于人来说，是自然生命和超自然生命的统一，它处于动物和神之间的"光谱地带"。其次，帮助学生理解生命的价值。教师需要使学生明了人生的意义，追求美好的生活和幸福的人生。幸福的生活和美好的人生包括三个层次：第一，珍惜、尊重、欣赏生命。第二，开启生命智慧。第三，提升人生的境界，实现生命的价值。

2.引导学生理解生命价值

人不仅是本体生命的存在，更意味着精神意义的存在。对人生意义的追寻，是人之为人的根本所在，人就是在探究生命价值并为之不懈奋斗的过程中获得精神生命的愉悦和心灵的幸福。大学生生命教育不单纯是让大学生远离死亡、拯救生命，更是对人生价值的引导。

生命化的教育，在起点上，直面人的生命；在过程中，通过人的生命，遵循生命的本性；在结果上，润泽灵魂，追寻生命的意义和价值，提高生命的质量。直面生命是前提，遵循生命是保证，完善生命是目的。教育只有三者协调一致，才能实现其生命的本质，才是完整的生命化教育的内涵。提升大学生精神境界，引导他们树立远大的人生理想、追求崇高的人生价值，这是生命教育的落脚点和归宿。

3.对学生进行适当的挫折教育

最后，让青少年懂得如何处理"生命与生活的紧张"。在生命教育当中，要让青少年从自我的生活感觉走向理性之生命，走向社会生命。青少年心智还未健全，他们很难意识到生命与生活的区别与联系，他们往往把生活的感受视为人生的全部。许多大学生常常将某些挫折、失意、痛苦这些生活中的不可承受之"重"当成生命中不可承受"之重"，生活感觉不好就放弃生命，这其实是以结束生命的方式来解决生活问题，他们没有意识到生命中还承担着其他的诸如孝敬父母、建功立业等社会责任。

4. 对学生实施感恩教育

在生命教育中让青少年意识到：人不仅仅是属于自己，还属于家人，属于社会，生命只有一次，失去便不能复生。人之生命是由父精母血构成，只有在社会中才能存在和发展。必须告诉他们一个道理：对那些已经自杀者来说，他们也许是一种解脱，但是对亲人、对社会却是一种严重的伤害。要让每个学生懂得，个人生存奋斗的同时也要感觉到亲人和他人、社会的作用，从而使自我在生命层面上与所有的人和社会相关联，建构一种生命意识与社会责任感。从生命层面入手，使青少年学会承受困难与痛苦，寻找到生命之意义与价值，学会关爱社会和他人，从一个"自然人"过渡为全面的"社会人"。

（二）课堂原则

1. 以人为本原则

生命教育的对象既然是人，就应该遵循以人为本的原则，将对学生的主体关怀作为教育的基本前提。以人为本原则体现在：

首先，以人为本原则要求实现对学生的生命关怀。在每一个生命成长的过程中遵循生命成长的天性，从生命的实际需要出发，走进生命的生活世界，这是每一位教师的职责。"生命关怀"一方面是指关怀学生的利益，生命要生存和发展，就需要满足个体利益。对学生利益的充分重视，是"生命关怀"最基本的体现；另一方面是指关怀学生的情感，人的生命是理性与非理性、认知与情感的统一。生命教育必须以情感为中介，沟通认知和行为，强化学生的内在体验，促进知、情、意、行的统一。只有关心学生的情感，激起学生强烈的情感认同，引导学生在体验中思考，才能使学生在情感参与的过程中不断地、自主地实现人格提升。

其次，以人为本原则要求遵循大学生身心发展的特点尊重，生命的独特性。尊重学生生命的独特性，就是要结合学生自身特点，由教师合理的引导来带动他们都来真正关注人的存在和人的生命，形成热爱生命、尊重生命、敬畏生命的社会意识。大学生正值好奇、敏感、易动的时期，他们最厌恶刻板、枯燥与呆板的灌输。学生渴望通过接触社会，通过实践来认识社会，表达自我，表现生命张力，实现自我价值。因此，生命教育课堂必须打破传统教学的呆板模式，承认学生个体差异性，适当地为学生提供一些选择的权力。教师和学生之间应该充分尊重对方的人格、情感，自由地进行交往对话。教师不再是"话语的霸权者"，师生双方坦诚相待、共同合作，充分享受教学的乐趣，共同实现智慧的生成和生命的升华。

2.体验性原则

教育不应该是一种"告诉"，而应该是一种"探索"。我们要把生命发展的主动权归还给学生。人的生命价值是要诉诸体验的，学生只有在参与的过程中才能理解生命的内涵。因此在教学中可以采取情感角色承担和角色扮演等方式以引导学生参与其中，使学生接受自己的社会角色，承担相应的权利和责任。营造学生积极参与的氛围，让学生的心境在体验式教学参与中得以升华。可以让学生观看相关的生命历程教育片、阅读相关的资料，或通过访问有过生育体验的母亲谈生育的体验，展示在整个生命过程中可能危及生命安全的事件、事故材料，使学生真正了解生命的珍贵。

3.渗透性原则

目前，国外在生命教育模式上非常注重隐性教育，隐性教育也称隐蔽课程，是指采用不那么明显的隐蔽方式来传递生命价值观，对学生进行珍爱生命的教育。这个概念是美国学者 N.V. 奥渥勒 1970 年提出的，其特点就是在渗透中达到教育的目的。首先，在生活教育中渗透，以生活为载体，关注生命化教育。生活化渗透原则就是以生活为本源，确立"为生活而受教育"的目的观，引导学生改善生活，提高生命质量；其次，在学科教育中渗透。在学科教学中渗透生命教育是指教师通过教学载体对学生的一种耳濡目染、潜移默化地教育。高校专业课程是生命教育渗透教育的最佳载体。专业课程是高校学生最主要的学习内容，在专业课中加强渗透可以起到最为显著的效果，它通过变换不同的载体，从教育到实践，使生命价值观的内容贯穿学生的整个大学生涯中，是大学生生命教育的重要途径。

五、实施方法

（一）依托两课开展

当前高校思想政治理论课程倾向于较多的政治知识积累和政治信仰的确立，很少关注学生的生活世界，即使有一些涉及，也只是提供给学生的更多关于生活能力的知识，当然也有关于生命能力的教育，但由于重视程度不够，使得生命教育的内容居于次要的地位，效果也欠佳。学生的意义世界建构不了，信仰缺失，精神沙漠化，生命就无法安顿。

因此，在德育教育的主渠道——思想政治理论课中全面地推展有关生命的教育既是关爱学生保护生命的举措，同时又能够提高思想政治理论课的吸引力和教学效果。现行的《思想道德与法律基础》等教科书没有专列一章内容，对生命教育的内容加以阐述，教师也很少关注这方面的内容。应该增加有关生命教育的章节，更多地关注学生个体的生存与发展。其核心是生死观的教育。通过对大学生进行生命意识的教育，使他们形成科学的生命观，进而形成正确的人生观，体会生命的价值和意义。要让青少年对生命的孕育、生命的发展有所认识，从而使之对自我的生命及他人的生命抱持珍惜和尊重的态度，并让学生在受教育的过程中，培养对社会及他人的爱心，使大学生在人格上获得全面发展，尤其是尽量避免青少年自杀及杀人现象的频繁发生。此外，教师还应在法制教育的课堂上向学生讲授有关保护自身及他人人身安全的法律知识，从法制的角度来让学生意识到任何伤及自身和他人生命安全的行为都是与有关法律相违背的。

总之，思想政治教育课中，教师应该确立教育为人的目标，有意识地增加生命教育的内容，增加人文关怀，带领学生思考并解决生命中的现实矛盾。

（二）专业课与基础课

在学校的教育中，大学生往往获得的是知识，而一般的科学知识大都是为解决生活问题而设，培养的是知识技能，目的是就业谋生；而关于生命层面的教育，如生命意义、生命价值、生命责任、生命的永恒等观念的培养却付诸阙如。很多专业课教师认为，学生的生命教育是学校的事情，是德育课教师的事情，是学生辅导员的事情，专业教师的任务就是教会学生职业能力和求生技能。因此，多数教师都把学生的生命教育任务束之高阁，事不关己、高高挂起的心态非常普遍。

殊不知，教书与育人其实是一个整体，教书的过程就是一个育人的过程。每一个教师都有德育责任，都有尊重生命的义务。学科教材的知识作为一种非生命载体的知识，它原本是来自于人类生命活动的一种智慧结晶，经过教育学和教学论的加工而形成的，其本源内含着丰富的生命活力。因此，学科教材并不只是一些静止的文字符号，需要我们用心去领会它所承载的生命智慧和情感意蕴，从文字符号中寻找其包含着的理论知识、活动方式以及人的思维方式和情感表达方式，感受人类生命的律动。因此，生命教育应该渗透到各种专业教学活动中，实现生命的对话、情感的交流以及思想的融合，使生命教育在学科教学中起到潜移默化的教育效果。

首先，充分利用好教材，有机渗透生命价值与意义的教育。教师要立足教材、深入钻研挖掘教材中的生命教育内容，在课堂教学中有机地渗透生命价值的教育。其次，在作业批改中架起情感交流的桥梁。作业批改是教学的重要组成部分，也是了解学生思想的重要途径。为及时了解学生的思想，教师可以通过对话式的评语交流，和学生一起探讨生命的内涵。在批阅中及时解开他们内心的困惑，帮助他们走出迷茫。

真正的生命教育是触及心灵的教育，是感染灵魂的教育，而不仅仅是传授知识的教育。在学科中渗透生命教育，让学生真切地感受到生命之美，让脆弱的心灵变得更加坚强，为他们步入社会后的成功做好准备。

第二节 挫折教育模式

一、挫折教育对大学生生命教育的意义

（一）挫折教育概述

"轮曲糅而就，木直在中绳。坚金砺所利，玉琢器乃成。"欧阳修说过这么一句话，在很早以前他就已经谈到只有经过生活的磨砺，方能立业成才。也就是说在社会竞争这么激烈的今天，让我们的大学生们经历一些挫折教育，才能在能力与知识的竞争、意志与品质的竞争的今天取得成功，才能更深刻地体会到人生的价值，从而珍惜生命。

1.含义

在心理学上，挫折是指个体在实现目标中遇到难以克服的阻碍或干扰，即需要和动机无法满足而产生的紧张状态与情绪反应。挫折，是指个体在从事有目的的活动时，由于内部、外部因素的干扰或阻碍，其需要得不到满足而产生的紧张状态与消极的情绪反应。挫折对大学生的成长具有两面性影响。如果大学生可以顺利抵抗挫折，那么挫折便具有帮助大学生成长的功能，使其将受挫的压力转化为行动的动力，使人走向成熟，最终取得成功。相反，如果学生无法抵抗挫折，

或者说遭遇挫折情绪时没有被正确引导，就会对大学生的成长道路形成阻碍。因此，有学者提出要对大学生进行挫折教育。挫折教育，即教育者有目的地采取一定的教育方法和手段，帮助和引导受教育者正确认识挫折，有意识地防范挫折带来的负面效应，在挫折面前适时地调整、保持健康的心理状态，并建立和固化良好的心理品质，能乐观、坦然地面对自身遭遇的挫折，从而为目标和愿望的实现打下良好的心理基础。

2.国内外挫折教育刍议

研究挫折教育，首先要明确挫折的概念。目前，挫折的定义有很多种，大同小异。比如有的学者将挫折定义为阻碍、干扰或阻断个体朝向某一目标行进的动作以及由这些动作所引起的情绪状态，也有的学者将挫折定义为个体在实现目标的过程中，遭遇干扰或破坏，致使其需要得不到满足时的情绪反应。近几年来，有不少的学者在探究进行大学生挫折教育的有效途径。最为有效的途径是：一要培养学生的阳光心态，使得学生顺利面对挫折，认为这是进行挫折教育的基础和前提，是最有效的挫折预防机制；二要及时发现无法走出挫折困境的学生；三是要对遭遇挫折情境的学生给予及时的关怀、帮助、指导，认为是进行挫折教育的最有效手段。

在德国无论是父母还是学校，都在有意识地培养学生的抗挫折能力。20世纪90年代德国推出了"基础教育课程改革纲要"，使教材内容适应社会发展。以前德国的教育属于阳光式教育，而之后推出的新的教育纲要结合社会现实，如阴暗面教育则是一种面向社会的开放型教育。在其课本中不仅有"阳光"的内容，还涉及社会"阴暗面"的内容，如种族歧视、违法犯法等，其宗旨是引导学生思考和解释各种社会现象。

挫折教育理论最先是由美国的亚当斯提出的。在美国有一个男孩子刚上学就只拿了个及格分，母亲在做晚餐时听见儿子在汇报成绩，父亲在看报，也只是哼了一声，当儿子把考卷放到桌上时，父母一齐来看，父亲说："还不错，你会考试了，当年我连自己的名字都差点儿忘了怎么写，手直打哆嗦……"然后就是哈哈大笑；母亲看了看卷子，摸着儿子的头，"我相信你下一次一定能超过你的对手，好了，赶紧洗手吃饭，今天我给你做了你最爱吃的火腿三明治……"这个男孩子得到的，是父母无条件的爱："面对不利时，父母的爱还在身上，所以他一生都有活力，也不觉得困境是挫折，只是一种经历。"所以长大后，即使在大萧条时贫困潦倒，即使自己的作品三次被淘汰，他还是在与老鼠共进晚餐（在地下室吃面包时,面包渣被老鼠抢食)时,激发出灵感,终于创作出世界第一动画明星:米老鼠。而他,就是伟大的迪斯尼先生。

对比国内外的挫折教育,就中国现代的挫折教育还存有一些误区,比如,现在有一些专门针对磨炼学生意志而进行的挫折教育,千人一面,缺乏针对性。有的家长在教育孩子上往往从一个极端到另一个极端,给学生人为地制造一些挫折进行教育,但是当学生成功时给予高度的鼓励,失败时就指责孩子。特别是喜欢对比,别人家的孩子怎样怎样的好,你怎么做不好之类进行对比,极大地伤害了孩子的自信心。还有的认为一次、两次的打击就是挫折教育了,这是错误的,挫折教育是一项长期的教育。所谓"十年树木,百年树人",不是经过一两次挫折后就得到立竿见影的效果的。总之,对孩子的挫折教育是要让孩子在教师和家长的引导帮助和鼓励下,让他们从挫折中获取经验、教训和感悟,磨炼意志,砥砺品格,进而在失败中领悟成功的珍贵,领悟失败对自己达到成功的推动作用,而不是一味地让孩子品尝失败的痛苦。由此看来,当前进行的挫折教育任重而道远。

(二)挫折教育的必要性

生命是教育的起点,也是教育的终点。大学生生命教育为的就是让大学生了解生命、尊重生命、热爱生命、保护生命、提升生命。面对越来越多的自杀和自杀的低龄化现象,不少国家已经非常重视生命教育了。而很多时候就是大学生面对挫折时不能很好地解决它,导致急躁、沮丧、不安、偏激等心理,甚至表现出一些无理智的行为。这就体现出对大学生进行挫折教育是生命教育的当务之急。

1.挫折教育是激烈的社会竞争环境产生的必然要求

加强大学生挫折教育是社会转型期发展和竞争的迫切要求。随着社会的发展和改革开放的深入,社会进入转型阶段。与此同时,传统的世界观、价值观和价值观受到冲击。市场经济的一大特征就是竞争性。各种社会问题的出现和社会压力的增大,大学校园逐渐成为各种社会问题的灾区,大学生也逐渐成为许多社会问题的聚焦点。因此,加强大学生的心理健康教育,尤其是挫折教育迫在眉睫,刻不容缓。对大学生遭遇挫折的原因分析表明,大学生群体较其他群体更容易遭受挫折,也是遭受挫折后出现过激行为最多、频率最高的群体。要想改变大学生抗挫折能力偏低的现状,在激烈的竞争中取胜,就必须加强挫折教育。适应不断加快的生活节奏和市场经济的发展,在竞争中脱颖而出。

2.挫折教育是改变目前大学生抗挫折能力低下的客观需要

现阶段的大学生大部分都是独生子女,都是在几代人的呵护下长大,遭受的挫折很少，缺乏抗挫折的意识和能力。要想改变大学生抗挫折能力偏低的现状，在激烈的竞争中取胜，就必须加强挫折教育。挫折成长教育是改变目前大学生抗挫折能力低下的客观需要。

3. 挫折教育是素质教育的重要组成部分

近年来，我国的教育逐渐由应试教育转向素质教育。培养学生各种素质已经成为教育的一大主要目标。这些素质包括身体素质、知识素养、心理素质等。传统的教育主要侧重于培养学生的知识素养，对学生的身体素质，尤其是心理素质的培养非常欠缺。这种教育欠缺甚至在一定程度上导致了大学生挫折意识以及抗挫折能力差，造成了许多消极影响甚至人间悲剧。改变这种教育状况是素质教育的必然要求。意大利教育家蒙台梭利曾深刻地指出："教育的目的在于帮助生命力的正常发展，教育就是助长生命力发展的一切作为。"由此看见，消除人生挫折，关注生命力的正常发展，是素质教育中一个不可或缺的重要组成部分。进入21世纪，国家之间的竞争越来越激烈，而这种竞争归根到底是人才的竞争。真正人才除了要具有丰富的知识储备外，还要有良好的心理素者和较强的抗挫折能力。

（三）挫折教育对大学生生命教育的意义

大学生活是许多人为之奋斗、梦寐以求的生活。然而，它也有许多不尽如人意的地方。进入大学，大学生总会遇到一些不顺心、不如意的事情，在心理上产生挫折感。这些心理挫折会伴随消极的情绪反应甚至是异常的行为。如果不能对之及时有效地加以调适，轻则会影响心理健康，导致身心疾病；重则可能使人万念俱灰，走上自杀之路，影响和谐校园环境。因此，挫折教育对大学生生命教育有着举足轻重的意义。

挫折教育的意义就是让孩子在成长的体验中学会面对挫折并战胜挫折，培养孩子的一种耐挫折能力。它不仅包括吃苦教育、生存教育、社会教育、心理教育，也包括独立、勇气、意志及心理承受力等方面的培养。也就是说挫折教育的内容是多方面的，它的目的不只是让孩子吃点苦、受点挫折，而是时时地、潜移默化地从各方面着手培养孩子的抗挫折能力和耐挫折能力。

法国思想家卢梭曾说："人们只想到怎样保护他们的孩子，这是不够的。应该教会孩子怎样保护自己，教他经受得住命运的打击，教他不要把奢华和贫困放在眼里，教他必要时在冰天雪地里或者马耳他岛灼热的岩石上也能生存。"作为父母，都不希望自己的孩子遭遇挫折，然而挫折是客观存在的，我们不可能一辈子替孩子遮风挡雨，让孩子生活在温室里。对孩子倾注了全部心血的父母们，一定不希望自己的孩子在将来面对挫折时一蹶不振，就在孩子成长的过程中，给孩子相应的教育，让孩子能够正确认识挫折、面对挫折，并最终战胜挫折。

二、挫折教育模式构建

（一）挫折教育的基本特征

1. 引导性

挫折教育是一种有目的、有计划的活动，是在教育者的引导下进行的。教育者除了引导受教育者掌握系统的挫折理论知识外，往往还需要有意识地利用和设置一些困难情境，让学生尝试失败的滋味等，让受教育者体验受挫而又奋起的整个心理过程。

2. 渗透性

在个体成长过程中，挫折是不可避免的，渗透在个体成长的每个环节之中。因此，挫折教育不可能仅仅通过某一种形式在某一个领域由某些固定的人员采用某种特定的方法就能够奏效，它应该渗透在受教育者的生活、学习、工作的方方面面。

3. 实践性

挫折感是受挫者的主观体验，它对个体的影响是直接而又深刻的。适度的挫折体验有助于受挫者积累挫折经验，学会应付挫折，提高挫折耐力。这种体验是他人无法替代的，只有通过受教育者亲身体验才能有所裨益。挫折教育不应只是一门理论课程，它更是一门实践性很强的人生必修课。

4. 长期性

任何事情都不是一蹴而就的，是通过长期的过程才得以实现的，挫折教育更是如此。挫折从某种意义上说，是人生的伴侣，是人一生都不能回避的问题。每个人积累挫折经验，学会应付挫折，都是一个长期的过程。因此，挫折教育必须通过教育者和受教育者长期、共同的努力，才能收到实际效果，决不能急于求成。否则，将适得其反，造成严重的后果。

5. 滞后性

挫折教育是思想政治教育的一个重要组成部分，同时应该贯穿于学生教育之中，不仅仅是在大学里进行挫折教育，在小学、中学更应该进行挫折教育。中国独生子女这一现象，使得挫折教育在小学和中学并没有得到良好的发展。进入大学后,自我控制的时间和空间无比开阔,个人的性格弱点也暴露无遗,并随时可能发生意外事件。所以,对大学生进行挫折教育,不仅难度增大,深度和广度都相应加大,给教育者带来了新的挑战。

6.单一性

(1)教育主体单一。由于挫折教育是对学生意志品质的历练,在学校教育中,教师是最重要的教育主体,除学校教育之外,家长也应起到教育的关键作用,长期以来往往关注的是孩子的学习成绩,对挫折教育不重视,甚至对孩子进行溺爱。这些没有给挫折教育以良好的帮助,相反,这些使挫折教育步履维艰,困难重重。

(2)教育内容单一。学校的挫折教育仅仅依靠原始课本上的内容,从小学到大学,挫折教育的事例往往只停留在仅有的几个人、几件事情上,而没有与时俱进,对教育的内容加以更适当的补充和修改,这使得教育在新时期的大学生面前苍白无力、无聊,没有现实的说服力和震撼力,挫折教育就流于形式而起不到教育的作用,达不到预期目标。

7.片面性

我国的挫折教育仅仅是思想政治教育中的部分,同时,在教学过程中挫折教育变成了单一书本教育,不是与具体的实践相结合,使学生完全置身于挫折教育的门外,只是在书本上学习挫折教育。

(二)挫折教育创新模式的构建原则

1.渗透性教育与集中性教育相结合的原则

渗透性教育是指将教育影响渗透在受教育者的生活、学习、工作的各个环节中,充分利用各种机会,帮助受教育者积累挫折经验,逐步培养正确的挫折认知和良好的对付挫折能力的一种教育形式。集中性教育是指教育者按照预订的计划,创设困难情境,在较短的时间内,对受教育者进行集中"训练",从而提高受教育者排除挫折的能力的一种教育形式。在挫折教育中,渗透性教育和集中性教育应互补,仅仅采用其中任何一种形式都有失偏颇。只有将平时的积累与阶段性的强化活动结合起来,才能取得最佳的教育效果。

2.教育与自我教育相结合的原则

在挫折教育中,教育者的主导作用是外因,受教育者的主观能动性是内因,外因要通过内因才能起作用。因此,应重视受教育者在挫折教育中的主体地位,充分调动受教育者的主动性,使受教育者主动接受挫折教育,正视生活、学习和工作中的各种挫折，自觉地形成对挫折的正确认识，以积极的态度对待挫折，不断积累挫折。

3.提高认识与实际磨炼相结合的原则

挫折教育是一个理论指导下的实践过程，它首先需要转变教育观念，提高认识。可根据受教育者的年龄特征、阶段性挫折问题及心理水平，开设不同内容、不同水平的挫折教育微型课程，开展各种教育活动，把提高认识与实际磨炼结合起来。教育者既要善于利用生活中现成的磨炼机会，又要有意识地创造挫折情境，并引导受教育者自找磨难，增加实际磨炼的机会，提高抵抗挫折的实际能力。

（三）挫折教育创新模式的构建方案

1.挫折教育创新模式的目标

挫折教育的目的在于消除挫折心理，降低或消除人的挫折感。对受挫折而失败的原因进行分析时，要改变不良归因方法，采取正确的归因方法。当遭受挫折而产生精神压力和思想负担，引起紧张的情绪时，要采取合理的宣泄方式，松弛紧张情绪。对自己的一些过失，应采取宽容的态度。只有这样，才能更好地消除消极心理。大学生正处于人生发展阶段的重要时期，在其成长的道路上不可避免会经历许多挫折，但是由于环境和个人因素的影响，他们往往受挫能力差，容易产生过多的偏激行为。因此，要重视大学生的全面发展和整体素质的提高，更要重视对大学生进行挫折教育、提高他们的承受和适应挫折的能力，维护其心理健康。在重视对大学生知识传授的同时，更要关注大学生的身心健康，积极探索大学生挫折心理的成因及教育对策，提高大学生承受和应对挫折的能力，更好地适应社会的发展，为美好人生打下坚实的基础，构建一个和谐的心理环境。

2.开辟挫折教育创新模式的新途径

第一，由于教育主体多样化，因此挫折教育不能仅仅局限于学校，家庭、社会都肩负着挫折教育的重要使命。学校教育在挫折教育中起着主导作用。学校教育担负着设计、主持、调整教育过程的任务，教师应通过自己的观察理解，从不同角度的信息中筛选和积累对青少年健康成长产生深远影响的教育因素去主动施教。学校应提出科学的挫折教育方案，并争取家庭、社会的配合。学校可以通过家长座谈会、家长学校、家长培训班等形式，向家长宣传挫折教育的重要性，帮助家长理解挫折教育的本质，取得家长的共识。

第二，在实际的教育过程中，教育主体往往缺乏系统的理论指导，使得挫折教育的实施往往缺乏预见性和科学性，影响了挫折教育的实施力度。挫折教育的理论现在还不够成熟与完善，也在随着环境的变化而不断变化；同时，挫折教育的实践环节也很有局限性，不能很好地结合当时当地的实际状况，让学生觉得挫折的实践范围太小，内容太少。因此，必须将理论的发展与实践的环节紧密结合起来，这样才能达到挫折教育的最终目的。

第三，科学的挫折教育观念，是挫折教育取得成功的关键性要素。在挫折教育过程中，不能简单地把挫折教育当成"反面教材"，造成受教育者的抵触情绪，违背了挫折教育的初衷，对挫折教育产生负面影响。

（四）挫折教育创新模式的具体内容

1. 家庭教育引导大学生正确认识挫折

父母要以坚强乐观的人生态度引导孩子，鼓励孩子树立人生的目标，引导孩子向百折不挠的优秀人物学习，在生活中丰富孩子的生活经验，提高抗挫折能力。对陷入挫折情境的孩子要及时疏导，提高应对挫折的心理调节能力。创设挫折情境，让孩子在困难和挫折中锻炼成长。"宝剑锋从磨砺出，梅花香自苦寒来"，挫折教育并不是一朝一夕的事情，也不是单靠几件事情就能见效的，应该在生活的方方面面有意识地进行，坚持不懈地培养孩子的抗挫折能力，最终使孩子拥有强劲的翅膀！

2. 引导学生正确认识挫折

心理学的研究表明，挫折的后果严重与否，在很大程度上取决于人们对挫折的认识。大学生接受了高等教育，思维能力明显提高，但是由于缺乏社会阅历，在遇到挫折时不能够正确地认识和应对挫折。在遇到挫折时，他们首先想到的是"我怎么这么倒霉，怎么受挫的总是我？"而不是思考怎样去应对挫折，解决问题。挫折感主要来自主体对挫折情境的不正确的认识，从而导致非理智的挫折反应。"人生逆境十之八九"，挫折是人生的重要组成部分，在生活和工作中不可能总是一帆风顺，十全十美。接受挫折，随时做好迎接挫折的心理准备，正确分析挫折，辩证地看待挫折，用积极的心态对待挫折，就会使人在挫折的磨砺中奋发、成长，巴尔扎克说过："世上的事情，永远不是绝对的。结果完全因人而异。苦难对于天才来说是一块垫脚石，对于能干的人来说是一笔财富，而对于弱者来说则是一个万丈深渊。"爱迪生也说过："失败也是我们所需要的，它和成功一样对我有价值。在我知道所有不成功的方法之后，我才知道做好一件工作的方法是什么。"只有勇于面对挫折，对挫折正确归因，认真总结教训，用积极的态度对挫折加以利用和转化,把挫折作为挑战、机遇、起点,才能战胜挫折,激发斗志,去实现目标。

3.引导学生正确看待自我,提高自我认知、自我评价的能力

有的学生将自己的未来想象得非常完美,对自己的志向制定脱离实际,过于理想化;有的则对未来的社会地位和前途没有信心,对未来缺乏规划。不论是哪种情况,他们在经受了一点挫折之后,往往表现出情感脆弱敏感,失去信心而茫然失措,甚至悲观失望。因此,要引导他们正确认识自我,客观评价自我。一是全面客观评价自己的知识结构、兴趣特长、综合条件,确定合理的抱负水平,以积极的态度、坚定的信心去实现自己的目标。二是勇于正视自己的弱点,分析其成因,培养克服、弥补弱点的能力,不能因为某一方面的不足就否定整个自我。三是摆正自己的位置,用发展的观点看待自己所适合的角色,根据不同的情况调整自己的目标,不断校正自己的抱负水平,缩小现实与预期目标的差距,预防挫折。

4.培养学生坚强的意志品质

(1)树立正确的世界观、人生观和崇高理想。引导学生加强理论、学习,对社会发展、对人生的意义有深刻的理解,树立科学的世界观、人生观,树立崇高的理想,以饱满的热情积极面对生活与工作,保持坚韧不拔、不断进取的强大动力去迎接挑战,克服困难,战胜挫折。

(2)以杰出人物为榜样进行激励。杰出人物的先进事迹尤其是他们知难而上、百折不挠的精神和坚强的意志品质对大学生有非常大的感染和激励作用,为大学生意志品质的培养树立了明确的目标。在选择杰出人物时,要遵循能够贴近学生实际,体现时代特点,使学生容易接受的原则,则会收到更好的效果。

(3)从现实生活中令人感动的事例中真切体会和感受。生活中发生在普通人身上真实感人的事迹是最好的教材,那些历经坎坷、饱受磨难却依然勇往直前的人,那些在大灾大难中失去家园和亲人却依然坚守"不抛弃、不放弃"的信念勇敢面对生活的人,他们在挫折、痛苦、灾难中所表现出的坚强意志,他们在同命运抗争中所折射出的人格力量最能触动、激发学生的情感,让他们真切地体会和感受到坚强的意志品质对于人生的重要性。

5.引导学生在实践中定位自我

大学生的绝大部分时间是在学校里度过的,都是在学习书本上的理论知识,很少参加社会实践。而实践证明,社会阅历丰富、社会实践多的人往往比社会阅

历缺乏、社会实践少的人的抗挫折能力更强。生活经历曲折、社会经验丰富、文化知识渊博的人，更能够正确认识挫折，更能有力地战胜挫折，在挫折中前进。目前大学生社会经历简单，缺少对挫折的体验，遇困难和挫折时常常不知所措。因此培养大学生的抗挫折能力，其中重要的一步就是要引导学生参加社会实践，在实践中增加对社会的了解，增强分析问题和解决问题的能力，体验克服困难应对挫折的成就感，从而提高挫折意识和应对挫折的能力。此外，在实践中大学生也可以准确地为自己定位。在参加实践的过程中，他们可以更好地把握客观条件，了解自己解决实际问题的能力，增加对自己的了解和对现实的认识。更好地了解自己和现实，才能根据主客观条件，制定出符合实际的计划，才能树立切合实际的理想。从而在努力实现理想的过程中，避免本不该出现的挫折。另外，充分利用带薪实习的机会，指导学生深刻体验工作、生活的真实环境，积极面对困难和挫折，提高适应能力和挫折承受力，培养自己的意志、品质。

6.建立挫折教育的长效工作机制

（1）把学生的挫折教育当作一个系统工程来抓，贯彻于教学管理工作的各个环节，优化育人环境，加强校园文化建设，重视人文教育，培养学生丰富、深厚的情感，在使学生获得专业技能的同时综合素质也得到全面的提高，拥有健康的人格，具备较强的社会适应能力和抗挫折能力。切实做好学生心理健康教育和心理咨询工作，把心理健康教育作为一个重点课程进行建设，开展多种多样的活动，对学生进行全面的指导和训练。加强心理咨询工作，通过开设心理咨询、心理辅导机构等方式加强对学生心理健康的教育。深入了解、关心学生，帮助他们分析学习、生活、工作中遇到的困难和挫折，找到战胜困难、挫折的有效办法，让心理咨询机构成为学生可以信赖的地方。

（2）重视任课教师在学生挫折教育中的作用。我们需要改变目前教师只重视专业知识教育而忽视对学生的全面素质的提高尤其是学生挫折教育近于空白的现状，认识到挫折教育对学生成才的重要性，认识到未来社会需要高等教育培养出具有坚强意志和品质的社会服务力强的高素质人才。对学生进行挫折教育，教师的言传身教作用非常重要，因此教师队伍要加强素质建设，教师要具备较高的自身修养，利用自己的学识和人生感悟去理解挫折和挫折教育，以健康的人格、良好的行为示范，有意识地采用科学的方法将挫折教育渗透到教学与管理工作中去。

（3）通过门诊、书信、报纸杂志、黑板报、广播、宣传窗、现场心理咨询、校园网、热线电话等形式，加强心理咨询，帮助学生打开心灵窗户，宣泄不良情绪，提高心理调节和耐挫能力；开设有关挫折教育的课程或讲座，让学生系统地了解挫折情境、挫折认知、挫折反应、挫折防御、挫折疏导和挫折咨询等有关挫折问题的知识，提高抗挫折意识，自觉地增强应付挫折的心理和能力。学校开设有关抗挫折教育的课程或讲座，开展各种形式的挫折磨砺和"五自"即"自学、自理、自律、自强、自修"教育活动，使大学生系统了解挫折情境、挫折认知、挫折反应、挫折成因、挫折防御、挫折疏导和挫折咨询等有关挫折的基本知识，提高挫折意识，自觉地增强应对挫折的心理承受力。

7. 帮助大学生建立积极的心理防御机制

心理学认为，人的内在心理具有一种摆脱痛苦、减轻不安、恢复情绪稳定、达到心理平衡的适应性倾向，这种倾向就是心理防御机制。一般人运用得最多的心理防御机制就是所谓的"合理化"，它指的是当一个人遇到挫折而无法达到目标或行为表现不符合社会常规时，给自己杜撰一些有利的理由来解释，以避免精神上的苦恼，减少自己的失望情绪，从而掩盖那些内心不愿接受的原因，使自己心安理得。"酸葡萄"心理和"甜柠檬"心理是最典型的两种合理化机制。虽然有些人对于这两种心理持排斥态度，但它们作为一种积极的心理平衡方式，对于一个人肯定自身的价值、减轻内心的失望与痛苦、改变挫折情境等具有积极的作用。帮助大学生建立积极的心理防御机制，从而提高大学生的心理素质，更加积极地面对困难和挫折。

（五）加强大学生挫折教育的具体方案

1. 加强教师素质培养和建设

心理学教师在大学生挫折教育中扮演着十分重要的角色。联合国教科文组织曾对学校心理学教师的资格和训练提出三项要求：

（1）教学文凭和教师资格证书；

（2）5年以上教学经验；

（3）系统修完有关心理学课程。

许多国家都按照这三项要求培养心理学工作者，而我国心理素质教育面临一个关键问题是专业人才缺乏。《关于加强普通高等学校大学生心理健康工作的意见》中明确指出："通过专、兼、聘等多种方式，建立一支以少量精干专职教师为骨干，专兼结合、专业互补、相对稳定的高等学校心理健康教育队伍。要积极开展对从事大学心理教育的专、兼职教师的培训，培训工作列入学校师资培训计划。通过培训不断提高他们从事心理教育工作所必备的理论水平、专业知识技能；要重视对班主任、辅导员以及其他从事学生思想政治工作的干部、教师进行有关心理健康方面内容的业务培训；要逐步建立从事大学生心理教育工作专、兼职教师的资格认证体系。"在提高教师队伍质量的同时还必须保证教师队伍数量的充足。只有这样才能满足大学生越来越多的心理咨询需求。比如在重庆交通大学，学校就要求所有的学生辅导员必须参加心理辅导课的学习和考取心理咨询资格证，为的就是能够更好地开展学生工作。高校工作者要多与受挫者进行心理交流，要采取个别谈话、意见箱、热线咨询电话以及第二课堂等方式，给受挫者提供各种抒发受挫情境的场所和机会，让他们自由地、毫无顾忌地倾诉自己的烦恼、苦闷和忧虑，把不满的情绪全部宣泄出来，以达到内心的平衡。

2. 开展心理教育活动，加强大学生实践体验

通过课堂教学的形式，面向全体学生普及心理素质方面的知识，提高学生心理健康水平，同时预防挫折问题的产生。高校应尽快将心理素质教育的有关内容纳入必修课中，同时还可以开设一些专题选修课。心理素质教育要达到理想的效果，还必须创造条件，开展丰富多彩的、有利于学生心理健康发展的系列活动。如聘请校内外专家进行心理健康讲座；定期举办心理健康宣传活动，扩大心理素质教育的影响。作为学生自己也可以采取一些措施缓解不良情绪。女生的心绪不好时，可以找自己认为最亲近的家人和朋友谈心事，甚至当着亲人的面大哭一场。男生可以借猛踢足球、痛打篮球、击打沙袋等方式。但是，宣泄一定要注意分寸，适时、适度。

3. 建立大学生心理素质档案

要对学生实施有效的心理健康教育，首先要了解学生心理的基本情况和发展特点，因而建立学生心理档案是非常重要的，它可以帮助我们有针对性地进行心理教育和辅导。大学新生入校后，通过访谈调查、心理测试和多方面了解，对学生的心理健康状况进行摸底，建立学生个人心理素质档案。对有心理障碍和心理疾病的学生，应予以特别关注，并采取办法对其进行治疗，使其恢复心理健康，增强心理素质，提高承受挫折和困难的能力。

4. 建立心理活动室，开展心理辅导和心理咨询

心理活动室是学生调节心理的最佳场所。在心理活动室中，学生可以在极自然的状态下接受暗示和情境影响等方面的心理训练，同时，通过阅读有关生理、心理的图书资料，可以掌握初步的心理素质和心理卫生等方面的基础知识，了解

心理健康的重要性，并学会进行受挫后的自我心理保护和调节。心理辅导主要是针对学生在心理发展中遇到的各种不良适应、心理冲突和心理矛盾，利用专题性的心理健康讲座、团体或个别辅导的方式，帮助和指导学生走出各种心理困境。在学校教育中，实施心理咨询的具体途径是：建立心理咨询室，开办心理咨询信箱，开通学生心理热线等。

第三节　实践活动模式

实践活动在具体的实施中分为很多种类，此处我们以"团学活动平台"和"团体辅导工作坊"两种作为主要阐述对象。

一、团学活动平台

（一）团学活动平台的必要性

大学是人生的一个关键时期，大学生是整个社会最富朝气、最具积极性和创造性的群体，是祖国的未来，担负着建设社会主义的重任，对大学生开展生命教育具有重要意义。当前大学生生命教育的形式主要依靠课堂教学模式，大学生的生命观大都停留在书本理论概念上，对生命的意义和价值只有抽象理解，缺乏实践体验，没有内化为自己的生命观。我们应该充分利用高校所开展的团学活动，对在校大学生进行生命教育，让大学生通过实践亲身体验生命的真谛，领悟生命的价值内涵。

1.提高大学生生命教育认同的需要

人最宝贵的是生命，生命对于每个人只有一次。在构建和谐社会的实践中，党和政府始终坚持以人为本，关注人的生活质量、发展潜能和幸福指数，关注人的价值、权益和自由，体现出了敬畏生命、尊重生命、造福人民的情怀。高校作为培养社会建设人才的重要基地，也非常重视大学生的生命教育，开展了形式多样的生命教育活动，形成了比较固定的生命教育模式。其中，高校团学活动是高校校园文化建设的重要载体，以其活动的多样性和丰富性、机制的灵活性等诸多特征吸引了大学生的广泛参与，已经成为我国推行素质教育的重要场所，也为大学生生命教育、构建大学生生命教育团学活动创新模式提供了有益的探索途径。

（1）依托团学活动开展生命教育是引导高等教育回归教育本质的必然要求。

教育是塑造人的灵魂和人格的事业，是直面人的生命而进行的社会活动。教育因生命而发生，与生命紧密相连，目的是为了提升人的生命价值和创造人的精神生命而发展。同样，生命因教育而延续，使人的生命在自然性的基础上不断增加精神的生命和智慧的生命。教育是生命的主要存在形式。伴随着社会竞争的加剧，以及就业形势的日益严峻，学校教育现在偏重科技知识的教授，教育模式还大多停留在课堂上，忽视了对学生的人文教育和人文关怀以及实践体验教育，压抑了学生的生命意识。团学活动模式生命教育以人的生命内部和谐，以及与环境的整体和谐为目标，教育学生更加理性地认识生命的意义和价值，善待生命、尊重生命，使教育本质得到回归。

（2）通过团学活动进行生命教育是帮助大学生树立正确生命观的必然选择。环境，是人类主体的活动赖以运行的自然条件、社会条件及文化条件的总和。它由实践主体来创造，反过来又制约着人的实践活动。良好的环境以其独有的特征潜移默化地感染人、熏陶人、塑造人，发挥着强大的感召、促进和约束功能。团学活动要想充分发挥生命教育功能，离不开和谐的环境。依托团学活动，积极探索大学生生命教育创新模式，利于从物质、精神层面去营造和谐、融洽的校园环境。通过具体的团学活动方案的组织、实施，活动现场的设计、布置，活动内容的创新、完善，可以为大学生提供精彩纷呈、陶醉于斯的审美体验与享受，亦能营造格调高雅、景色宜人的校园环境，而这些良好的氛围能够陶冶大学生的品性、净化其心灵，使其保持乐观向上、积极主动的学习状态和健康的心理状态，从而激励他们刻苦钻研、奋发进取、成长成才。依托团学活动，构建大学生生命教育创新模式，能够进一步发挥团学活动的教育功能。

其一，它能引导大学生树立切合时代要求的生命观。伴随着我国社会经济体制改革不断深入与完善，以往那种以计划经济体制为基础、全民高度一致的社会主义体系已被打破，而代表改革开放新时期时代特征的价值体系尚未完全确立，在汹涌的市场经济大潮冲击下，社会思潮日趋多元化、复杂化，出现了各种不同的价值体系和评判标准彼此并存、鱼龙混杂的局面，进而影响到人们的生命价值观念。为此，作为高校教育工作者有责任、有义务引导当代大学生树立切合时代要求的生命观，这也是大学生生命教育的当务之急。依托团学活动，构建大学生生命教育创新模式，能够形成高尚的文化氛围、健康的精神生活环境，而使参与主体无形中在思想观念、价值取向、行为方式、心理素质等方面产生价值认同，进而实现其精神、性格、心灵的塑造。一经认同的生命价值观往往就是一股强大的精神力量，对大学生的思想状态、行为方式起着规范性作用。

在特定的校园环境下，它也会对身边的其他成员产生共鸣，经它肯定、宣扬的事物、行为，也将为大多数学生所推崇、追求；反之，为它否定、摒弃的，也终为大家所抛弃。长期在这种正确的、积极的价值导向、舆论导向的熏陶、浸染下，大学生自然就会形成打上时代烙印的生命价值观。

其二，可以规范大学生的生命价值取向。校园文化活动的开展既需要智力支持，又需要纪律约束，如长期形成的校纪、校规、校训、校风、学风等。而作为大学生自我参与、自我发展、自我管理的团学活动，就更需要全体成员共同创造和认可并自觉遵守的一定的纪律、准则去约束。在这些活动中形成的良性制度文化对大学生具有较强的约束力，规范其思想、行为，自觉抵制不良思潮、行为，督促其向好的、美的方向转变，不断提高其思想觉悟、道德水准。通过这种具有强制性的规章制度，使大学生知道应该做什么、什么应该做、什么不能做，化错误行为为正确行为，并养成习惯，内化为自觉要求。而这些带有硬性约束力的制度就是为了弘扬团学活动的初衷，遵纪守法、积极进取、开拓创新等价值取向。这些价值取向则具有无形的软约束力，能在大学生的心灵深处形成一种心理定势，构造出一种响应机制，当外部诱导信号发生时，就发出积极的响应，并迅速转化为预期的行为。

其三，可以培养大学生正确的生命审美观念和健康的心理素质。丰富多彩的团学活动在陶冶大学生健康人格和高尚灵魂方面具有独特功能，它借助校园环境、文化氛围、活动设施等，以具体而生动的形象影响和教育大学生，引导其树立正确的生命审美观念、崇高的生命审美理想和健康优雅的生命审美情趣，促使其形成优良的个性品质和积极的心理特质。发现美、欣赏美可以消除人脑的紧张和疲劳状态，可以宣泄感情、疏导情绪、排解压抑，平衡心理压力，利于达到寓教于乐、乐于好学的效果。

其四，利于营造和谐的生命教育环境，促进大学生成长。构建大学生生命教育团学活动创新模式，就是为了增强大学生生命教育的吸引力、感染力和渗透力。团学活动作为生命教育的重要载体，在这方面发挥着独到的作用。团学活动以其直观易懂、具体生动、影响持久等特点，能创新生命教育的内容、方法，变深奥、枯燥的理论灌输模式为大家乐于接受、富有活力的自觉学习形式，使大家在潜移默化中受到熏陶、教育，提升自己的对生命价值的认识，这种"润物细无声"的环境十分利于身在其中的大学生接受教育，成长成才。

2. 改进大学生生命教育工作的现实需要

现阶段，在面临改革发展新格局的关键时期，我国经济体制改革、社会建设日益进入"深水区"，一系列挑战也随之而来：社会思潮多元化、利益格局复杂化，这些问题的存在导致了人们的思想观念随之发生变化，从而影响到人们的生命价值观。

（1）开展大学生生命教育是社会环境发展变化的迫切要求。当今人们正在快速进入信息化时代，社会环境瞬息万变，难免会出现离散、混乱、冲突和失序，会造成一个社会的人们出现理想丢失、信仰动摇、道德失范、价值取向困惑等状态，从而产生轻生念头。因此，当前社会极其重视对其民众特别是青年一代进行生命教育。而每个既定的社会成员都有其基本的生命观，其中的一些生命观为大多数社会成员所公认，对社会成员的行为起着主导作用，它反映着该社会所提倡的主流生命观。

（2）开展生命教育是促进大学生身心协调发展的必要途径。大学生的心理问题主要是由学业、人际关系、就业、恋爱等诸多因素导致。当心理危机达到严重失衡的程度，常会表现为激烈的心理冲突、精神失常等严重的心理障碍和行为异常，甚至会选择极端的方式寻求解脱。对大学生进行生命教育，一方面可以使他们克服对矛盾的回避和责任意识的淡薄心理，另一方面还可以使他们逐渐懂得生命的价值和意义，学会善待自己和珍惜他人。

3. 开展大学生生命教育是高等教育发展的必然趋势

高等教育出现的加强素质教育、大众化、国际化和走向社会生活中心的趋势，是高校教育面临的时代背景和现实环境。生命教育由于注重对生活的感知以及生命的体验，本质上符合回归"生活中心的趋势"，高校教育引导学生树立生命责任意识，使他们能够更好地尊重和保护自己与他人的生命，教育他们爱惜自己的生命不等于自私，引导他们树立正确的生命安全观，提高他们保护生命的能力，是大学教育的当务之急。

（二）可行性

1. 高校给予的制度、人力和物力支撑有利于生命教育团学活动模式的构建

（1）高校心理中心的成立为构建生命教育团学活动模式提供了实践载体。高校心理咨询中心的建立，为构建大学生生命教育创新机制提供了实践载体。各高校党委、行政高度重视大学生生命教育工作，把引导青年学生树立正确的生命观作为自身改革发展的一项重要工作。长期以来，各高校设立的生命教育科研、教

学单位，应充分利用课堂和课外团学活动等载体，坚持对大学生进行持久、深入的心理、生命教育，并自觉地运用生命教育的最新成果引领学生提升心理素质、解答思想疑惑，有力保证了大学生生命教育的实际效果。而且建立了一套行之有效的考核机制，能够及时收集学生反馈的教育信息，测评教育实效，完善运行机制，从制度层面维护了大学生生命教育创新机制的正常运行。

（2）高校不断增强的人力和物力资源为构建生命教育团学活动模式提供了保障。高校不断增强的人力资源、物力保障，为构建大学生生命教育创新机制提供了强有力的支撑力量。新形势下，面对大学生生命教育工作出现的新情况、新问题、新要求，各高校发挥主观能动性、创造性加强科研力度、充实教师队伍、提升教师层次，并在生均经费划拨、图书购置、教材规划、多媒体使用、网络支持、活动经费保证等方面提供支持，确保了大学生生命教育的实施力度。这些因素和外在条件，都是举办丰富多彩、内容丰富的课外团学活动必需的支撑，也是构建大学生生命教育团学活动创新机制的物质基础和制度保障。

（3）高校已有的团学活动为开展大学生生命教育奠定了基础。团学组织是大学生思想、心理素质教育的前沿阵地，团学活动则是渗透生命教育的重要途径。而中国优秀的传统文化有助于提高大学生的生命意识和观念，有助于大学生树立自尊心、自信心，也有利于消除不规范的市场经济带来的负面效应。目前，一些大学生没有理想信念，缺乏基本的生命常识，学习上没有目标，急功近利，经不起挫折和打击，缺乏吃苦耐劳的奋斗精神。这些问题现象恰巧与中华民族传统文化倡导的吃苦耐劳、积极进取、乐观向上等优良传统相违背。因此，应以团学活动为依托，鼓励学生围绕优秀的传统文化打造生命教育品牌系列活动。比如重庆交通大学开展的"珍爱生命"系列诗歌朗诵、演讲、辩论、征文及书画作品比赛，将传统文化寓于品牌活动之中，尽可能地凸显优秀传统文化的内容，让学生在这种氛围中得到滋养和熏陶，以此类品牌系列活动培养大学生高尚的人生追求，同时也是提高大学生生命教育的实效性的有效方法。

2.团学活动寓教于乐、机制灵活，符合大学生的心理需求

高校开展的团学活动给大学生生命教育提供了一个良好的体验平台。构建大学生生命教育创新模式，基于认知认同和情感认同的基础，接受主体无论在理智上还是在情感上都产生了价值认同，并内化为自己的价值准则和行为规范，进而指导自己的活动，形成行为认同。行为认同是价值认同的最高境界，也是其最终指向。所以，生命教育创新模式的建构并不是要从外界强加给接受主体一套绝对

高尚的生命价值体系，它是通过基本的社会共同生命价值要求供给，在向接受主体提供合理的生命价值要求的同时，使"自我"在日常经验生活中逐步实现"自我"追求与"他者"要求的内在统一和有机和谐。在生命价值认同过程中，如果离开相应的行为，那么认知认同、情感认同也就失去了坚实的着力点，不具有任何实质性的作用意义。一般来说，衡量行为认同的指针仅用"知晓度""理解度""赞同度""支持度"是不够的，应该再加上"思想行为吻合度"和"行动贯彻度"，因为认同要以观念的形态出现，最终还要通过行为认同活动实现自身。

（1）依托团学活动开展生命教育具有参与性广、可操作性强的优势。团学活动以其丰富的内容、灵活的机制广泛吸引大学生主动参与其中，具有接受主体参与广泛性、接受客体效益深广性的显著特点。它因时因地制宜，可以突破班级、专业、年级甚至学历水平的界限，在同一价值目标下集合接受主体于同一个活动群体中，进行价值观念、思维方式和行为方式的交流、互动，实现文理渗透、理论与实践相结合。活动时间可长可短，可以是一次性的，也可以是周期性的。地点不局限于校内，可以走出校门，融入社会。这就使得活动在结构、内容、形式和体系等方面能及时同外界进行信息交换而保持动态性，寓思想教育、观察分析、拓展思维于其中，保证教育效果的持续有效性。

（2）团学活动更加贴近大学生的日常实际行动，有利于提高生命教育活动的实效性。相对于高校教育的课堂模式而言，团学活动在内容设定、机制构建方面具有丰富性、灵活性的特点，这与新时期当代大学生的心理特征非常契合，利于接受主体对生命教育的价值认同。

在当今这个提倡素质教育的时代，团学活动已成为"丰富大学生课余生活，拓展大学生综合素质"的重要载体，其具有课堂教学无法替代的价值正日益凸显。高校团学活动模式设计的以"办讲座""观电影""传箴言"为主要载体构建的大学生生命教育创新模式，内容涵盖了政治、历史、文学、艺术等各方面的知识，贯穿于大学生的世界观、人生观、价值观教育的全过程。同时，在创新模式的运行过程中始终坚持积极引导，接受主体自愿参与、自我管理，参与者可以根据活动的具体内容结合自己的兴趣爱好选择参加，其主体性得到充分展示，个性得到充分发展，也就符合其心理特征。特别是在改革开放大潮中成长起来的大学生，其现阶段的心理处于迅速走向成熟，但又未完全真正成熟阶段。由于信息渠道的急速拓宽，接触新鲜事物的频率加快，他们具有以下特征：观察力显著提升，逻辑思维能力逐渐提高，情感日益丰富、充满激情，自我适应感增强、社会性发展加快。同时，亦具有感情脆弱、意志薄弱、依赖性强等缺陷。这些特征就需要团学活动，一方面在内容上具有针对性、吸引力，易于接受主体学习、体验；另一方面在教育过程中符合接受主体的心理特征，借助接受中介达到接受主体与客体之间"无缝对接"。如在"珍爱生命主题设计大赛"活动中，针对高校校园中一些意志脆弱、心理素质差、悲观失望的学生，我们组织主题班会，通过阅读、讨论《钢铁是怎样炼成的》《假如给我三天光明》等书的主题思想，引导学生追寻人生的意义、告诫其珍惜大学时光。真理越辩越明，智慧在交锋中闪现。以贴近大学生生活实际的案例为借鉴，用正确的方法去指导大学生解决他们思想上的困惑、疑惑，增强大学生生命教育的说服力、吸引力，其效果自然事半功倍。

二、团学活动模式构建的目标和原则

联合国教科文组织国际教育发展委员会在报告《学会生存》中指出："如果教育要继续成为一个生机勃勃的有机体，能够运用智慧和精力去满足个人和社会发展的需要，那么它就必须克服自满和墨守成规的缺点。教育必须经常检查它的目标和原则。"生命教育是作为教育的一种形式，需要不断检视作为鲜活的生命个体的"人"的需要，积极从教育目标、教育原则等方面进行一系列的调整，促进"人的教育"的真正回归。

（一）目标

1.认知目标

正确认识生命是生命教育的基础和前提。只有正确认识了生命，学生才会珍爱生命，既珍爱自己和他人的生命，才能追求生命的意义，实现生命的价值。

发现和了解生命。这一目标就是要让学生认识到什么是人、什么是人性，解决"人为什么活着""怎样活着"等问题。大学生通过生物学、生理学知识的学习，了解了自己的身体构造及生命的基本特征，了解生命的诞生、成长、衰老、死亡等的自然现象，熟知有关保持身体健康和心理健康的知识，知道如何拥有强健的体魄，并懂得如何保持心理健康。这时就要给他们一个实践的平台，通过团学活动将书本知识转化为自身的自觉行为。

敬畏生命。高校要通过开展生命教育团学活动教育大学生热爱生命，尊重与珍惜生命的价值，张扬个人独特的生命，能与他人和谐共处，探索与认识生命的意义。在整个教育历程中使学生体会到身为"人"的意义与价值，引导学生思考人生的问题，以宏观的视野去认识人类存在的意义，关心人类的危机。

把握生命的真谛。一些大学生之所以对人生感到迷茫，就是因为他们没有体味到人生的真正意义，对人生缺乏哲学层面的正确认知。在掌握一定生理和心理知识的同时，大学生还需要了解哲学方面关于生命的知识，提高对生命的感悟和深层认知，锻炼自己的理性思考能力，意识到生命是一个追求意义的存在，最终能够树立正确的世界观、人生观、价值观。

2. 情意目标

珍惜和热爱生命。人最宝贵的是生命，个体生命的存在是人类创造和实现一切的前提与先决条件。只有生命存在，我们才能去学习，去工作，去生活，去感受爱与恨，去体验幸福，才能谈得上发展和质量问题。生命教育要让大学生明白，有限的生命不是私有财产，每个人的生命根源上都连接着父母的生命、民族的生命。正如诗人宫志峰在《未来记忆》一书中所说："人生要懂得珍惜，珍惜母亲给予的生命，决不能把花样年华任意挥霍，虚度此生；人生要懂得珍爱，珍爱祖国给予的传承，决不能在季节的风雨中随波逐流，玷污光荣。"

保护和延续生命。个人的生命延续越长，所实现的生命价值相对就越大。大学生在成长过程中会面临各种成长体验。生命教育要引导学生通过各种方式延续生命。其中，很重要的一点是培养学生自我保护的意识和能力，教会学生基本的生存技能，即如何在各种险情下进行自救或救人的知识，包括校内安全、校外活动安全、卫生饮食安全、自然灾害防范、火灾防范、食物中毒等事故的急救应变方法，以及在野外、在没有外援的情况下如何生存等。

培育抗挫素质。当今社会，人的生存面临着各种压力，有生理的，还有心理的，这就使得人们的生存常常要面临各种挫折。生命教育要教会学生在遇到困难、挫折时有一定的承受能力，学会正视自我，战胜自我，只有鼓起勇气，努力向前，才能最终克服困难，战胜挫折。生命教育不仅要提高大学生的心理承受水平，使他们形成对刺激的适宜的反应方式，而且要提高大学生的心理调节水平，使他们正确地认识与评价自己和现实，掌握正确的认识、评价方法，最终提高他们的自信水平，使他们形成积极进取的心理状态。

3. 行为目标

维护生命安全。从法律的角度而言，生命是指自然人的生命，生命权是人格权的组成部分。生命权的内容尽管在不同的时期有着不同的规定，但其核心内容是保护自然人生命安全利益的权利。通过生命教育，要让大学生把握生命权的基本内容，并能在生活中积极维护自身的权利。生命安全维护权主要包括三方面的权利：第一，生命的延续权，具体指人有生存的权利，也有生命不受非法中断的权利。第二，自卫权，当有非法侵害生命的行为的危险发生时，可以采取正当防卫或者紧急避险。第三，请求权，当有危及生命的事件发生时，有请求帮助解除危险境况的权利。

提升和激扬生命。"我们生而为人，这并不足以使我们成为人；我们活着，这并不说明我们进入了人生；要进入人生，必须凭自己的自由意志去设计人生。人生没有组成的模式和模范，每个人的角色必须自己去创造。"大学生处于求学时期，是社会化的前期阶段，其生命价值主要体现为内在价值，即内在的体能、知识、技能、品德的积累。因此，生命教育要引导学生合理建构自己的理想，并付诸行动，从而达成自我实现。对生命意义的追寻，是人的生命的独特之处，这种生命的意义在于超越自身的有限性，通过创造性活动赋予其生命更多的意义和价值。因此，生命教育要做到以下几点：一是有理想、有追求，不满足于自身存在状态，对自己未来充满希望与信任；二是充满青春与活力，不惧怕挑战，勇于自我更新，积极体验和关心生活；三是积极的人生态度，无论顺境、逆境都能面带微笑坦然对待。

预防大学生自杀。生命教育应帮助有自杀意念的大学生摆脱或解决诱因打消自杀念头，使他们感到生活的希望；激励有心理问题的大学生努力学习，用心处事；帮助有错误观念和错误认知的大学生，要让他们懂得片面、绝对地看问题往往就是悲剧的根源；最后，要赢得心理专家的帮助和社会的支持，建立学校、社会、家庭一体化预防大学生生命教育模式。

培养大学生合理规划人生的能力。在大学阶段，大学生们已经有了确立人生计划的意识，生命教育就是要引导学生科学、全面地对人生进行规划，为人生航向定位。要做到让学生能够客观全面地对自身进行评价，认清自己的优点和劣势，并且结合客观现实的各种因素（家庭背景、社会环境等），来制订自己的人生规划。当前尤其要做好的就是职业生涯规划，因为求职已经成为大学生关注的重要话题。帮助大学生做好职业生涯规划，对他们一生的健康成长至关重要。

生命教育的认知目标、情意目标和行为目标是一个由浅入深、相辅相成的过程，三者共同建构起大学生生命教育的目标。

（二）原则

1. 以人为本，全人教育原则

在对大学生进行生命教育过程中，"以人为本"理念包括以下几方面内容：一是关注人文精神的培养，引导大学生对生命的更深层次感悟，从而珍爱生命；二是教师应树立以人为本的教育理念，把生命教育贯穿于大学教育的全过程，要渗透于课堂教学的活动中，重视大学生的情感与体验，为学生营造一个和谐的教育环境，从而促进大学生的个人成长，激发大学生对生命的热爱。

从某种意义上说，生命教育的核心就是全人教育。所谓全人教育，就是以"人"为中心，分别做横的延伸和纵的连贯，包括身、心、灵的健全成长以及德、智、体、美的平衡发展，帮助学生将内化的价值理念统整于人格内，透过"知、情、意、行"的整合，达到"认识生命、欣赏生命、尊重生命、爱惜生命"的目标。在新的时代，教育不应只关注大学生智力开发和知识的接受，而应将大学生作为一个"全人"来看待，注重大学生和谐人格的培养和教育。

2. 多样性原则

大学生渴望了解社会，喜欢参加各种实践活动。大学生生命教育可根据这一特点，通过团学活动实施各种生命教育实践活动，引导大学生在实践中掌握生命知识，感悟生命的意义和美好，形成积极向上的生命观。如通过组织大学生参加爱心传递、扶贫助困等活动，让他们在实际的助人过程中学会关爱与付出，体验和感悟生命的快乐，增强生命责任感。通过组织大学生参加假期三下乡等活动，让大学生深入发展落后的贫困地区，亲身体验生活的艰辛与生命的顽强，从而更加珍惜自己和他人的生活，增强自己的历史使命感……这样大学生生命教育就能够在理论渗透的同时，再以社会实践活动予以强化，使大学生的知识掌握与亲身实践、亲身体验相结合，可以取得更好的效果。

3. 结合性原则

在学校的生命教育中，要有意识地结合生命教育，这种结合包括学科教学结合、综合实践活动结合、校园文化结合等。结合是长期的缓慢的过程，其中环境结合是一种有效的方式。学校开展团学活动生命教育同样必须注重营造关爱生命、关注环境、关心他人、关怀人类的校园文化环境，从教育理念、制度建设、环境布局等方面，强化生命教育的氛围。

4. 体验感悟原则

人作为生命的存在生活在大千世界之中，它周围的一切包括它自身都要靠自己去认识、领悟和体验。生命自身是不会自然显现意义、实现价值的，只有每个个体生命通过自己的实践才能发现生命之真，体验生命之美。生命教育只有通过学生亲身体验，自身感悟，才能逐步形成自己完善的人格和深刻的认识。体验和感悟必须紧密联系生活、联系学生的实际。因此，生命教育课程要让学生更多地走进社区、走向社会，注意用活生生的案例教育学生。

5. 长期性原则

对人生的思考和目标的确立不是通过几次活动就能解决问题的，生命教育需要一个长期的探索过程。大学阶段仍然是确立人生目标和形成生命价值观的关键时期，对生命教育的策略定位需要在实践中不断探索和创新。文艺复兴后期法国最重要的道德学家米歇尔·蒙田深刻指出："我们的教育仅仅不使人变坏那是不够的，应该使人变好。"要做到这一点，高校必须从传统的教育模式中走出来，站在生命伦理的高度，在生命教育理念的指引下真正把学生看作是一个个独特的生命个体，去关照、理解、尊重、宽容、锤炼他们，不断开创和完善大学生生命教育团学活动创新机制，提高大学生生命教育的实际效果。

三、团学活动模式的实践

大学生渴望了解社会，喜欢参加各种实践活动。大学生生命教育可根据这一特点，通过团学活动实施生命教育，引导大学生在实践中掌握生命知识，感悟生命的意义和美好，形成积极向上的生命观。如通过组织大学生参加关于生命演讲比赛、生命主题电影、珍爱生命箴言创建等活动，让他们在实践过程中学会关爱与付出，体验和感悟生命的快乐，增强生命责任感。通过组织大学生参加假期三下乡等活动，让大学生深入落后的贫困地区，亲身体验生活的艰辛与生命的顽强，从而更加珍惜自己和他人的生活，增强自己的历史使命感……这样大学生生命教育就能够在理论渗透的同时，再以社会实践活动予以强化，使大学生的知识掌握与亲身实践、亲身体验相结合，可以取得更好的效果。

（一）活动的载体

1. 开展"珍爱生命"主题团日活动设计大赛

为了在大学生中加强"珍爱生命"教育，我们依托高校已有的团学活动教育资源，利用重大纪念日的机会，如"世界艾滋病日""世界禁毒日""感恩节"，组织学生开展"珍爱生命"设计大赛。通过亲身体验，在真实的氛围下接受关爱生命教育、感染每一位大学生，引导他们珍惜光阴，志存高远，开拓进取，为实现中华民族的伟大复兴而奋斗不息。又如，在开展"世界艾滋病日"主题团日活动设计大赛中，一批批大学生设计举办了摄影、漫画作品展，看着那一张张发人深省的照片，同学们内心久久不能平静，大家都在沉默中认真思考着生命的意义。事实证明，生命教育让大学生参与其中，从自身做起，从细节做起，已经成为高校教育者的一份责任。通过亲自动手设计，使大家切实感受到了"珍爱生命"主题团日活动的重要作用，亦为大家的人生追求、人生理想树立了一面镜子。

2.举行"关爱生命"演讲比赛

组织大学生参加"珍爱生命"演讲比赛，演讲内容不仅反映生活，揭示世界本质，而且故事对人的塑造施加着积极影响，让人听而有发、有感、有想，它来源于生活，经过加工、提炼出的道理以质朴的语言、深度的见解、灵活的表达方式为大众所接受，又指引着他们的生活追求。我们要以创新的思维，牢牢把握现代大学生的心理特征，通过借助现代化的多媒体设备，用他们喜欢的图像、影音等模式开展"关爱生命"演讲比赛。在比赛过程中，同学们各显神通、创造性地用PPT、老照片、漫画等形式开展班级团学活动，通过真实的故事给大家耳目一新的感觉，大力弘扬了珍爱生命、善待自己和他人的主题。反馈结果表明，"关爱生命"演讲比赛既是对同学们生命价值观情况的考察，又进一步提高了同学们自主认识生命价值的兴趣。同学们对于此次主题活动有着自己独特的见解——形式上，摒弃了传统的"台上讲台下听"的单一模式，师生双向互动的新模式调动了大家的积极性，所以大家的体会更真实、更深刻；内容上，少了呆板、空洞的理论说教，贴近日常生活的场景，身边的所见所闻，让大家于细微之处见真知、于平凡之处见伟大，因而教育效果更震撼，影响更持久。

3.组织学生观看"珍爱生命"主题电影

在国内外电影史上，经典生命教育电影层出不穷。观看"珍爱生命"主题电影要求我们通过欣赏经典生命教育题材类影片，达到对生命的理性审视和客观认识，从而在生活的激荡中，做出理性的选择。经典电影里面蕴含着人类深刻的理想追求，让大学生接受古今中外人类文明史上流传下来的经典影片的熏陶，是开拓其眼界、提升其修养、增长其智慧的有效措施。

譬如，针对我国的汶川地震、玉树地震、舟曲泥石流等自然灾害，学校组织学生观看了经典影片《托斯卡尼艳阳下》和《我们要活着回去》，教育广大学生在死亡、灾难面前找到生的希望，使学生认识到生命中少不了挫折，走出挫折的泥潭，前面就是一片艳阳天，进而激发广大学生对生活的热爱、对人生的追求；在面对考试失利、感情挫折以及就业困难时，通过组织学生观看《菊花香》《美丽人生》《少林足球》等经典影视作品，告诉学生"生命是一个充满着欢乐、同时也少不了痛苦的过程，生命有时是很无奈的，乐观面对，不要向命运低头，走出自己的一片天，人生终将美丽。"通过以上活动，我们生命教育团学活动模式取得了可喜的成果，有效地为大学生生命教育探索出一条新路；另外，我们收到了大量主题鲜明、文字鲜活优美的心得体会。在一篇感想中这样写道："近几年，在新中国的发展史上很不寻常，面对严峻挑战和困难，灾区群众不等不靠，顽强拼搏，凭借自己的双手和智慧，重建了美丽家园，灾区各项社会事业稳步向前推进，取得了令人欣慰的成绩。这种精神弥足珍贵，激励着灾区人民坚定信心，也鼓舞着全国人民。"在活动过程中，同学们既陶冶了情操，又得到了启发，这种模式正在全校范围内推广，旨在引导学生追求高尚的生活品位，自觉提升人生追求和修养。目前，该活动进展顺利，深受广大师生欢迎。

4.开展"关爱生命"座右铭创建活动

所谓座右铭的创建，就是把崇高的精神、古代的和现代的知识理论、生动翔实的文化生活例子等，经过提炼——加工——再认识的过程形成座右铭，人人相传，代代相传，世世相承。就是利用手机、微博等现代传媒的易操作、高效率、大容量、方便快捷等优势，不断扩大箴言的社会覆盖面、影响力，调动手机用户间点对点互传的积极向上的座右铭。

为了让"珍爱生命"活动深入高校校园，丰富大学生的精神文化生活，不断提高大学生的生命价值观念，我们在大学生中开展了"关爱生命"座右铭创建活动。此次座右铭的创建活动，以原创编辑为主、摘录借鉴为辅，编写以下方面的座右铭语句：人生格言：主要是对人生经验和规律的总结，经典语句：主要是传统文化中的励志、修身等方面经典语句。这些箴言诠释了生命意义，它的价值就在于"以金科玉律之言，作晨钟暮鼓之警；其说理之切，其举事之赅，其择词之精，其成篇之简，字字沁人心脾，言言落入肺腑。"在大学生中间形成传播、学习、践行箴言的"裂变"效应，以达到规范人们行为、弘扬生命价值的巨大社会效应。

（二）实践活动的效果探析

大学生生命教育团学活动创新机制实施以来取得了良好的效果，也积累了生命教育的宝贵经验，同时，也发现了传统生命教育模式的不足，为今后更好地开展生命教育奠定了坚实的基础。

1.促进了大学生对生命教育的正确认知

认知是指人们获得知识或应用知识、信息的过程，这是人的最基本心理过程。它包括感觉、知觉、记忆、想象、思维和语言等。所谓认知认同就是指人们在对生命感性认知的基础上，完成的理性认同。在团学活动中，通过设计活动方案，规定活动主题，把认识生命、尊重生命、敬畏生命、珍爱生命等内容融入每一次主题团学活动中，强化接受主体对生命的认知。首先，认同主体将生命观内容的主体纳入自己的认知范围，但对它的正确性和必要性不一定认可，甚至还会怀疑。然后认同主体在认知基础上对生命观表示承认、认可和赞同。衡量它的指针是认同主体对生命观的意义、地位、作用和要求的"知晓度"和"热知度"。认知认同它并不是一次性完成的，对同一内容的传达要在不同的时间内多次反复进行，从而使认同主体获得对该内容所涵盖知识的全面而深入的理解，并达到熟知的程度，进而实现认知认同。比如在"珍爱生命"演讲比赛活动中，通过学生自己选择比赛题目，组织选手反复训练，渐渐地就把大家的情绪调动起来了，大家就会逐渐自觉地去了解讲稿的创作背景、创作意义、精神内涵，一开始的"任务"慢慢就转化为自己的"选择"，尊重生命、敬畏生命、珍爱生命等生命规则顺其自然地内化为接受主体的自觉追求。

2.提高了大学生对生命教育的价值认同

价值认同即是指价值主体不断改变自身价值结构以顺应社会价值规范的过程，它体现出社会成员对社会价值规范的一种自觉接受、自觉遵循的态度。价值认同主体具有自主性的特点，它是人的主体地位的体现，表明每个人都有自主意识、独特个性，具备能进行一定自主活动的能力：认识——选择和实践——创造的能力。价值作为主体所选定、假设或期待、追求的目标，是一种主体选择和力图实现的某种可能性，是一种动态的过程，这就是价值认同的过程性特点。一方面，价值是对未来理想和目标的一种期盼和追求，它通常是表现为主体在多种可能性中所作的某种价值选择。但是，由于每一个人其年龄、性别、生活环境、生存状态等客观条件的不同，以及思想意识、性格气质等主观条件的不同，对于价值观的认同也就截然不同，因而此过程并不是一劳永逸的，相反，它经常会经历从部分认同到完全认同的循序渐进的过程性。因此，依托团学活动，构建大学生生命教育创新机制，重点在于提升接受客体对生命价值认同，并上升到战略高度，将这一过程动态化、持续化、长期化。如在"珍爱生命箴言创建"活动中，要求每位同学至少准备五条箴言，由各个班级的联络员汇总整理，再由指导老师按照评分细则，选出优秀箴言，并汇编成册，在同学们中广为传阅。有的班级还将箴言印刷并装帧设计，悬挂于教室、教学楼走廊、社区宣传栏以及寝室里，时时警示、激励着同学们，既美化了校园环境，又在不经意间受到了教育，收到了

"随风潜入夜，润物细无声"的奇效，在校园内形成传播、学习、践行箴言的"裂变"效应，以达到规范人们行为、弘扬生命价值观的社会效应。

3. 强化了大学生对生命教育的情感认同

情感是指人在对事物的属性、特征及其关系等形成认识的同时所产生的对该事物满意与不满意、喜爱与厌恶、肯定与否定等一系列的态度。情感认同就是指在对一事物有了深刻全面的了解之基础上，在情感上对其产生的满意、喜爱以及肯定的态度。它是在认知的基础上产生，源于对事物真切、深刻的了解。它是伴随着认知而产生和发展的，同时又推动着认知认同的深化并促进价值认同的发展。情感作为认同主体所固有的非理性因素之一，渗透于价值认同的全过程。从认同的选择，到客体信息的分析、加工、综合等，整个认同过程无不受到情感因素的影响，而且，认同主体的情感具有自身的复杂性和不稳定性，容易受到外在导向的影响。在团学活动中，情感无处不在，它对是否认同、认同的广度和深度发生影响，对认同活动起到调控作用。一般而言，认同主体对于能够引起其产生肯定性情绪反映的信息比较容易认同，也就容易取得良好的效果。而且，认同主体的情感状态也制约着情感认同。当认同主体处于积极的情感状态时，他往往对认同客体的感知取向、理解向度带有肯定性情感的痕迹，从而能促进价值认同。充分利用具有重大纪念意义的节日，创新团学活动方式，注重烘托珍爱生命的主题氛围，调动接受主体的积极情感，以便从情感上增强其对生命价值的认同。如在进行的"珍爱生命设计大赛"中，要突出"尊重生命"这个主题，选手也要注意营造气氛，让接受客体置身于生命教育的氛围中，其激昂的情绪得以迸发，注意力自然被舞台上的主旋律所吸引，弘扬什么、突出什么无形中入其脑、入其心。在"珍爱生命"主题日演讲比赛中，开场时全体起立高唱珍爱生命歌曲，已经为活动定下了格调，随着选手们绘声绘色的讲演、抑扬顿挫的语调，辅以情节跌宕起伏的短片，接受主体的情绪逐渐被提升起来，引人入胜的情节引导着接受主体去追寻小故事里的大道理。这样的情感体验自然而然地加深了生命教育效果的持久性。

4. 存在的不足

在依托高校团学活动，探索构建大学生生命教育创新机制有效途径的实践中，仍有很多方面有待完善，大致包含了三个方面：其一，试点范围需要扩展，影响力需要进一步扩大，力争再用三年左右的时间，把大学生生命教育团学活动模式覆盖至地区大学达到90%，理工科院校比例要达到80%；其二，考核机制要细化、灵活化，在现有基础上，建立学生活动档案，学生活动考核情况纳入平时成绩考核、就业推荐方案中；其三，加强交流，不断提高。前期试验的成果可以和其他院校现有的团学活动生命教育成果相互分享，鼓励大家积极走出去，观摩其他院校的先进经验，在交流中借鉴别人的优点，为我所用，不断完善自我。

总之，生命教育的开展是一项长期的系统的工程，大学生生命教育更是有其特殊性，单靠高校课堂教学模式无法取得预期的效果，只有借助高校团学活动这一平台，将大学生生命教育的内容融合其中，才能走出一条大学生生命教育的创新之路。

亚里士多德曾经说过：人类最大的幸福就是理性的思考。人的肉体和能力是有限的，而人的思想却可以超越有限进入无限，柏拉图的"理想国"、康德的"物自体"、黑格尔的"绝对精神"，人类正是在这种不断超越自身的过程中，创造了自己的文明史。对于现实生活中的生命个体来说，美好的人生不是自发地来到每个人的面前，它要靠每个生命个体自己去追求和创造。而生命教育对于帮助、指导个体去追求美好人生、实现人生价值具有非常重要的作用。生命教育是真正充满生命活力的人的教育，是引导人生走向美好和完善的教育，生命教育关注人生命意义的教育，本身是一个不断开拓、不断发展、不断更新的过程，其目的是为了使人的生命之树茁壮成长，生命之花灿烂开放，从而使自己的人生呈现光彩夺目的景象，拥有一个无比美好的生命世界。在自我、他人、世界的共鸣中，在超脱而豁然澄明的意境沉浸中，每一个生命走向自由而又开阔无限的天人合一境界。

第四节 网络互助模式

一、网络互助模式的优势和意义

（一）网络互助模式解读

网络是一种崭新而又特殊的文化现象，网络传播具有鲜明的交互性、便捷性、广泛性、虚拟性等特性。其传播主要是通过传播者以互联网络为媒体，跨越时空限制，将信息传递给接受者，它反映了传播者、接受者和互联网络之间的社会关系，是一种建立在现代信息技术基础之上的文化传递扩散现象，其对大学生自我价值的形成与发展有着重要作用。

网络互助模式，是将心理学、生命教育、信息网络技术相结合，构建并运行"学校、学生、家庭、社会、生命互助联盟、生命援助体系"六位一体的大学生生命互助的网络模式。其宗旨是"助人自助，互助成长"，机理是"网上求助，网下救助，网上网下互动"，其特征是"一人求助，多人帮助"，其目标是"共建大学生生命家园、提高大学生心理素质"，将传统的"管理本位"转变为"学生本位"，以学生主体作用发挥为抓手，建立大学生生命互助联盟，依托既有的大学生心理互助网络平台、心理互助热线、心理互助微信群、QQ群等载体，开展"助人、自助、互助"的生命教育活动，充分调动学生自我教育、同伴教育、朋辈互助的积极性，构筑起了能动的自助互助体系和牢固的社会支持系统。

学生一旦在网上留言求助，就会适时得到多人的回帖帮助（包括大学生心理互助联盟成员、"游客"、教师、专家等）；学生在成长过程中常遇的心理烦恼和困惑可以通过网上回帖得以缓解或解除。对于涉及的心理障碍或心理疾病，则依托后台心理援助体系（学校心理咨询中心老师、医院心理治疗专业人员等）予以解决。机制的运行，确保了"学校、学生、家庭、社会、大学生心理互助联盟、后台心理援助体系"多方位、多功能、多层次互动。

（二）网络生命教育的优点

运用网络途径进行生命教育，有利于提高学生的主动参与度，有利于发挥学生的主观能动性，使学生乐于接受此种教育形式。网络资源的丰富性，可以使学生通过网络轻松获取生命教育的相关知识；网络的虚拟性，可以使学生避免现实中与他人交流时的紧张，易于袒露心声，不受时空限制，随时随地交流学习。网络生命教育基本上不受时间、空间的限制，任何潜在的受教育主体都可以利用网络，及时获取生命教育的相关资源信息，扩大了生命教育服务对象的规模，扩展了生命教育实施的途径，降低了生命教育的实施成本。在传统教育模式下，生命教育的实施很多时候需要创设真实的情景，才能达到学习的效果。例如，在安全教育中，有些演练需要模拟真实情景，道具、工具的一次性成本较高，且难以循环利用。另外，学生在心理健康中心接受生命教育的个别辅导，所付出的成本也是相当高的。利用网络资源，许多演练都可以在创设的虚拟环境中进行，既有趣又不存在风险，同时对于心理咨询，也完全可以借助网络来进行，既简单又方便。

二、网络互助模式对大学生生命教育的意义

网络互助模式充分发挥互联网的优势，形成生命教育的网络互助，充分利用互联网的积极正面作用，建立生命教育的网站和网络、生命教育工作队伍，构建健康的生命教育网络环境，开展生命教育论坛的讨论和交流，将家庭网络、学校网络、社会网络联系起来，形成合力，让学生在这民主、自由的平台上自由驰骋，尽情抒发寻找生命的价值，获得生命的启迪与温暖，对于大学生生命教育的意义具体有以下方面：

（一）助人与自助的意义

学生注册后，写上自己的问题，单击"提交"，此种方式既克服了同学走进心理咨询室的恐惧或抵触心理，又使咨询员的帮助来得方便、快捷。普通同学注册后，选择自己感兴趣的问题，回复交流。通过参与回复问题，既帮助求助者，又丰富自己的心理学、生命理念的知识，提高了自己的心理素质，从而实现"助人自助、互助成长"。

（二）提高校方对学生深入理解的意义

透过平台上同学们的留言，学校一方面可广泛采集学生中真实的信息，从掌握的真实信息中获悉学生中的热议、难点问题，把握学生的思想动态，了解学生中的不和谐、不稳定因素，了解学生中群体心理健康状况；另一方面可对所掌握的信息进行分析，并将需要向上一级反馈的信息及时予以反馈。

（三）预防预警意义

及时发现有严重心理疾病的学生并实施心理危机干预。比如有同学在平台上提交"我觉得生活没意义，不如死了算了"，就可判定这个同学可能出现了生命危机。一方面，在线心理咨询员要及时对这类同学热情关怀、密切关注，另一方面，迅速告知后台网络技术管理人员及时锁定危机对象，同时迅速告知学校心理危机干预机构，及时对其给予心理危机干预，从而发挥模式的预防和预警功能。

（四）教育服务的意义

1. 构建在线生命课堂

专业心理咨询师定时做客心理互助网络平台，对同学们遇到的环境适应、人际交往、成长烦恼、情感困惑等问题进行详细的剖析、讲解，把生命教育课堂延伸到学校的每台电脑，使有限的生命教育资源得到最大限度的利用。

2.有助于心理健康常识的普及

平台左下角设"心灵贴士"栏目,提供心理保健指南、心理健康常识等心理学知识,移动鼠标点击蓝色字条便可浏览相关知识。

3.提高心理问题新闻的传播效率

提供社会、校园最新心理话题、心理学进展信息资料,方便大家对社会心理动态的了解。

4.思想政治教育意义

通过网络生命互助模式的运行,使大学生与思想政治教育工作者建立起和谐、融洽、信任和理解的关系,从而更好地接受思想政治教育。

三、网络互助模式的构建及实践

(一)构建目标

大学生命教育网络互助模式建设是一项集多个环节、多种任务的综合建设过程,首先,应以建立教学资源库为中心,把互联网上和教师自己开发的有关生命教育教学资料搬到网络教学基地的资源库中来,建立突破时空限制的开放性、多元化的网络教育方式,通过实体与虚拟网络为大学生了解生命观提供专门辅导平台,并与大学生建立良好的交流互动,让学生得到高质量的学习效果。其次,大学生生命教育网络互助模式建设具体来说可以包括几个方面:一是建大学生生命教育网络互助主题网页,引导学生前往"冲浪";二是建立公告栏答疑版块,教师主动以普通用户的身份积极参与讨论,及时回应学生提出的问题,甚至可以有意识地激发学生间的讨论,并对学生网上的言行加以引导;三是积极制作交互性较强的电子教案、有关影像资料,甚至教师还可以在板块内建立模拟空间,使其成为一个丰富的课堂网络教学系统,并储存到资源库中,集中地放在大学生生命教育网络主页上,方便学生随时进行学习。

建设过程可采取以下步骤:第一步,周密策划。广泛宣传,全面了解学生就"生命"话题所要达到的诉求,制定大学生生命教育网络互助建设目的、整体风格、色彩倾向、功能模块。第二步,数据整合。准备网络教育基地所需的文字、图片、动画、音视频等内容,按大学生生命教育的内容设计模块,然后将准备的教学资料按照设计的教学模块进行分类,形成系统的资料数据库。第三步,版式设计。合理地利用软件对版块进行设计,突出每个版块所包含的生命价值观的内容。

生命教育是长期性的教育，因此在建设网络互助平台的时候也要探索一套实在管用、相互联动、综合育人的长效机制，具体来说就是要紧紧抓住加强规划、完善制度、规范管理、充实队伍四个关键环节，并且要依托借鉴既有的校园网络、心理咨询等成熟系统的优点，取长补短，共建共行，形成全方位，以人为本的网络语言环境。

（二）原则

大学生网络生命教育原则就是学校网络生命教育工作者必须遵循的基本要求。从总体上看，运用网络技术和网络信息资源对大学生进行生命教育，应结合大学生的身心发展特点和情感需要，大胆创新，积极引导，调动大学生的积极性和主动性，鼓励他们大胆探索，积极实践。根据从事大学生网络生命教育工作的体会，参照国内有关研究成果和实践经验，我们将大学生网络生命教育的原则罗列数项如下：

1. 继承与创新

实施网络生命教育并不意味着对传统生命教育的全盘否定，而是在正确继承传统的基础上，根据实际需要进行一定的教育方法、教育内容与形式的创新。传统的生命教育虽然存在诸多不足，但它也在长期的实践中积累了大量的经验和教训，这些都是非常宝贵的知识资源，如果不加以继承和利用，必然要再次进行"盲人摸象"般的探索，这样是非常浪费时间和精力的。因此，学校生命教育工作者必须善于研究传统生命教育的经验，并将其正确运用到网络生命教育工作中。当然，仅仅继承传统并不能满足网络生命教育的新需求，学校网络生命教育工作者还必须结合网络的特点，不断创造新的、适合青年学生身心发展特点的网络生命教育方法和途径。概言之，必须在继承和发扬传统的基础上，充分发挥网络的创新功能和先进技术的优势，将传统生命教育与新型的网络生命教育有机结合起来，共同发挥教育作用。

2. 监督管理，正面引导

学校网络生命教育必须实现监督管理与正面引导相结合的原则。首先，学校可通过校园网络监督管理体系的建立，监督上网内容，过滤有害信息，抵制网络黑客，控制上网时间和频率，防止学生网络成瘾。也就是说，学校应运用技术手段在校园网站服务器中建立"信息海关"，安装过滤不良信息的软件，净化学校网络信息资源。其次，学校要适时增加与生命教育密切相关的信息的发布，正面引导学生学习生命知识及与之相关的心理健康知识与技能。我们应当清醒地认识到，如果不主动引导学生正确运用网络，那么学校网络生命教育工作将可能事倍功半，甚至会徒劳无功。

3.以学生为主体，突出"互助"

在网络生命教育过程中必须尊重大学生的主体地位，注意调动他们的积极性、主动性和参与性，这是网络生命教育成功的基础。在网络空间中，学生可以根据自己的需要，独立选择网络服务的项目和内容，自由度和灵活度都显著增强，因此，适时鼓励他们积极思考和探索，将知识和技能内化，将有利于提高他们的学习兴趣，树立自信心，激发其学习动机和探索欲，进而提高学习效率和效果。此外，网络生命教育必须注重锻炼学生的实际操作能力，即鼓励学生主动将所学的内容用于现实生活，在实践中将陈述性知识变为程序性知识，使习得的知识和技能不再是空洞乏味的理论，而成为既可以"自助"，也能"助人"的实用性工具。

4.简单有趣，容易操作

在设计和选用学校网络生命教育的软件、网站界面时，应以简单、易操作、充满趣味性为原则，那些难度大、费力、费时的软件不宜用于学校网络生命教育。这是因为，学校生命教育软件和网站等都是面向学生的，他们的电脑专业程度毕竟有限，过于复杂、难度过高的软件可能会使他们付出过多的学习时间，甚至挫伤他们学习的积极性。不仅如此，过于复杂的软件也会给实施生命教育的教师造成不必要的障碍。因此，学校网络生命教育软件在设计、选择时应注意难度适中、操作性强。另外，软件的设计和选用还必须注重趣味性，灵活采用心理讲座视频、Flash、动画、幽默短片、BBS、聊天室、微信、QQ等大学生喜闻乐见的形式，对他们进行生命教育，换言之，网络生命教育不仅要为学生提供个性化的心理知识，还应提供个性化的趣味心理游戏，使学生在游戏活动中既能得到生命教育知识的熏陶，又能获得心理健康知识和技能。

四、网络互助模式发展策略

网络对于现代大学生的影响越来越重要，应该坚持正确的舆论路线，利用网络优势，全面推行生命教育，校园网可以根据自身特点，进行有计划的专题教育，坚持以人为本，有理有度地关注有关问题，而不是炒作个案。生命个体总是生存在于一定的人际关系之中，全民互助特别是学校、家庭和社会密切配合是防治各种生命危机特别是预防青少年自杀的长久之计。

要更好地实施大学生网络生命教育，就必须在汲取传统文化精华的基础上，充分体现时代性,利用网络的优势特点,放大网络生命教育的效应。具体而言,应注意运用以下四种策略。

(一)加强生命教育网络互助途径的开发

中华民族传统文化中蕴含着丰富的生命教育理念,大学生网络生命教育应充分、辩证地运用传统文化中的生命教育资源,发挥网络信息的多样性和即时性,采取多种形式,使大学生接受传统生命教育理念的熏陶。以儒家为例,要求人们珍惜自己的生命、尊重生命、敬畏生命是儒家学说的基本思想。如儒家代表人物孔子十分强调人在宇宙间的崇高地位,他认为人是万物之灵,人是天地之心。他曾旗帜鲜明地指出:"天地之性,人为贵","身体发肤,受之父母,不敢毁伤"(《孝经》)。通过网络途径运用传统文化中的生命教育资源,首先应避免浮于表面,流于说教。换言之,在组织大学生学习传统文化中生命教育知识的同时,要运用网络游戏、多媒体技术、网络讨论等网络生命教育形式,促使学生将知识内化,确保网络生命教育的效果,以使大学生在现实生活中遇到困难和挫折时,能真正做到珍惜自己的生命、尊重他人的生命。其次,要注意对传统文化的扬弃,要"取其精华,去其糟粕",有选择、有目的地选用适合大学生身心发展和网络传播特点的传统文化材料。不仅要正确地继承传统生命教育文化,还要根据大学生的实际需要,结合网络信息和网络人际交往的特点,对传统文化中的生命教育资源进行一定的创新和改造,使其更符合当代网络生命教育活动。

(二)拓展生命教育内容

生命教育是一种动态的、开放的、生成性的教育,具体表现在多方整合拓展的教育内容、灵活多样的教育形式、注重开放性与现场生成性的教育过程、多元多样的教育评价、从课堂到家庭到社区及青少年活动基地的广泛延伸的教育时空等。这些都给教师和学生提供了选择的机会和创新的空间,使课程可以在最大限度上满足不同地区、不同经验背景的学生学习需要。这种开放性还表现在引导学生学会利用广泛存在于学校、家庭、社会、自然中的多种资源进行学习、体验与内化。只有将生命教育的课程放到广阔的社会、时代与文化背景当中,帮助他们不断扩展并丰富其学习经历,积累生活经验,体验生活意义,才能真正促进个体生命成长,实现生命教育的目的。

具体到网络领域,必须增强校园网络的生命教育功能,校园网络是大学生网络生命教育的重要平台,因此,学校应加强校园生命教育网站的建设,或在校园网站上设立生命教育主页,使校园网络真正成为网络生命教育的有效武器。

首先，学校应利用校园网络，组织网络生命教育的师资培训与辅导工作，并在校园网站开辟网络生命教育知识园地，普及和宣传生命知识；应设立心理健康教师在线辅导与咨询栏目，及时帮助学生解决心理问题；应提供在线交流与讨论的论坛，使学生能自助，助人。

其次，开发、引进并利用优秀的网络生命教育软件等信息资源，提高校园生命教育网站的吸引力。趣味性强、操作简便的生命教育软件往往能吸引学生主动使用，使学生乐于学习、主动学习，从而充分发挥学生的主体性，提高教育效果。以网络游戏为例，如果能够制作出知识性、趣味性、针对性兼备的网络生命教育游戏软件，则不仅能使学生乐于使用该游戏学习，还能有的放矢地进行心理健康知识和生命知识教育，让学生将认知转化为行动。

（三）建立及时准确的网络预测体系

大学生网络预测体系是指对大学生自杀危险性的评价体系，该体系通过一定的方法鉴别出自杀的高危人群，从而达到防范的目的。为了能有效地建立此种网络预测体系，一方面，必须采用专业心理测量表，以实现网络心理测量工作的科学化，有效开展网络生命教育，必须规范网络心理测量工作，减少测量的误差，提高测验的可靠性和有效性，以便正确评价学生的心理健康状况，使网络生命健康教育更具有针对性。另一方面，要建立动态的学生心理档案。网络动态心理档案应记录学生定期进行的各项心理测验的结果数据及其评价等。由于网络心理测验具有覆盖面广、数据处理快等特点，建立健全的学生心理健康档案不仅可以提高对学生心理危机的干预力度和及时度，还能从整体上把握学生的心理健康状况，为学校制定切实可行的心理健康教育计划提供可靠的依据。此外，学生通过查阅自己的网络心理健康档案，关注自己的心理健康动态，了解自己的人格特征，将有助于他们树立正确的自我心理保健意识，从而积极主动地预防心理疾病。因此，学校要定期进行学生心理健康状况调查，建立面向所有学生，并可供查询的动态网上心理档案系统。

（四）加强网络生命教育管理机制

加强网络管理工作系统化建设，从校园网络管理工作者来看，应充分发挥辅导员和校园网络管理人员的作用。学校网络管理员不仅要对校园网络的信息进行梳理，防止垃圾信息污染、腐蚀校园网络，还要发挥工作的积极性和创造性，利用各种网络技术，不断革新校园网络，使校园网络真正成为学生乐于使用的生命教育的第二课堂。

网络管理还应充分利用辅导员熟悉学生特点和情况的优势，对"问题学生"（尤其是沉迷于攻击性网络游戏、存在自杀倾向的学生）加强监管。同时，还应提高辅导员的网络操作能力，使网络成为其工作的第二平台。

从管理制度来看，学校应加强监控力度，建立完善的管理制度。首先，学校应充分发挥学工处及有关管理部门的管理作用，在国家法律法规的基础上建立相应的学校规章制度，以便能加强对学生上网行为的控制与监督。例如，学校可根据本校的实际情况，编制《大学生上网行为规范手册》，包括国家制定的法律法规、网络行为道德规范等内容，使学生能充分了解相应的法律法规知识。其次，建立学校网络中心监测机制。学校网络中心应在提高学校网络服务器安全系数的同时，建立专业的网络监控小组，加强对Internet网络中有害信息的过滤，实现校园网络信息的无害化。

（五）提高生命教育影响力

网络互助应引导学生熟悉开放的国际视野下与他人相处的法则：引导学生认识到个体生命的共在性以及他人存在对于自己生命的意义和价值；学会人与人之间和谐相处，相互关心、共同合作、彼此尊重、善于沟通；同情弱小，积极面对人际冲突，树立宽容意识；尊重人与人之间的差异，发展健康的人际关系。作为一个社会性存在，个体生命首先要社会化，适应社会的要求。了解不同社会和文化背景下，不同种族的个体生活方式；学会处理个人与集体的关系，既要维护个体的正当权益、权力和自由，又要遵守所在群体、社会的制度、规范，培养社会责任感、使命感和正义感；引导学生思考死亡与人生的问题，正确认识生与死的关系，树立正确的生命观；还要了解世界的伦理，关心人类的生存危机，树立地球村的观念，实现全方位生命的意义。

第六章 大学生生命教育实施路径探索

第一节 丰富教育内容

一、生命知识的教育

生命知识的教育又包括生命常识和性教育两个内容。毫无疑问，生命教育首先要教育学生了解生命，认识生命的特征和发展过程，即生命常识的教育。生命常识的教育一方面是对生命自然性的认识。人的生命的存在首先是作为一个自然生理性的肉体生命而存在的。新生命是父母的精子和卵子在母体内结合成受精卵发育而成的。受精卵依靠母体胎盘提供的营养不断长大，约经过40周的时间才发育成人。既然人的生命首先是一个生理性的存在，那么，他的生长和发展就必然要服从生物界的法则和规律。衣、食、住、行、吃、喝、拉、撒、生、老、病、死等是每一个人都必须具有的，也是每一个人都无法逃避的。任何一个人的肉体生命都必须直接从属于生物界或一定的生物圈。"自然是人类产生的前提，也永远是人类存在的基础。人的存在从来没有脱离过物质基础和生物性的机能。人，只要存在，就将永远是自然界的一部分，并且作为自然物而存在。人的生物性存在和自然属性是人的史前史，同时也是人类历史的物质前提。"通过认识生命的自然性，使大学生体会父母孕育和养育自己的艰辛和不易，对父母怀有感恩之情；同时，认识自己的生命是自然界的一部分，可以正确对待人与自然的关系。另一方面是对生命有限性的认识。人的生命存在是有限的。马克思指出："任何人类历史的第一个前提无疑是有生命个人的存在。"人的生命特别是肉体生命存在的有限性是任何人都无法摆脱的宿命。人的生命的有限性首先表现在存在时间的有限性。就个体来说，生命的存在时间是非常有限的。人的自然寿命一般来说是七八十岁，最多百十来岁。这个时间在人类历史的发展长河中，只是短暂的一瞬。正是在这种意义上，柏格森、狄尔泰提出人的生命的有限性就在于其存在时间的有限性和不可重复性。其次，人的生命的有限性表现在生命的无常性。这种生命的无常性，一方面表现在人的存在的偶然性，另一方面表现在人的生命的生老病死、旦夕祸福、喜怒哀乐等的不可预测性。中国古语讲，"天有不测风云，人有旦夕祸福"。人吃五谷杂粮谁也不知道自己什么时候会得什么病，会因什么病而死去；由于人对客观世界认识的有限性，更难以预测旦夕祸福的发生时间和地点。最后，人的生命的有限性还表现在人的精神方面。人不是一个离群索居、不食人间烟火的孤独存在，他需要别人的理解和关怀，他需要别人的爱情和友谊，他需要一个至高无上、无所不能的精神存在来净化自己的心性和拯救自己躁动不安的灵魂。由此可见，人的生命的有限性是人的生存的一个最基本的事实，任何人都无法回避这一点。通过生命有限性的教育，使大学生认识到生命的短暂，能够爱惜自己及他人的身体，辩证看待生命成长过程中的疾病和死亡，珍惜肉体生命的存在，活出生命的意义。

生命知识的教育还包括对大学生进行性教育。"性"是人类一个古老而常新的话题。面对成年而又未成家的大学生，如何正确认识人自身，如何看待"性"及因"性"而产生的困惑，是生命教育中必须正视的问题。目前在校的大学生年龄为19至22岁，他们性生理成熟普遍提前，而心理成熟相对延缓。面对社会上各种性刺激因素增多的情况和传统文化中"万恶淫为首"的错误观念的冲击，他们的性本能受到压抑，欲望得不到满足，不懂得通过学习、工作、文体活动、社交等途径使生理能量得到正当的释放，久而久之会导致某些心理障碍或精神疾病，给大学生的心理健康造成危害。因此，性教育要打破性神秘感，讲授成年男女的性生理现象，鼓励两性间真诚、友好的交往，引导他们正确对待影视、杂志、网络中接触到的性刺激源，对于正常的生理冲动，要通过宣泄、补偿、升华等方式来自我调适。总之，性教育要把性知识教育和性道德教育结合起来，把性生物学知识与性心理学知识结合起来，把性心理健康与精神文明建设教育结合起来。性教育既是知识的教育，也是人格教育和心理健康的教育。通过性教育，可以使大学生正确对待性发育过程中的生理和心理体验，了解性别差异所导致的心理差异，正确处理两性交往，理智对待婚恋和家庭，一切与性有关的观念和行为都必须符合社会道德规范。

二、生命意义和价值的教育

生命教育不应该只是生理、心理的教育，还应该要有对意义与价值探究的教育，以引导学生去思考生命，追求有意义、有价值的生活，这样的生命教育才能增加生命的深度与强度。跨入高等学府的莘莘学子，面对"书山学海"和日新月异的社会变革，带给他们的生活以前所未有的困惑，面对各种评价、意见、标准，以及新旧观念与价值之间的冲击，感到茫然或无所适从。"人为什么活着""人怎样活着"等问题，就成了每一位大学生必须面对和经常思考的问题。生命教育通过开展这样一些主题活动来提醒大学生要认真对待生活，过有意义的人生。"人为什么活着"让他们思考作为一个生命个体存在的意义，"人怎样活着"让他们反省什么是善的行为、好的生活，人应该怎样度过一生，以及当代大学生的肩负的责任和历史使命。同时，生命教育通过回忆自己的生命历程、讲述自己的生命故事以及每日的生活安排来反思生命的意义，使他们在学习专业技能之外，增强对美好生活的选择能力，对是非美丑的辨别能力，对人生意义、价值、目的之探索的能力，从而正确对待自己的大学生活。总之，生命教育要引导大学生认识、发现、创造生命的意义。人生的意义不在于生命的长短，而在于为社会做出了多大贡献，作为准备干一番事业的大学生来说，要以有限的生命投身到无限的为人民服务的事业中去，用奋斗不止的乐观精神和坚定不移的人生态度，认真过好每一天，使每一天都有收获、有意义，用自己的智慧和才华谱写青春之歌。

生命价值的教育首先在于生命存在本身的价值的教育。个体的人首先只有作为一个具体的生命存在才能够谈得上他的价值。每一个人的生命是独一无二、不可重复的，本身就具有不可替代的价值。为此，我们要关注自己的生命，珍爱自己的生命，呵护自己的生命。这一点对大学生的教育非常重要，在笔者的调查中，15.2%的大学生不能悦纳自我，29.2%的大学生有自卑感，从某种意义上，可以反映出当代大学生并不重视自身存在的价值，没有认识到生命存在本身就是有价值的，容易轻易地处置和放弃自身的生命。通过生命教育，使他们体悟到每个人都是有责任、有权利也是能够实现自己的人生价值的。其次是创造性劳动的教育。人之为人，其生命的价值不仅仅在于对自己生命的自我保护上，更在于自己的创造性的劳动中。人只有通过自己的实践，通过创造性的劳动才能真正地实现自己生命的最大价值。生命教育要有意识、有目的、有计划地多给学生提供进行创造性实践活动的机会和场所,鼓励他们走出校门、走向社会,通过参加工业生产、科学实验、技术发明等劳动实践为社会创造物质财富,体现为人民、为社会服务的成就感和价值感。最后是通过丰富自己的精神世界来实现生命价值。生命的最高价值在于精神的丰富、灵魂的高尚。生命教育的义务和责任在于培养大学生独特而积极的精神世界,做一个道德高尚,信仰坚定,灵魂丰富的人,摈弃物质方面的获得与追求,做一个有所作为、脱离了低级趣味的现代人。生命价值在人的成长、发展历程中是不会自发显现、自发实现的,它要靠人们个体自觉的、有意识、有目的地去追求创造,生命价值的大小、实现程度也在于个体的主观努力。生命教育在帮助大学生认识、发现自己的生命价值,追求、实现自己生命的价值,丰富、创造自己生命的价值等方面有着义不容辞的责任。

三、人际关系的教育

人的一生都是在与人的交往中度过的,学会与人交往,建立和谐的人际关系,是大学生圆满完成大学学业的重要保证,也是走上社会前的必要准备。人际关系的教育在促进大学生的社会化进程、使他们获得安全感、归属感和完善自我等方面起着重要的作用。生命教育要使学生向他人开放,要走进他人,要学会关心他人,向他人开放,就是要使自己向他人、社会的认识网络开放,通过多极、多重主体之间认识上的互动,自主地建构起具有时代特征的认知结构,充分发挥每个人的认知能力。在与他人的交往、沟通过程中,主动捧出自己、开放自己,才能形成认识上的主动,才能赢得别人的信任和关怀,在与他人的交互作用中更加主动、自觉而准确的认识自己、把握自己。要走进他人就是要培养学生具有一种生存的同一感,学会"走向他人",学会与不同价值取向的人共融于一体,在追求人类发展与进步的目标下,做到对他人的尊重、宽容、关怀、理解,学会通过对话、沟通,克服狭隘的文化、价值偏见。通过引导学生学会"将心比心""设身处地""移情""置换"等方法能够很好地做到走进他人。要学会关心他人就是要使大学生从越来越孤独、封闭、只关心自己而对他人生命忽视的心理状态中走出来,学会关心他人,学会和他人共处。正如联合国教科文组织所指出的"教育的使命是教学生懂得人类的多样性,同时还要教他们认识地球上的所有人之间具有相似性又是相互依存的。因此,从幼儿开始,学校就应抓住各种机会来教育学生学会关心他人。"因此,生命教育不仅要教会学生如何去生存,而且要教会学生如何与他人共同生存、共同发展,而这种共同生存、共同发展,是建立在彼此理解、相互沟通、双向交流、真诚对话的基础上的。总之，人际关系的教育要使学生不要认为自己和别人的生命无关，可以任意妄为，人不可能独自存活，是存在于人与人之间的关系之中的。

四、生涯规划的教育

生命教育中所说的生涯规划教育不仅指要教育学生规划好自己的职业，而且强调要认真、精心地规划好自己的人生。随着我国人事制度、毕业生就业制度的改革，"双向选择、自主择业"已成为高校毕业生择业的主要形式，这既为广大的大学生提供了公平竞争和施展才华的机会，同时也对大学生的心理素质提出了新的挑战，特别是近年来就业矛盾日益突出，择业难度日益增大，给大学生带来了巨大的心理压力，有的大学生在严峻的就业形势面前，心理准备不足，在择业过程中出现了种种心理偏差，有的甚至产生了严重的心理障碍。生命教育要引导大学生客观评价自己，明白自己能干什么和不能干什么，树立良好的心态，在求职中抓住机遇，避免盲目和减少失败，要根据社会的需求及时调整就业方向，寻求符合自己的个性特征的职业。同时生命教育还强调对大学生人生的合理规划。一些大学生进入大学后，觉得这一辈子总算熬到头了，该好好玩玩、歇歇了，学习上没有动力，生活中没有目标，浑浑噩噩，得过且过，觉得人生好像就是为了考大学，除此之外，找不到前进的方向，久而久之容易变得颓废和失落。生命教育要使学生树立起为自己做主，对自己负责的态度，反省中学阶段由父母或老师安排好的生活或学习方式，认识到主动、合理、有效安排大学生活和学习的重要性，重新确立新的人生目标。不仅要规划好大学生活，还要精心规划好以后的人生，培养紧迫感、危机意识，在受教育中主动去思考生命的意义与价值，在任何环境下，审慎而理智地设计自己的未来。

五、死亡教育

生是相对于死来说的，没有死也就没有生。生与死犹如一枚硬币不可分割的两面。人从出生的那一天起，就一步步在逼近死亡、走向死亡。生命的这种"向死而生"是任何一个人都无法超越的宿命，是任何一个人都无法避免的事实。青年大学生处于人生的黄金时期，他们的生存意识中是不会想到死亡的，没有死亡意识也就体会不到生命的短暂，意识不到生命的珍贵，因此，也就没有对生命的敬畏，没有对生命价值的认真，没有对生命意义的深层思考。由于没有生命死亡的紧迫感，就使得现实的人生平淡、无奇甚至乏味，其根本的原因就是缺乏生命的死亡意识，也即海德格尔所说的，缺乏生命的"向死而生"的崇高而又有价值的生命理念。美国生死学家罗丝说："有些人过着空虚的、漫无目的的生活。其所以如此的原因之一，即是对死亡的否定。因为当你像永远不会死一样地生活着的时候，你就容易拖延明知你应该做的事情。你所过的生活，是准备明天，和回忆昨天，而将每一天都浪费了。"

尽管死亡是每个人都要面对的事情，但是它却不是任何一个人都能够自觉地意识到并恰当地处理好的。这就需要生命教育来培养和传递，需要生命教育来发展和养成。对于这一点，人类许多思想家都非常重视，并要求教育要高度重视对大学生的死亡教育。美国文学家艾略特强调说："死亡教育和性教育是同样重要的大事。"法国作家蒙田说："谁教会人死亡，谁就教会人生活。"死亡教育主要从以下方面开展。第一，认识死亡。既然死亡是任何人都要遭遇到的事情，那么，我们只有认识它、正视它，才能使我们自己以一种轻松的心态投入生活之中，才能在生命有限的时间内去追求无限的超越。一方面，教育要告诉学生死亡并不是什么可怕的事情，这是因为我们不会经历死亡，也不可能经历死亡。伊壁鸠鲁说，"当我们存在的时候，死就不存在；当死存在的时候，我们就不存在"。因此，害怕死亡是非理性的，是人自己的一种主观上的惧怕，我们没有理由惧怕我们不存在的死后的世界，懂得了这个道理，就可以从死亡的恐惧中解脱出来。第二，引导学生体验死亡。死本身是不能被死者所体验到的，但我们却可以从自己的病痛中部分地体验死亡，可以从别人的死亡中去学习体验死亡，在花开花落、潮生潮灭、云聚云散的一切自然物的消逝中体验死亡。也就是说，我们可以从死的现象中去感悟死的意义、悲壮，去诠释死的伟大、神奇，从而培养人的悲悯情怀，使人博大仁慈，从中感悟生的伟大、生的可贵。生命教育要有目的、有计划地组织学生到殡仪馆等地方去参观访问，让学生获得直接的感性经验，亲身体会到死亡给人带来的悲哀和痛苦，让他们更加珍爱生命，热爱生命。或请"劫后余生"的人谈谈他们面临死亡时的心理感受、"死亡"经历对自己的生命所带来的震撼和恐惧以及"劫后余生"自己对生命的珍爱和眷恋之情，这样可以极大地丰富学生的死亡体验。第三，树立超越死亡的意识。人都是要死的，但这并不是说人在死亡面前无能为力、一筹莫展，只能接受死神的侵害和到来。正相反，人不是消极、被动的屈从于它的淫威，而是以一种积极和进攻的态度去战胜它、消解它和超越它，从而使人的有限的生命充满无限的意义，使短暂的人生具有长久的价值。这就要求生命教育引导学生树立超越死亡的意识，在死亡没有到来之前，认认真真的活好人生的每一天，真真切切地做好人生的每一件事情，兢兢业业的干好人生的每一项工作，以自己真实的生命存在藐视死亡的威胁，以自己丰富的人生意义战胜死亡的恐惧，以自己伟大的生命价值否定死亡的羁绊，以自己辉煌的人生成就超越死亡的毁灭。这样才能真正地过一种有价值、有意义的人生，才真正无愧于自己仅有的一次宝贵的生命。

青年大学生只有具有这种生命死亡的意识，他们才能笑看人生的无常，静对生命的喜怒哀乐，才能以一种乐观、豁达、开阔的心态去应对人生的苦难，超越生命的死亡，去实现有限人生中的无限生命价值。

生命教育的内容涵盖了生命知识、生命意义、人际关系、生涯规划和死亡教育等基本问题，这些内容不仅要让它成为大学里的常识课程，而且要让它成为一种终身教育课程。

第二节　改进教育手段

一、开设专门的生命教育课程

这是学校实施生命教育的最基本的途径。为生命教育设置专门的科目和课时，可以使学习内容更加系统和集中，降低实施的难度。一些国家和我国的台湾地区对生命教育较为重视，并设有单独的生命教育课程。我国大陆对生命教育的研究还在初始阶段，无论在理论上还是实践上都还不完善。首先，我们要认真学习他们开展生命教育的成功经验，结合我国的实际，尽快编写生命教育教材，以使我国的生命教育更加具有系统性、科学性。其次，各高校可以根据自己的实际情况，在借鉴的基础上根据学生在不同阶段、不同时期的不同需求，开设一定的生命教育课程。并逐年加重生命科学领域在公共课程中的比重。在生命教育课程内容的选择上，要贴近学生的真实生活，在开设生命教育课程的方式、方法上要灵活多样，设置一些具体化的情景，引导学生积极讨论。根据一些哲学家和思想家对生命的探讨，在学生中展开讨论，通过对生命意义的追问和人生价值的探讨，使大学生珍惜生命、尊重生命。

二、运用科技手段开展生命教育

学生在课堂上即可通晓古今中外在生死方面的看法、态度、习惯、做法等等，这不仅有利于扩大学生的视野，更重要的是对于达到接纳他人、尊重他人这一生命教育的目标有直接作用；运用科技手段开展生命教育，学生可以通过多种感官（视、听、触等）学习，这便于学生主动、形象、直观、具体地感受所传授的知识，有利于提高生命教育的教学效率；运用科技手段开展生命教育，学生可以"亲临"各种性命攸关的事发现场（大到两次世界大战，小到濒死病人），"亲身"感受生命的无常、体会生命的珍贵，进而学会珍惜生命、尊重生命、敬畏生命。运用科技手段开展生命教育，尤其是利用互联网开展生命教育，学生会感到比较安心，比较愿意打开心门交谈，因为与传统的生命教育相比，网络生命教育具有及时性、广泛性以及隐秘性等特点，更容易被大学生所接受，教育效果也会更好。这不仅创造了一种新型的沟通方式，而且可以让他们把心中积淀已久的不良情绪表达出来，这对于形成健康的人生态度有积极作用；等等。总之，运用科学技术这一教学手段开展生命教育，有利于快速而高效地达到生命教育的目标。

三、做好心理咨询辅导工作

除了要对广大学生开展相关的关爱生命的教育之外，还应该针对每个学生不同的实际问题，做深入细致的心理引导工作，要做到共性的课堂心理教育和个性的案例问题解决相结合，只有这样才能使我们的生命教育工作做得扎实，起到切实有效的作用。美国著名心理学家罗杰斯认为，心理咨询是一种帮助人的过程。咨询员可以给当事人一种安全感，可以使当事人放开自己、正视自己并释放自己的情绪，从而找到当事人的心结所在，并据此给予教育和引导，使人们有良好的心态面对一切，积极地看待所经受的挫折、磨难与压力，从危机中看到生机，从困难中看到希望。因此，各高校建立、健全高校的心理健康咨询机构，配备合格的专职心理咨询教师，及时有效地解决大学生在学业、人际关系、经济和就业等各个方面出现的心理问题和矛盾，疏解他们的心理压力，将自杀等念头消灭于萌芽状态之中。根据统计资料显示，我国仅有30%的高校建立了心理健康咨询机构，而且专职的心理咨询教师数量极其有限，有的高校即使有心理健康咨询机构，也由于学校的不重视和大学生认识上的偏差，并没有起到其应有的作用。此外大学生往往不愿意让别人知道自己的痛苦和烦恼，我们可以充分利用信息技术，开设心理咨询热线电话和开展网络心理咨询，这样就可以避免面对面的尴尬，消除他们的各种顾虑，使他们能够勇敢地敞开自己的心扉，诉说心中的种种不快，疏解心中的压力，以便最大限度地发挥心理咨询的作用，尽可能多地解决大学生的心理问题。

第三节 明确教育目标

一、珍爱自己

生命的产生是大自然的奇迹，生命是一切情感、智慧、美好事物的载体。生命是人的最宝贵的财富，日本的思想家池田大作说过："最崇高、最尊贵的财宝除生命外断无他物。"因此，大学生生命教育要引导大学生珍爱自己生命，培养尊重自我生命的意识。自身养护，就是要大学生对自己的生命了解、爱护、精养，能珍爱自己的生命，懂得自己生命的可贵性。但是在实际生活中，大部分大学生对自己的生命不了解，不爱护，不精养。

首先，要培养大学生自身养护的健康意识。大学生对自己身体认识有误区，不了解自己身体状况，认为自己年轻、强壮，不需要营养、锻炼和健康的生活方式。但是，有研究表明，近年来我国大学生的体质正在全面下降，尤其在耐力和心肺功能方面呈普遍下降趋势。究其原因主要是大学生不良生活习惯所致。不吃早餐、偏食、暴饮暴食、盲目减肥，使大学生的营养结构严重失衡；电子产品的普及，大学生成了游戏机、计算机、手机前的静态生活群体，体育活动匮乏；还有部分大学生虽有健身意识，但体育健身行为不积极，锻炼时间、次数不够，意志不坚定，没有养成良好的体育健身习惯等，使得大学生的身体日渐虚弱，疾病发生率大大增加。

其次，大学生自身养护的教育还要培养大学生人身安全意识。大学生缺乏保护自己的意识，伤害事故时有发生。据统计，大学生在意外事故中伤亡的人数逐年增加。在笔者所在的大学城，每年都有大学生意外伤亡事故发生。有学生酗酒溺亡，有学生乘坐黑车遭遇车祸不幸身亡，有学生过马路不按信号灯指引被车撞倒身亡，有学生从宿舍床位跌落身亡，还有部分大学生恋爱不当多次堕胎、造成身体的严重伤害等。只要大学生多一些自我保护的意识，这些伤亡往往都是可以避免的。

最后，远离自杀是大学生自身养护教育最为重要的内容。前文列举了大学生自杀的群体特征和个体案例。这些简单的数据和令人触目惊心的事件背后都是一个个年轻鲜活的生命。大学生对自我生命的漠视和随意放弃．最为让人扼腕叹息。

因此，我们必须从看似最简单最基本的自身养护开始对大学生进行生命教育。进行自身养护的教育，就是让大学生自己更健康地成长，通过生命知识的传授帮助他们了解自己的身体结构及生命的基本特征；熟知有关保持身体健康的知识，知道如何拥有健康的体魄；培养基本的生存技能，懂得如何远离危险；远离不健康的生活方式，安全生活；在遭遇挫折和痛苦时，懂得调节不良情绪，要有输掉一切也不能放弃生命的信念，等等。

二、珍惜他人

这里的"他人"既是指除了自己以外的人，又是宇宙间万物之生灵。大学生不能只爱自己，要认识到任何一个生命的存在都是奇迹，都是宝贵的，尊重一切生命，包括人类、动植物的生命等。但是在实际生活中，大学生往往会忽略他人的生命，对生命没有尊重、没有敬畏。前文列举了大学生伤害他人或其他生命体的事件，如云南大学马加爵残忍杀害同宿舍四位同学，复旦大学研究生黄洋疑遭同寝室室友林某投毒致死，大学生"硫酸泼熊"事件、"虐猫"事件等，导致类似事件发生的根本原因在于对生命的漠视。因此，大学生生命教育要注重加强珍爱他人的教育，就是要像珍爱自己生命一样来珍爱他人生命，不怨天尤人，不伤害别人，能与他人和睦共处。与人相处时，有人道主义的关爱，遵循以人为本的原则；懂得爱护自然，保护自然，珍惜大自然的一切生物。

三、认识死亡

死是自然生命的终结，也是生命教育中不可能回避的问题。未知死焉知生？未知生焉知死？"如同无法选择生一样，我们同样无法抗拒死，只能拥有两者之间短暂的一段时光，时间匆匆流逝，从我们出生起，死亡就已经在终点等着我们。但是谁又能否认正是这死亡的黑暗帷幕恰恰映衬出生命的光彩呢？"因此，一个人只关注"生"未必能很好地"生"，只有醒悟了"死"，才能向死而生，更好地"生"。但是在中国人的传统观念中，"讳死莫深"，既害怕死，更害怕谈论死。大学生正处于朝气蓬勃、意气风发的时光，死亡离他们很遥远，虽然有人将"死"终日挂在嘴边，"去死"是口头禅，但很少有人真正理解死、醒悟死，面对生死问题常处于迷茫矛盾中。因此，生命教育必须加入死之醒悟教育，即死亡教育。

大学生死亡教育的核心理念主要体现在三个方面：生死一体、向死而生以及超越生死。生死一体在于帮助大学生由生及死，掌握生死之间的辩证关系和客观规律，重点了解生的另一端是死亡，进而正视死亡，看清死亡本质，揭开死亡的神秘面纱，认识到"死如同生一样，是人类存在、成长及发展的一部分"，并以此积极思考生命的意义和死亡的意义，学会用正确、进取的态度对待人生。向死而生强调人只要活着，就不得不面临死亡的命运，死亡是生命的标尺，但是人不能悲观地等待死亡的来临；生命教育应突出强调生命的紧迫感与有限性，引导学生追求一种积极的"向死而生"的本真生存，以培养大学生直面生死的人生智慧和勇气。超越生死在于对肉体生命生死的超越，正所谓，"有的人死了但是他还活着，有的人活着其实他已经死了"。人作为"自为"的存在在不断寻求"自在"的存在的无限超越中，赋予人类生死以永恒的价值和无限的意义。为实现生死超越性的持续，生命教育应当以唤醒大学生的生命意识与死亡意识为更高追求，来推动其追逐和实现超越生死的梦想。

四、成就社会

人是一个社会生命的存在。人的生命不仅属于个人，也属于社会，人只有在社会中，才能显现出人的本质，大学生社会生命教育的目标在于"成就"。

单个的人只是一个自然体，只有在社会这个共同体中，单个人的自然生命和精神生命才能获得土壤和水分的滋养，才能融入无尽的生命洪流中。人的社会性是人的内在意识和外在客观普遍性的桥梁，它带领着人从一个自然的生物人、个体人变成社会人、契约人。马克思指出："人的本质是一切社会关系的总和。"人的社会生命的存在，要求人要学习、认同社会的规范，遵照社会的规范去活动；人的社会生命的存在，使得人总处于社会关系中，并且将自己向各种关系开放，处理好各种关系；人的社会生命的存在，在不同的关系中扮演着一定的社会角色，要求人有自己所承担的社会角色的责任。社会人的角色，要与他人共同生活、和睦相处，对社会负责，和谐发展；家庭人的角色，要有家庭责任，上孝父母下育子女；国家人的角色，要对自己的国家负责，国昌民昌、国富民富等。因此，人是社会的人，社会性是人的本质属性，无社会性的人是不存在的，没有完整社会属性的人是不健全的人。培育人的社会生命就是在社会中培养人丰富的社会属性，使人能立足社会，把社会的发展与个人生命的发展历程融于一身。

大学生有着特殊的社会角色和生命阶段，其社会生命在于通过自己独特的社会"角色"以及相应的权利和义务，意识到自己的社会存在，并开掘、充实和引领自己的自然生命和精神生命，将自己的生命指向自己所属的社会，传承社会的认识与价值观，承担起社会赋予他的责任和义务。大学，作为社会与大学生之间的连接点，是大学生从校园走向社会的最后一站，也是系统社会化教育的最后一章。大学生社会生命教育承担着将大学生培养为能适应一定社会规范要求、积极参与社会生活、能完成社会角色任务的社会人。因此，大学生社会生命教育的关键在于"成就"，其重点内容包括生命关系的教育和生存的教育。

（一）生命关系的教育

生命与生命的联结构成了或大或小的关系网络，这些网络的动态组合构成了环境、社会组织、家庭、国家等人们赖以生存的社会支持力量。现实的人生活在关系中，必须将自己的生命向他们开放，建立人与人、人与社会、人与自然的和谐关系。成就大学生的社会生命教育要以共在共融为出发点，以人与自然、人与社会、人与他人关系的和谐为主要内容，引导大学生认识关系、处理关系、发展关系。

首先，要对大学生进行人与自然关系的教育。当下，我们赖以生存的地球环境遭到人类的破坏而不断恶化如不及时纠正，最终将导致人类自身的毁灭。因此，必须将"大生命观"作为一种世界观和方法论传授给学生，以大爱境界关注所有生命的价值，正确处理好人与自然的关系。从自然的"立法者"和"主宰者"转变为自然的"守护者"和"友爱者"，以维护地球生命共同体，实现人与自然的可持续发展。其次，要对大学生进行人与社会关系的教育。大学生是一名准"社会人"，完整的"社会性"是他们目前欠缺但必须要养成的关键属性。社会生命教育要培育他们掌握社会生产、生活的技能和社会公德，掌握社会的生产方式和生活方式，承担一定的社会角色，处理好与社会的各种关系，以养成社会性，成为一个合格的社会成员。最后，要对大学生进行人与人关系的教育。发展健康的人际关系，实现人与人关系的和谐。和谐的人际关系是促进人成长、发展、成功、幸福的重要力量。大学生正处于思想活跃、精力充沛和兴趣广泛的时期，希望被人接纳和认可，迫切需要与他人建立友爱和谐的关系。但是在实际生活中，大学生的人际关系并不尽如人意。有调查表明，有高达 78.6% 的大学生"人际关系不适，倍感孤独"在与他人相处时易有嫉妒、自卑、羞怯和猜疑等不良心理。

因此，人与人关系的教育就必须帮助大学生树立"以人为本"的人际交往理念，要有关怀意识、关爱之心和同情之心，要培养大学生人际交往的能力，掌握人际交往的技能，要对他人宽容、尊重、乐纳理解，与他人和谐共处，发展健康的人际关系，创造和谐的人际生活。

（二）生存的教育

生存是人的基本需要。生存能力是人在社会生活中赖以生存，生命得以延续的本领。联合国教科文组织提出了教育的"四大支柱"——学会认知、学会做事、学会共同生活、学会生存。生存能力的培养成为教育的重要内容。

日本教育家小原国芳在论述"全人教育"时，他强调"富"的教育，他说："守着父母的金库，坐吃父母的遗产，这种人完全是个没有活在世上意义的人。应该做一个自食其力、独立自主的人。""所以，富的教育要教给学生以致富的本领，使他们在未来的生活中能够创造财富；同时，要使之正确地使用财富。"因此，教育的重点不仅是"成人"而且是"成才"，成为能自食其力、创造财富、推动社会进步的人。作为职前教育重要阶段的大学教育，造就和培养具有谋生本领的劳动者和建设者更是其重要目的所在。大学生的生存教育就是要给予大学生良好的职业素养，使其踏入社会时能成为推动社会进步发展的良好人力资源。

大学生职业素质教育就是培养职业劳动者专门、专业素质的教育，就是培养个人生存和改造社会所需要能力，它包括：一般的体能素质（体力、技能）的培养、专业智能素质（知识、智慧、技术技巧）的培养、职业流动素质（具备从事多种工作或职业的知识、经验和能力）的培养、职业道德素质的培养等。但是，大学生的生存教育不能仅仅局限于生存技能的养成，这样会将本该丰富的教育过于单一化，而是应当将人的生存教育纳入为人健康、幸福生活、改善生存环境、推动社会进步的体系中，以培养人健全的社会生命来推动人的发展和社会进步。

第四节　完善教育环境

一、打造生命化的校园文化环境

文化环境构建是大学生生命教育环境构建的理论基础，为大学生树立正确的生命价值观形成理论指导框架。大学教育环境的文化底蕴是一所大学学习与传授知识氛围日积月累的文化沉淀。构建大学生生命教育的文化环境，就是以这一文化沉淀为基础。这里从高校管理文化、活动文化、教师文化素质及网络论坛文化几个方面，对大学生生命教育的文化环境进行构建。

"以人为本"的校园文化管理理念，更容易成为大学生行为方式的指南针。"以人为本"的校园管理文化更具亲和力，对步入大学校园的大学生而言，对大学校园中"以人为本"的管理方式，更容易产生价值认同和心理接受上的共鸣。

大学校园管理文化应当树立"以人为本"的崇高目标。作为与管理对象沟通方式的综合表现，体现"以人为本"理念的管理文化，可以实现管理主体与管理对象间建立平等互信的沟通渠道。大学校园管理对象为在校大学生，他们是社会文化阶层中最具有知识积累和文化素养先进性的代表，同时，在大学生自发组织的协会中，他们也作为大学校园中管理主体的组成部分。管理主体与管理客体的双重身份，使大学生对校园管理文化的洞察力更为敏锐。一种有着历史沉淀的校园管理文化更应当将"以人为本"的理念贯彻执行下去，使大学校园管理文化呈现以"人性化"为重心的和谐局面。"以人为本"的校园管理文化更容易形成和谐的大学生生命教育环境。在大学生校园文化管理环境中，合理的管理文化环境具有给大学生提供参与和理解管理文化特点的作用。以更积极的管理主体参与校园管理活动，同时有效配合校园管理文化环境要求，做好管理客体。校园管理文化，既有"以人为本"的民主特点，又有"非常时期"的强制特征，双方建立的共同基础是以珍视生命为主线的大学生生命教育环境。例如，在新冠肺炎疫情这一特殊时期，校园管理文化的强制卫生管理，更能体现广义上的"以人为本"理念。这里的"人"非指个体意义上的人，更大程度上是将大学生群体作为"人"的具体体现，通过强制性"封校"，"隔离"等强制措施，以短时期牺牲大学生群体出行自由及个别大学生行动自由方式，体现广义上的"以人为本"理念，确保"珍视生命"这一最高"人本"价值目标的实现。事实表明，具体实行有前提的强制措施过程中，校园强制管理方式得到广泛认可与接受。"强制"管理既有外在强制要求，同时让管理客体对"强制"管理的前提和要求做到充分理解和尊重。更多时候，校园管理文化环境更多体现出一种和谐互动的氛围。大学生主体在主动参与管理和作为管理客体积极配合校园管理方式上达成认知平衡，无形中在校园管理文化环境层面，缔造出大学生生命教育管理主客体间的融洽氛围，形成和谐的大学生生命教育环境。高校生命教育要提升生命的独特性与超越性，高校教育工作者必须引导学生明白人与人之间、人与社会之间的关系是双向的，是彼此依存的，学习如何与人相处，去尊重、包容及关怀他人，以创造良好的人际互动，并在现实的社会中学习形成独立判断与思考的能力，从而构建更宏伟的生命价值认知体系。

二、校园到社会过渡环境的建设

大学生生命教育环境的变迁是一个在时间维度上逐步走向成熟的过程，期间伴随一系列过渡环境。大学生生命价值观，从家庭生命教育环境中形成感性雏形，进入大学生命教育环境，成长和完善日益由感性认知趋于理性认识，直至最终步入社会，在社会环境中得到锤炼和提高。在每个环境过渡中，大学生都有明显的生命价值观的变迁和波动。因此，生命教育除了系统的学校教育之外，还需要社会和家庭的支撑。家庭和社会等方面作为过渡环境形成的前提和终点，必须密切配合，共同担负大学生生命教育的职责。

（一）过渡环境建设是大学生生命教育环境建设的重要一环

过渡环境是大学生生命教育环境变迁的必然产物。大学生生命教育环境建设过程面临两个重要的环境过渡，一个是家庭环境到校园环境的过渡，一个是校园环境到社会环境的过渡。这两个过渡环境中，大学生都要重新审视前一环境所建立的生命价值观，进而形成更完善、更适应新环境的生命价值观。忽视大学生生命教育环境建设过程中过渡环境的存在，将对大学生生命价值观形成负面影响，不利于大学生及早确立正确的生命价值观。

过渡环境对大学生生命教育环境构建而言是机遇也是挑战。无论是家庭环境步入校园环境，还是校园环境步入社会环境，都要接受来自自律意识、自信意识、适应和改善自我价值观的挑战，不同的生命教育环境基础，在面对生命教育环境过渡时，都会出现短暂不适与质疑，随着时间推移，将会形成接受和改变。在过渡环境中，要引导大学生坚持正确的生命价值观，完善和优化过渡环境过程中出现的生命价值观深入与改善，坚持弘扬珍惜生命主基调，将生命价值诠释工作做好，通过生命教育主题的团学活动缔造步入大学校园环境的大学生生命价值观，与企业合作，通过模拟社会环境的团学活动，为即将步入社会的大学生提供生命价值观操练"沙场"，将积极向上的生命价值观在过渡环境中，通过廉洁、自律、自信的大学生自我约束行为，在大学生生命价值观引导和指导管理下，得到顺利过渡。

（二）从校园到社会环境过渡中的生命教育环境的建立

美籍犹太教哲学家赫舍尔在其哲学书籍《人是谁》中提出，"探索有意义的存在是实存的核心"。大学生在从校园环境到社会环境过渡中，其探索有意义存在过程的外在生命教育环境处于一个崭新的过渡期。相对于大学校园和谐的同学关系而言，社会环境中涉及的人际关系复杂，与大学以追求知识的校园环境相比，对生存、生活的多价值追求变得切实起来。运用大学时期的学识积累，无疑可以帮助大学生在步入社会初期找到不错的社会工作，从而相较非大学校园出身的同龄人，大多会有更好的社会工作层次、更舒适的工作环境。

大学生从校园环境到社会环境过渡中的生命教育环境构建，须以理想信念追求与现实之间的冲突做切入点。大学生从校园到社会的过渡环境，本身存在时期较短，对大学生生命价值认知水平要求较高，及早确立经得起社会环境考验的生命价值观，才能更好适应社会需要，顺利通过校园到社会环境过渡进程，迎接来自社会条件下新的生命环境挑战。

在迎接来自过渡环境下生命价值观的挑战前，大学生有更多的时间在校园生命教育环境中，获取必备的生命观念知识和心理适应上的准备。从大学生长期发展中的生命教育环境构建角度考虑，在过渡环境来临前，建立大学生"类社会生命教育环境"是有的放矢的一项举措。"类社会"就是要关注社会的整体性与和谐性，真正实现生命在社会环境中自由而全面的发展。"类社会生命教育环境"是在大学校园实现的对社会生命教育环境的模拟，旨在提高大学生社会环境适应能力，塑造完善的生命价值观。大学生最终将以社会环境为延续，"类社会生命教育环境"的建立，可使校园环境中接受的来自不同家庭的大学生，在"类社会环境"中得到锻炼和提高，走出校园后，能很快融入社会环境。

三、后期社会环境建设

广义而言，大学生生命教育的家庭环境和校园环境都是社会环境的特定阶段，家庭环境和校园环境均隶属于社会大环境的范畴。经历家庭、校园环境的生命教育环节后的大学生，即将步入社会环境阶段接受考验，并真正走向大学生生命教育环境的社会价值实现。应对大学生生命教育环境的后期社会环境建设，需要在家庭、校园生命教育环境中形成类社会环境建设模式。

（一）家庭与校园环境为大学生社会环境建设的延续提供基础

家庭生命教育环境对大学生生命价值观的塑造往往定格在感性认知层面。家庭环境对一个人的影响伴其成长的一生，这种影响更多停留在感性层面，对大学生形成独特的个人性格魅力有较大作用。不同的家庭生命教育环境，塑造大学生不同的先验性生命价值认知。

良好的家庭生命教育环境，在大学生性格特征认知方面塑造出善良、关爱生命的感性视角，经过大学生命教育环境中的洗礼，升华为可贵的珍爱生命理念，从而相伴一生。

大学生生命教育环境的培养目标是培养理性对待生命问题的大学生。对生命问题的理性认识，是对积极的生命价值观念的积累与升华，是构建社会主义核心价值观的前提。"学校是培育社会主义核心价值观的主阵地"，大学校园中，生命价值之问，侧重理性思考后的回答。理性对待生命问题，是大学校园环境中生命教育的目标和主旨。

校园安全环境、学习环境、饮食环境、环境美化净化、环境保护、无烟无毒环境等外在环境是使教育影响得以贯彻和落实的外部条件，也是高校生命教育物质环境的主体。优良的校园环境能给学生提供安全、健康、舒适的学习生活环境，还能给大学生带来感官上的满足、精神上的愉悦和心理上的感悟，从而体验到生活的美好。完善的生命价值观是步入社会环境，参与社会竞争的重要前提。在家庭和校园两个生命价值培养环境下所形成的大学生生命价值观，为大学生步入社会、适应社会要求打下良好的基础。家庭环境中塑造的大学生生命价值观具有鲜明的个性特点和感性魅力，经过在校园环境中的理性思考锤炼，使这种生命价值观看起来更完美和更具人格魅力。

（二）大学生生命教育社会环境的重要性

1.大学生生命教育自社会环境中走向成熟

社会环境对大学生生命教育环境形成现实层面的挑战，为大学生生命教育环境提供走向成熟的压力和动力。社会环境下的生命价值教育是对家庭和学校生命价值教育的拓展和延伸。每个人都是社会中的一员，珍视生命的价值取向在家庭、学校和社会中都有其存在必要性。脱离学校理性的生命教育环境熏陶，生命观是趋于主观意愿的朴素价值观。这种朴素的生命价值观，在对生命进行思考时，容易产生"念天地之悠悠，独怆然而泣下"的感性思维结论。大学生在学校的生命教育环境的构建，需要这种感性思维基础。在此基础上，辅以大学生校园生命教育活动、心理辅导活动、互助合作管理活动、社会公益活动等多种活动模式，拓宽大学生生命思维的视角和维度，最终将生命价值观升华到理性层面。社会环境是大学生生命教育环境熏陶结果的考场，是家庭和学校教育环境的延伸，在社会环境中真刀实枪的砥砺磨炼，才能最终形成富于感性思维和理性思维方式，成熟的生命价值观。

社会环境中生命价值观的扬弃过程，是大学生生命价值观取得进步的重要途径。作为步入社会环境的大学生，面临社会环境条件考验时，人们出于生存和生活需要，各种完全不同的生命价值观构成价值冲突。有着新颖的理性思维模式，优秀的感性思维基础的大学生，在面对种种生命价值取向冲突时，仍将走上生命价值观的扬弃过程，这是生命价值观趋向成熟的体现。

2.珍视生命的社会氛围是实现生命教育社会环境构建的重要途径

生命教育是一项需要学校、家庭和社会等各方面积极互动合作的系统工程。社会各方面需要密切配合，共同担负公民教育职责，正本清源。在社会环境下重塑自然和谐生命之境，需全社会成员共同努力，营造珍惜生命、爱护生命的社会氛围。

在全社会营造珍惜生命、爱护生命的融洽氛围势在必行。比如，社区开展积极的教育活动，将生命教育与保护环境、关爱健康等融为一体，营造良好的人文社区环境，政府机构指导成立专门的生命教育机构，为实施生命教育提供国家保障；新闻媒体和网络引导社会公众树立科学的珍视生命观念。

生命是宝贵的，和谐生命环境的形成是来之不易的。当前社会，威胁他人生命安全事件、自杀事件时有发生，生命脆弱的一面开始显现。面对物欲横流的世界，面对残酷竞争的压力，大学生如何才能做到淡然与坦然？大学生生命教育环境，旨在为解答大学生的人生疑惑，为重塑大学生人生价值提供植根沃土。营造珍视生命的社会氛围，是构建大学生和谐生命教育环境，复垦生命自然和谐相处基础，建立和谐生命境界构筑法则的重要途径。

第七章　大学生生命教育课程体系构建研究

第一节　课程目标

生命教育就是教育者帮助受教育者发掘、培养、提升生命智慧，进而获得实现最大生命价值的方法的教育实践活动。生命智慧就是开发生命潜能、优化身心素质、达到自我实现的智慧，它是一个人最重要的智慧，是生存、发展的根本。在当前深化教育改革、全面推进素质教育的大背景下，探讨如何在素质教育中彰显生命教育的意义，将会加深教育工作者对生命教育理论的认识，促使他们关注生命教育实践，从而进一步充实生命教育的内涵。生命教育的目标是什么？这是我们开设"生命教育"课程的出发点与归宿。进入21世纪，随着大学生心理问题的日益严重，生命教育将对提升人生境界、开发人的生命潜能、提高人的生命质量产生重大的影响。

一、生命教育目标研究现状及存在的问题

生命教育目标就是通过开展生命教育想要达到的标准，它是选择与确定生命教育内容的依据，对于卓有成效地开展生命教育工作具有重要的意义。关于生命教育目标，众说纷纭。

有的学者认为，生命教育旨在帮助学生了解人生的价值、目的和意义，进而珍惜生命和人生，并能够尊重自己、他人、环境及自然，促进自我能力的充分发展，做一个对社会有用的人。如台湾学者郑崇珍认为，生命教育的目标有三个层次：其最基础的目标是"培养学生珍爱生命"，中间阶层目标是"增进发展生涯"，最高目标是"促进学生自我实现"。再如台湾学者吴清基认为，生命教育的目标有三，即"深化学生人生价值观与理想""培养学生尊重生命

与关怀他人""发展学生多元智慧潜能"。

也有的学者从教育者、受教育者、教育场所的角度，提出生命教育目标。如罗楚春提出生命教育的具体目标是：第一，学生方面。认识生命的意义，勾勒出自己的生命远景，并能实现自己的计划；第二，教师方面。认识自己生命的意义与教育生涯的价值，能通过教育教学研究，主动讨论生命教育的方法和策略，热爱学生、尊重学生、信任学生；第三，学校方面。能形成以生命教育为核心的理念，制订生命教育实施计划，并全面、持续地进行研究，建构多元的学习环境，建立关怀生命的校园和文化。

还有的学者从预防学生自杀、揭示教育真谛角度出发，提出生命教育既是预防大学生自杀的有效手段，也是揭示教育真谛、推进素质教育的重要途径。如燕国材教授指出，教育的真谛就是"一提四发"，一提就是提升人的地位，四发就是发现人的价值、发掘人的潜能、发展人的个性、发挥人的力量。很明显，这"一提四发"都依托于人的生命智慧和生命教育，没有生命智慧就不可能有人的地位、价值、潜能、个性和力量；没有生命教育，也就不可能有"一提四发"的教育。也就是说，只有引入生命教育，方可把教育的真谛揭示出来。

生命教育的根本目标是促进生命体的健康成长与发展。但不同的学者因研究的侧重点不同提出了不同的目标。总结已有关于生命教育目标的论述，主要有：认知层面，强调让人们认识和了解身体及生命的意义和价值，提升教育对生命的尊重与关怀；情意层面，引导人们在认识生命的基础上，进而欣赏、热爱自己和他人的生命；实践层面，强调让人们掌握生存的方法、熟悉与他人相处的法则以及知道爱惜自己和他人生命的方法。

概述以上关于生命教育目标的相关研究，可谓全面、系统且具有可操作性。但是也不难看出仍然存在一定的问题，主要表现在缺乏针对性上。在确定的生命教育目标时，第一，应该针对生命教育出现的背景去思考生命教育的目标；第二，要针对每一个个体的心理机能和行为特点确定生命教育的目标；第三，应该针对每一年龄阶段青少年的实际，考虑要确定的生命教育目标实施后的效果。从以上三点出发，所确定的生命教育目标才会起到导向、监督、调节的作用。

二、大学生生命教育的背景及其对确定生命教育目标的启示

生命教育之所以在当代兴起，应该说有其一定的时代背景。当前，中国社会已经呈现出高速发展的势头，人民生活的水准大幅度提升。与此同时，一些人原

有的生活准则、道德规范受到影响，致使其难觅生命存在的价值，难补生活意义的空白。

（一）生命教育出现的时代背景及其对确立大学生生命教育目标的启示

（1）一个令人不能忽视的话题：近年来大学生自杀现象仍时有发生。一些大学生由于遭遇挫折后无法承受和及时调适而导致焦虑、抑郁、沮丧等症状，有的人甚至因此沉沦，并最终走上自杀的道路。因此对大学生进行生命安全教育十分重要。近些年来，自杀已成为大学生非正常死亡的第一原因。

启示：生命教育要预防大学生自杀。

（2）一个无法回避的话题：转型期的社会形势对大学生心理产生多重压力。近年来，中国社会的政治、经济、文化价值观等各个方面发生了巨大的变化，而大学生的心理发展尚未完全成熟和稳定、人生观和世界观正在形成、社会阅历也不够丰富、心理上比较脆弱的大学生无疑受到的冲击是巨大的。社会紧张性刺激增多、增强，面临的挑战也很多，心理上存在着多方面的压力源：一是来自学习、考试的压力；二是来自社会责任的压力；三是来自生活本身的压力；四是来自竞争的压力；五是来自整个社会不断加快的生活节奏所带来的压力，它们迫使大学生们加快步伐。

启示：生命教育要减轻大学生的压力感。

（3）一个永恒不变的话题：培养高素质的、创新型的、全面发展的人才。当今世界的竞争实质上就是人才的竞争，而人才的培养要靠教育。生命教育在当代的兴起，一个重要原因是教育本身还存在着缺陷。教育的本质应该是让受教育者能够更好地适应社会生活，获得身心的全面发展。但是，由于社会竞争的加剧和就业的困难，现代教育越来越偏重于知识的传授，使受教育者越来越缺乏人文关怀、价值关怀和意义关怀。不少大学生的身体素质、心理素质等都出现了不同程度的问题，有些还相当严重。

启示：生命教育要提高大学生的竞争力。

（二）生命教育出现的主体缘由及其对确立大学生生命教育目标的启示

（1）一个不愿接受的话题：大学生的心理矛盾与冲突复杂且多变，自我意识发展有缺陷。大学生由于正处在迅速走向成熟而又未真正完全成熟的发展阶段，存在各个方面的积极与消极的心理特点，其发展也不平衡，所以往往易于造成各种各样的内心矛盾。同时，大学生自我意识发展处于新的阶段，那种儿童少年时代眼光朝外着重于认识外部世界的特点，这时已经转向朝内认识自我，而往往强烈地意识到自己所发生的种种矛盾。但是他们由于心理尚未完全成熟，容易出现各种发展中的偏差，导致自我意识缺陷。

启示：生命教育要解决大学生的心理矛盾。

（2）一个不愿谈论的话题：人生"终极"目标的缺失。有些大学生把"求知、求偶、求事业"作为大学阶段要完成的使命。找到恋人、找到一份好的工作，每一件眼前能把握的事情都成了大学生活的全部，一旦受挫，就什么意义都找不到了。这主要是因为他们的人生观、价值观等方面存在缺陷。价值观念、人生态度与自杀也有密切的关系，它是决定自杀行为的重要思想基础。对自杀的认知、已有的价值观念和人生态度既可以成为自杀的原因，也可以成为抗自杀的资源。比如，一个人生态度悲观消极的大学生很容易在挫折面前一蹶不振，甚至走上绝路。

启示：生命教育要树立大学生科学的理想信念。

（3）一个没有了结的话题：大学生抗挫素质普遍较差。当代人的素质不能适应社会进步和发展的需要，最欠缺的是心理素质，而在心理素质中最欠缺的又是抗挫素质。现在的大学生，多为独生子女，在家里过着众星捧月的生活，养成了争强好胜的个性，暴露出自尊心强、虚荣心重、依赖性强的不良性格，其意志相当薄弱，常常会盲目地为了自尊而放弃生命以求解脱。这就是说，大学生自杀的根源在于心理脆弱，承受压力和挫折的能力差。要解决好这个问题，加强大学生"生命教育"是根本。培养大学生抗挫素质的生命教育意义就在于此。

启示：生命教育要加强大学生的抗挫素质培育。

那么，如何确定生命教育的目标呢？由上可见，已有的研究全面、系统且操作性强，加上本研究的针对性，还要考虑：要预防大学生自杀、减轻大学生压力感、提高大学生的竞争力、解决大学生的心理矛盾、确立科学的理想信念、加强抗挫素质培育等具体目标。

三、生命教育五大支柱及启示

生命是教育的逻辑起点和最高目的，教育必须遵循人的生命规律。关注生命，是当前教育研究的一个新动向。如何认识生命、欣赏生命、尊重生命、珍惜生命、开发生命，是我们进行"生命教育"课题的出发点。进入21世纪，随着青少年心理问题的日益严重，生命教育将对提升人生境界、开发人的生命潜能、提高人的生命质量产生重大影响。尤其对占世界人口22%的中国来说，生命教育对切实有效地把沉重的人口负担转化为巨大的人力资源优势，具有更现实意义。

要搞好生命教育，必须把握好下述的"生命教育五大支柱"。生命智慧的获得，在相当程度上要靠生命教育。根据炅甘霖先生的观点，这五大支柱也就是生命智慧的五个理念。

（一）珍惜生命

人死不可复生。对我们每一个人而言，没有了生命，就没有了一切的基础；放弃生命，就放弃存在的基础！所以，生命道德规律的第一条，就是善待生命。不仅应该珍惜自己的生命，而且要珍惜别人的生命。世界上最大的罪过，就是将别人的生命无故剥夺。我们必须珍惜生命是全社会的基本伦理！

（二）自我做主

没有谁能代替你活。当你饥饿的时候，你的父母吃得再饱，能够代替你解饿吗？当你困倦的时候，你兄弟姐妹连睡三天，能帮你解困吗？当你得病的时候，最亲的人再爱你，能替代你感受病痛的折磨吗？当你将永别你所爱的人之时，你的爱人能以他（或她）的死来代替你长寿吗？

当我们在吃喝拉撒这样的事上，都没有谁能来代替你，你怎么能够要求在一些更重要的事情，依靠别人呢？谁也不可能代替你自己活！因此，你必须尽好人生的本分，不要把自己应该承担的责任，让别人去承担。

（三）活在当下

假如明天不再来临。我们所拥有的只是今日、当下。来了，从此就不再来，所以应该及时把握。珍视此刻，踏踏实实地过好今天、当下，这是一种要求，也是一种境界。人生就由一个个独立的"今天、当下"组成。我们谁都无法将"现在"抽离出来而只空谈明天。其实，当我们一再的错过当下，我们实际上是在错过生命啊！

（四）全面拓展

你就是你与世界。你常常困惑于一个问题：人们告诉我要做一个好人，但是，好人往往吃亏。人们告诉我要去爱人，但是，我发现有些人在爱人时，既把自己刺伤又刺伤别人。人们告诉我应该追求事业，但是，我发现一些人，事业成功了，却也只剩下事业了。人们告诉我要聪明，但是我发现不少人聪明反被聪明误。难道不该做个好人、不该爱人、不该追求事业、不该聪明吗？不，这些都没有错，错只错在一些人只注重一个方面，而忽略了整体的提升。生命应该全面拓展，生命的价值，应该是全面的、整体性的丰盈，不应该只停留在某一方面。假如你只把握生活的某一方面，轻一点来说会错过其他方面，重一点来说最终有可能错过生活全部。

（五）极限开发

创造自己都难以相信的奇迹。生命智慧，在某种程度上讲，就是开发生命潜能的智慧。每个人都拥有超过自己想象的潜能，假如不自行开发，就无人代替你开发；假如当事人不去开发，自己的潜能可能为他人扼杀。能创造出最大价值的人，往往是能够勇攀最高峰的人。应该勇敢地向生命的顶峰冲啊！能勇于极限开发自己的生命潜能的人，甚至能创造自己都难以相信的生命奇迹。

生命教育要力求让学生懂得：生命是一种美丽，要学会欣赏；生命是一种善良，要学会感恩；生命是一种关爱，要学会在乎；生命是一种责任，要学会履行；生命是一种宽容，要学会谅解；生命是一种付出，要学会磨炼；生命是一种尊重，要学会理解；生命是一种和谐，要学会相处。生命教育的根本目的就是教育学生注重对生命的认识和感悟，提升生命质量，实现生命价值，挖掘生命潜力，使生命得到更好的发展，让学生知道如何实现个人的和谐发展，与家庭、他人、自然、社会的和谐相处，从而高质量地完成生命的历程。

总之，生命教育的目的，乃是让个体在受教育过程中，不仅要学到生命所需的知识技能，更重要的是让个体拥有丰富的生命涵养。在自我实现、自我尊重或是自我要求，自我反省下，将自己的生命不断提升，不断自我发展，成为对社会有用之人和幸福之人。所以，生命教育的消极目的在避免个体做出危害自己、他人和社会的行为，而其积极的目的则在于培养个体正面积极、乐观进取的生命价值观，并且能够与他人、社会和自然建立良好互动关系的能力。

四、大学生生命教育的应有目标

根据上述研究结果以及关于生命教育的目标的相关研究，确定大学生生命教育的总体目标应该是发掘、培养、提升大学生的生命智慧，即开发大学生的生命潜能、优化大学生的身心素质，达到大学生的自我实现。具体来讲有以下几个方面：

（一）大学生生命教育的认知目标

1. 发现和了解生命

发现生命就是要让教师和学生认识到什么是人、什么是人性，解决"人为什么活着""怎样活着"等问题。教师还要在此基础上去引导学生认识自己，特别是认清自己的优点、缺点，看到自己与别人的差异，给自己的生命价值一个科学界定。了解生命就是要了解生命的来源、组成、特点、规律、价值和真谛，教师要传授有关生命科学的知识。

2. 确立科学的理想信念

帮助大学生树立正确的人生观、价值观和恋爱观，要引导他们完善自我、开发生命潜能、创造自己的奇迹。对于青春年少的当代大学生来说，完全靠书本形成的价值观已显得脆弱和不定，而这种价值观动摇的第一步便是理想信念在现实面前的褪色与破碎。要帮助他们找回属于自己的人生理想、人生信念，把个人理想纳入社会理想中去，找到自己的历史位置，选择自己与社会的最佳结合点。

3. 解决心理矛盾

大学生要拥有生命智慧，其前提是解决各种心理矛盾，完善自我意识。高校教育工作者应引导他们采取行之有效的解决矛盾的途径和完善自我意识的方法。大学生的内心矛盾主要有：理想自我与现实自我的矛盾，追求上进与自我消沉的矛盾，强烈的求知欲与识别力低的矛盾，自尊心与自卑感的矛盾，强烈的性意识与正确处理同异性之间关系的矛盾，独立意向与依附心理的矛盾，交往需要与自我闭锁的矛盾。

（二）大学生生命教育的情感目标

1. 学会调控情绪

对于21世纪的人来说，调控情绪在每一个人的能力得到最大的发挥方面将起很大的作用，因为在未来的社会中，竞争会越来越激烈，这就决定了每个人都会有多次成功和失败的可能，如何做到胜不骄、败不馁，始终保持积极向上的良好心态，需要个体具有良好的自我调节能力。要控制不良情绪，调出最佳心境，在加强思想品德和个性修养的基础上，还要积极做到促进大学生对各类事物积极层面的认知和理解。

2. 提高情商，减轻压力感

情商反映的主要是情绪的管理，要教会大学生管理情绪的方法，即了解自我情绪、调控自我情绪、自我激励、识别他人情绪、人际关系的管理等。同时，要减轻大学生所承受的内外压力,学校、社会、家庭应该密切配合,把大学生身心受到的压力减到最低。缓解压力感一共有两种途径:一是增加自我强度,以便主动克服各种压力;二是调整所受的内外综合压力,使之与自我强度相当。

(三) 大学生生命教育的意志目标

1. 保护和延续生命

每一个人都要千方百计地保护自己的生命、保护他人的生命、保护大千世界的一切生命。大学生在成长过程中会面临各种成长体验,作为大学生成长的精神保护者,教师既要关注大学生自身精神发展的规律,又要防止来自外界的任何可能性的伤害发生。同时,要通过各种方式,尽力延续生命。个人的生命延续越长,自然所实现的生命价值相对就越大。

2. 培育抗挫素质

所谓抗挫素质培育是通过揭示挫折的本质和规律,培养大学生正确认识、驾驭挫折的能力,从而提高抗挫素质的教育实践活动。一要提高大学生的心理承受水平,使他们形成对刺激的适宜的反应方式;二要提高大学生的心理调节水平,使他们正确地认识与评价自己和现实,掌握正确的认识、评价方法;三要提高大学生的心理活动的状态水平,进而提高他们的自信水平,使他们形成积极进取的心理状态。

3. 提高适应能力

教育者应知道:刚刚进入大学,是大学生最好的重新塑造自己形象的时候,改掉以前的缺点,以全新的形象出现;大学生在适应中所遭遇的挫折都是由于对现实社会和未来抱有过高期望值和过于理想化而产生的;对刚刚入学的大学生来讲,他们在适应学习和生活环境之时,个人对社会、学校的期望值都发生了很大的变化;教育者要在短期内帮助大学生尽快适应,并完成个人角色的转变。

(四) 学生生命教育的行为目标

1. 提升和激扬生命

大学生必须尽好人生的本分,不要把自己应该承担的责任让别人去承担。"上帝只能拯救那些能够自救的人",谁也不可能代替你自己活!生命力是鲜活的,大学生富有潜力,教师要激活大学生的潜能,唤配他们的生命,让他们积极、主动地成长,而不是选择灰色调的生活。教育要使大学生幸福地从一个成功走向另一个成功,从而达到"完善自我,造福人类"的境界。

2. 预防大学生自杀

高等学校应该建立危机干预机构来预防大学生自杀。预防自杀的方式主要有：帮助有自杀意念的大学生摆脱或解决诱因，尽力打消自杀念头，使他们感到"原来生活可以更美的"；激励有心理问题的大学生努力学习用心处事，让他们体会到"世间自有公道，付出终有回报"，帮助有错误观念和错误认知的大学生，要让他们懂得片面、绝对地看问题往往就是悲剧的根源；最后，要赢得心理专家的帮助和社会的支持，建立学校、社会、家庭一体化预防大学生生命教育模式。

3. 提高大学生的竞争力

高校必须重视培养具有创新精神和实践能力的高级专门人才，在这种"高级专门人才"的培养过程中，尤以专业素质、技能为最重要，这是大学生的立身之本。因为"技能改变命运"，"学富五车并不等于才高八斗"。高校必须要与社会需求接轨，提高对市场的灵敏度，通过市场需求带动人才培养环节的改革，适时调整专业方向和有关课程，调动大学生社会实践的积极性。

总之，生命教育的目标，乃是让个体在受教育过程中，不仅要学到生存所需的知识技能，更重要的是让个体拥有丰富的生命涵养。在自我实现、自我尊重或自我要求、自我反省下，将自己的生命不断提升，不断完善自我，成为对社会有用之人。所以，生命教育的目的既在于避免个体做出危害自己、损害他人、破坏社会的行为，又在于培养个体正面积极、乐观进取的生命价值观，以使他们能够与他人、社会和自然建立良好互动关系。

综上所述，作为生命教育的四个目标是相对独立的，它们既有联系，又有区别，不应混为一谈。四个目标有依次叠进之意，首先要认识生命，然后才会热爱生命；有了对生命的认识和热爱，然后才会产生保护生命的意志；最后在此基础上，才理所当然地有提升生命的愿望与要求。当然，这样说也并不排斥它们之间交互作用的关系。

第二节 课程基本特征与类型

生命教育是教育"以人为本"的重要体现，它在最低层面上是认识生命、保护生命，在高级层面上是享受生命、优化生命、激扬生命、完善生命。有感于现实生活中生命的潜在危害和生命意义的空缺而设置的生命教育课程，必定以善待生命、悦纳生命、关怀生命、超越生命为基本的价值取向。因此，生命教育课程是一门人文科学的课程，我们要了解高校生命教育的课程特征与类型，让生命教育实施过程中充满人性的关怀，温暖、滋润学生。

一、高校生命教育课程的特征

高校生命教育课程以人的生命为主线，围绕生命的活动和生活的内容而组织，旨在引导学生认识生命、珍爱生命、发展生命，提升学生的生存能力和生命质量，使其实现生命的意义和价值。作为一门人文科学课程，高校生命教育课程具有如下特征。

（一）综合性

人的生命的整体性决定了生命教育课程的综合性。生命教育课程以生命为圆心，围绕认识生命、珍惜生命和发展生命组织内容。课程的综合性是相对于其他课程知识结构的单一性而言的，为了保证高校生命教育活动的顺利开展并收到良好效果，生命教育往往需要多科学、多层次的综合性知识，其中主要涉及哲学教育、安全教育、心理教育、社会生活教育、伦理道德教育、价值观和人生观教育、人体生理知识教育等方面，并在与其他学科教育的交融中，实现促进学生认知、情感、意志与行动各方面发展的目标。综合性的课程性质往往也要求教师具有多层次、复合性的知识结构。同时，这种多层次、复合性的教师专业知识结构，还应该实现彼此之间的相互支撑、渗透与有机整合，而且这种整合了的专业知识只有在表现为教师教育行为的科学性、艺术性和个人独特性，表现为教师精神生活的丰富性和发展性时，它才充分显示出教师作为一个专门职业，对丰富而独特的专业知识的要求绝不比其他专门职业低。

正是生命教育课程的综合性决定了承担高校生命教育课程的教师必须改变过去单一的只见树木不见森林的知识观，突破固守于一个学科的狭隘认识，尽可能拓展知识面，广泛涉猎哲学、教育、心理、生理、宗教、艺术等不同学科的知识，并使各学科知识之间融会贯通，以综合性的知识结构满足学科课程的教学。

（二）独特性

高校生命教育一方面强调理论与实践知识的综合性，另一方面又必须体现课程的独特性。生命教育主要针对教育中的各种生命异化现象，例如伤害他人（物）生命的暴力、自我伤害或自杀，以及教育中出现的漠视生命、教育无人的现象而提出来的。开展生命教育的目的是让学生能珍惜生命，快乐生活并且成就人生。既然生命教育的开展本身就是为了改变生命异化的现象，因此它能不完全被哲学、生理学、德育所取代，而具有其独立的特征。生命教育的独特性正是在尊重"立体生命人"的理念下，强调人的"自然生命之长""社会生命之宽""精神生命之高"，并在此基础之上实现生命化的教育。"如果一定要用一句话来表达的话，就是把对儿童的理解、关爱、信任、成全，在具体的教育过程中体现出来。"既然每一个"立体生命人"都是独特的，具有不同的个性、不同的思维方式和行为特征，有着独一无二的价值和尊严，因此，面对如此复杂的教育对象，生命教育应该遵循个性化的原则，在教育内容、教学方法和教育形式的选择上以及课程设计等方面有所甄别，体现差异性和个性化。只有这样，高校生命教育课程才能直接击中问题要害，落到实处，收到成效。

（三）开放性

"人的本质不是先天规定的，而是后天自我不断生成和建构的，生命永远向未来开放，具有无限的可能性。"以具有无限可能生命特征的大学生为实施对象的高校生命教育课程，也必然具有无限可能性，它应该具有开放和可生成的特征。从某种角度来说，生命教育"没有固定的程序，没有固定的内容，甚至没有固定的知识点"。开放性的生命教育应该有开放性的课程内容、开放性的课程资源、开放性的教育过程以及开放性的实施空间。

首先，开放性的生命教育课程内容主要源于生命教育多元化的主题，但凡能够给当代大学生带来"生命困顿"的内容都可以成为研究的议题，其丰富的研究内容决定了高校生命教育是对人生命的直面，是通过生命、提高生命质量进而进行的一种社会性活动，也是真正体现生命教育理念的教育。其次，开放性的课程资源是生命教育的一大特征。研究内容和主题的多元性决定了生命教育课程资源的丰富性。根据相关调查研究，近年来开设生命教育课程的高校不少，但是却没有出现统一使用的教材。就生命教育课程而言，没有任何一本知识性的课程教材能够给教师提供一整套包含理论和实践的教学内容。教科书所涉及的理论知识以及实践操作模式仅仅是课程教学的参考资料，我们还必须联系学生的生命实际，整合各学科的相关知识，挖掘高等教育中的典型案例，搜集更多有利于课堂教学的信息素材，有效地整合课程资源。最后，强调教育过程的开放性。这一方面体现在教育时空的开放性。生命教育不是知识教育，不是认知结果的堆积，而是在教育过程中生成有关生命的价值感，涵养生命情怀。生命教育的课程开设必需重视生命体验，创设情境，让学生参与其中。生命教育倡导的是生命本身从生活中学习，于生活中体悟，在生活中成长。没有哪个生命能代替另一个生命去生活，教育不在于传授学生多少的生活道理，而在于引导学生自己去经历和体悟真实的生活。因此，高校生命教育绝不是拘泥于课堂教学的课程，它可以突破时间和空间的限制，将生命教育课程延伸至教育对象的整个生命生活过程以及教室以外的生命场所，是生命化的生命教育教学。另一方面，这也体现在教育形式的开放性。除了课堂教学，生命教育还可以通过体验、讨论、叙事等多种形式进行。教师可以根据不同的教学目标及教学内容灵活机动地选用不同的教学场所。在以感知和体验为主的课程中，可以充分利用各方面平台进行多种形式的教育，给学生营造一个高度自由开放的思维空间和实践空间，使他们活泼生动地参与到教育过程中来，通过自己的判断与反思，达到体认知识、开启智慧和润泽生命的效果。

（四）实践性

相较于其他偏重理论性的学科而言，高校生命教育课程的逻辑展开不是理论性的，它对生命现象的了解遵循的不是科学的逻辑，更多的是生活自身的逻辑，因此它是实践性的。即便是再高深，体系再完备的理论知识也往往由于过于概括与简化，在面对纷繁复杂的高校生命教育实践时显得苍白无力。生命教育课程的内容源于生活，学生在家庭、学校和社会中实际遇到的生命课题，媒体报道的生命伤害事件、生命不能自救事件、生命感动事件等，都是生命教育课程的重要内容来源。

高校生命教育要围绕日常生活中学生遭遇的种种生命现象开展，通过练习使学生掌握保护生命的技能，引导学生去思考、判断、体验他们自身的经验，主要运用活动和情景体验的方法，真正地使教育感动生命，震撼心灵，融入生命，而非仅仅停留在关于生命知识的认知上。

二、高校生命教育课程类型

大学校园中轻视生命的现象时有发生，高校生命教育现状不容乐观。据相关调查，当下大学生的生命意识较为薄弱。天津市委教育工委2009年成立了"天津市高校生命教育现状调研"课题组。该课题组通过问卷和访谈等调查方法，从大学生生命意识现状，生命价值取向以及生命教育课程等角度进行了实证研究。调查结果显示，当前大学生对生命本身以及生命价值等问题都有过思考。但是部分学生对死亡缺乏理性的认识，极个别的学生对自杀的认识存在偏差，存在一定程度的自杀倾向，还有极少量学生甚至有报复社会的想法。此外，调查结果还显示，有一部分学生对于未来缺乏人生规划。现有的生命教育形式已经不能满足大学生对生命教育的需求，因此，将不同课程类型相结合是拓宽高校生命教育的有效途径。

（一）学科课程

学科可以区分为科学领域中的学科和教育领域中的学科。科学领域的学科是指对事物规律性认识的科学研究结果的知识体系，具有独立的研究对象、成熟的研究方法、规范的学科体制。教育领域的学科是知识与学习的一个分科，是按照课程论组织起来的适合教学又能反映对应的科学基本内容的知识体系。"从学科功能来看，科学学科的主要功能是创造知识，但也不能否认它具有育人的功能；教育学科的主要功能是育人，但它也具有创造知识的功能。"课程是在一定学校的培养目标指引下，由具体的育人目标、学习内容及学习活动方式组成的，具有多层组织结构和育人计划功能、育人信息载体性能的，用以指导学校教育、教学活动的育人方案。此处高校的生命教育学科课程主要指的是教育领域内的学科课程。生命教育从流行于西方的一种哲学思潮起源，一直发展到今天，似乎尚未形成一个完备的学科。但是生命教育课程的确是在对相应内容进行选择，并按照大学生身心发展的特点以及认知发展特点将内容进行改造与重组。

学科课程的依据来自宏观国家层面的课程指导文件，国家课程标准是我国各个学校教育实践的必然依据，也是各个学校课程结构的重要组成部分。日本在1989年的《教学大纲》中，明确提出了敬畏人的生命与尊重人的精神这一理念的教育目标，并拨出专款对这一目标进行专门的探索和研讨。

再来看美国的分科课程。美国首先根据不同的年级、学期以及逻辑主题，将课程内容分成若干个不同层次的单元主题—从生理到心理，从社会到哲学，从具体到抽象；然后再按照学科的相关性，将课程主题融入其中。从这个层面来说，目前我国尚未出现真正意义上独立的生命教育学科课程。纵观各个高校的生命教育课程，它们的名称不统一，内容相对随意。带有明显的校本色彩，形式各异。此外，大学生生命教育还应当有国家教育主管部门的介入与参与，只有如此，才能促使形成统一的认识和指导实践。当前高校大多数以选修课程的方式进行生命教育课程的教授，按照台湾地区林思路教授的观点，大学可以单独开设有关生命教育的课程，并面向全校学生开展。这相当于当前许多高校开设的通识教育课程，有完整的课程体系、统一的教学大纲、丰富的课程资源建设以及优秀的生命教育师资，以课堂教学为主要载体。应该说，开设独立的生命教育学科课程，遵循大学生生命教育的逻辑性和完整性，系统实施生命教育的相关内容，以达成大学生生命教育的目标，具有重要的现实意义。

（二）融渗课程

在高校普遍缺乏独立生命教育课程的现状下，开发融渗课程是实施生命教育的主要渠道。融渗式的课程将生命教育的基本内容融入各门具体课程中，通过各门课程的教学活动来开展生命教育。这种在其他学科教学中渗透生命教育的方式，提供了看待生命问题的多维视野，有助于打开学生的视野，以"随风潜入夜，润物细无声"的方式使学生在所有学科的学习中领悟到生命教育的思想，在不同学科、不同性格、不同人生体验的教师的潜移默化下不断认识生命的价值，提升自己的精神世界。同时，学生也可以根据自己对生命的理解，从不同的角度对生命的价值进行思考，从多层面理解生命的意义。比如英国的生命教育课程就是在打破传统分科课程的基础上，将主题单元的内容根据生命的发展历程逐步加以深化。具体来说，就是重点选取与学生日常生活以及未来社会政治生活有关的问题，通过主题纵向的深入化探讨与横向的普遍化拓展来构筑学生的精神生命，让他们的生命与作为文本的综合课程实现"对话"，并通过"对话"消解文本与生活之间的对立，最终达到生命教育的目的。这种方式有助于学生形成对生命教育的整体认知，也打破了狭隘的思维局限，提供了看待问题的多种可能。

但是，融渗课程也有其弊端。有意识地以融渗方式渗透生命教育知识，这种贴标签的方式可能会破坏学科本身的完整性，因为每一个学科都是独特的，在选择和组织材料时有其内在的逻辑顺序。融渗方式的生命教育课程不可能给学生呈现一个系统完整逻辑清晰的生命教育知识体系，这极容易造成学生对生命教育的片面理解和思维混乱。因此，融渗方式的课程既要求任课教师是他所教授学科的专家，同时还要求他应正确处理各门学科知识之间的内在联系性，熟练掌握生命教育的理论与实践。此外，更为重要的是，大学生生命教育课程设计可以根据生命教育综合性、开放性的特点，整合相关学科、相关课程资源，在培养方案与教学目标中明确规定相关课程的生命教育功能。如在"法律基础"课程中通过培养学生的法律意识，使学生认识到伤人、杀人的严重后果，预防校园暴力事件的发生；在"日常思想政治教育"课程中引导大学生认识生命的美好和重要，勇敢地承受挫折，坦然地面对现实，热爱生命，珍惜生命，思索生命的价值；在"马克思主义基本原理"课程中，教育学生运用哲学的观点、辩证的思想理解人的生命，深化对生命的理解，帮助大学生树立正确的生命观；而专业课、体育课则可以帮助大学生增强生命发展的能力。学生由此在其他学科教学中将生命教育知识内化为自己的思想，进而达成高校生命教育的目标。

（三）活动体验课程

生命教育课程具有一般学科的特征，即具有分解、分析、传授知识的功能，但是却尤其需要生命的感知与体验。生命的过程和意义在于体验，"体验不到生命活力释放的快感和意义所在的人，就不可能有积极主动的表现；而愈是感到生命的可贵与美好，人就愈会热爱生活并使生命表现出最大的意义"。高校生命教育并不完全是认知活动。它不仅仅包含着要达成生命教育的历史、原则，生命活动交往过程的规律以及良好生活习惯形成等认知目标，更重要的是让学生掌握生命的技能，完成对生命意义的沉思。因此，完全按照知识逻辑组织课程是不可行的，而应该从大学生面临的现实生命问题入手，让学生在广泛的实践活动中感悟生命的意义与价值。

就大学生而言，活动体验式课程的实施方式主要有以下几种：第一，课内实践活动。高校人才培养方案中关于课程设置的相关规定明确指出，应该加大课程的实践比例，其中，增加课内实践是一条重要的渠道。在课堂教学中，可以通过组织演出情景剧，让学生进行角色扮演，透过角色理解他们的处境，体验他人在不同情况下的内心情感而促进自我的省思，得到生命的感悟。第二，校内实践活动。按照大教育家杜威的观点，学校即社会。人们在社会中参加真实的生活，才是身心成长和改造经验的正当途径。所以教师要把教授知识的课堂变成儿童活动的乐园，引导儿童积极自愿地投入活动，在活动中不知不觉地养成品德和获得知识，实现生活、生长和经验的改造。校内开展多样化的实践活动，特别是结合校园文化建设，开展有关生命教育宣传活动，可使学生从中得到锻炼与提高。第三，校外实践活动。通过有意识、有计划地组织，教师可以带领学生参观看守所、戒毒所或参加一些抵制吸毒、预防艾滋病等展览，增强学生维护自然生命的意识；可以让学生走进敬老院、孤儿院，做调查访问或义工；还可让学生参与社会公益活动做志愿者……使学生从中感受生命的意义与价值，令其更加珍惜生命的宝贵与美好。此外，还可以通过大学生三下乡、社会调查、社团服务、科技服务、顶岗实习等多种可行的大学生实践项目，拓展生命教育课程的实践范围，让他们在实践和体验中全面而深刻地感知生命教育的内涵与魅力。

第三节 课程资源的整合开发

"课程资源"是指课程的直接来源,只有那些真正进入课程,并与教育教学活动联系起来的资源才是现实的课程资源。"课程"与"课程资源"的关系是非常密切的,任何课程都需要课程资源的开发。课程实施的水平,一方面取决于课程资源的丰富程度,另一方面也取决于课程资源的开发和运用水平。没有课程资源也就没有课程可言,没有课程资源的广泛支持,再美好的课程改革设想也很难转化为实际的教育成果;相反,有课程就一定有课程资源作为前提。因此,在生命教育课程的教育教学活动中,要积极开发和利用各种资源。

一、挖掘专业课程资源,丰富生命教育知识体系

在内容篇中我们谈到,高校生命教育包含生命意识教育、生存教育、生命困境应对教育以及生命道德教育,并以此内容整合为基础知识、应用知识和实践知识一大板块,因此,生命教育的课程资源开发,也应该围绕这些主题,按照不同的标准挖掘专业课程资源。

从基础知识来看,生命教育涉及生命的本质、内涵、发展以及意义等。大学生生命教育课程应该突破传统的认知目标的局限,从更高的生命层面挖掘资源,构建新的课程内容,这集中体现在生命意识教育、生命价值教育等方面。人类在经历了由感性进入理性的转变后,理性成了维护和规划世界的基本准则,一系列的量化标准将人的感性生命简化成了各种数字符号,教育作为个体生命开发、绽放的过程已经被各种数据所取代。由此导致的极端后果是:现代社会物质与精神失衡,知识本位、技术至上,教育过于工具化,它往往把关注的重点放在如何帮助学生扩展知识、提高能力上,却无视生命的存在,导致学生生命意识淡薄。因此,生命意识教育的内容应该被纳入课程资源。此外,多元化带来的价值冲突也可以作为重要的教育资源,以此来确立大学生的价值判断标准,培养他们对自我、对他人、对社会的理解和认同,促进他们提高和实现自我价值。生命教育并不推崇单一的生命价值观,而是尊重价值的多元化。大学生生命教育的内容就是要从追求确定知识走向对生命意识、生命价值和生命意义的追问和探寻,在生命教育课程的教学中让学生学会做事做人,学会创造,并最终实现自身的价值。

从应用型和实践性知识来看，大学生生命教育要坚持认知、实践、体验相结合的原则，使大学生在生命教育活动体验中达成生命认知、生命情感、生命意志，生命行为的一体化。社会实践中蕴含着丰富的生命教育资源，大学生生命教育要积极协调社会资源，充分利用社会的教育设施和条件，获得社会力量的广泛支持，开展形式多样、内容丰富的生命教育活动，并通过实践积累经验，编入教材，形成课程内容。

二、开发相关学科的生命教育课程资源

生命教育并不是一项完全独立的教育活动，更不是一门独立的学科，在它形成、发展的过程中，无论是研究方法、研究范式，还是问题域，话语方式等都受到了相邻学科的融掺和影响。因此，生命教育课程资源的开发，必须从相邻学科中开发资源。从某种程度上来说，生命教育研究的内容和主题在其他的学科和领域中已经有所涉猎，只是各自的侧重点不同。由于相邻学科在研究的过程中并没有形成横向和纵向的联系，因此，在生命教育出现之间，这些内容只是以零散的形式出现在相邻学科中，而没有形成系统的知识体系或独立的主题单元，以至于产生了研究交叉、教学重复的现象。从相邻学科的关系来看，哲学、心理学、伦理学、社会学等很多学科的课程都隐含着关于生命、生命意义、生命价值、生命责任等资源，值得课程开发和设计者进行深入挖掘。比如伦理学中就存在很多生命教育资源。随着社会的进步和科技的发展，人们在享受科技带来的便利的同时也正承担着科技的负面效应。正如爱因斯坦所说：为了使你们的工作增进人类的幸福，你们只懂得应用科学是不够的。关心人本身及其命运，应当始终成为一切技术上奋斗的目标；关心组织劳动和产品分配这个重大的尚未解决的问题，才能保证我们智慧的产物会促进人类幸福，而不至于成为祸害。总之，从伦理学等相邻学科中我们可以找到大量的生命教育课程资源，值得我们深入挖掘。

同时，生命教育课程还具有其他学科所不具备的内容，比如生死问题的讨论、终极关怀等。俄国的别尔嘉耶夫曾经说过：只有死亡的事实才能深刻地提出生命的意义问题。这是其他学科研究较少的内容，但是仅凭这单薄的几点，是无法搭建起生命教育课程大厦的。因此，对隐藏在相邻学科中的生命教育课程资源，通过整合的方式将其统一归纳在某一独立的主题单元，或是更长远来说，统一整合在一门独立的学科之中，这也是生命教育未来发展的方向。当然，我们还需要在原来课程的基础上，加强生命教育课程资源的打充和融入式开发，这是在

生命教育独立成学科条件不成熟的前提下的最佳选择。

三、开发生命教育人力资源，形成有效的对话机制

生命教育说到底是人的教育，需要人与人之间的精神交流和对话。因此，生命教育课程中课程目标的确定、课程资源的开发、课程内容的筛选、课程的实施以及评价的开展，都离不开生命教育人力资源，离不开高校生命教育者的投入。此外，有效的对话机制的形成也要求我们在开发生命教育人力资源时，充分开发大学生人力资源。因此，只有当高校生命教育的两大主题形成平等和谐的对话关系，才能充分发挥生命的灵活性，让参与者迸发生命的光彩。

生命教育者主要指高校教师队伍。由于生命教育的教育对象复杂，内容涉及面广，方法灵活多样，因此需要一定数量的高水平、高素质相对稳定的师资队伍。要建立生命教育师资队伍培训机制，对相关教师和管理人员进行生命教育意识、生命意识和生命关怀等方面的教育，并且将其融入课程教学和学生日常生活管理的各个环节之中，实现教育的生命化。此外，还可以依托专业培训机构，培养和训练更多的高水平的大学生生命导师，针对大学生群体，课程资源开发应该尽量选择发生在大学生身边的生命事件为案例，解析和讨论其中的问题和解决方法，只有这样，才能使教育者和大学生之间形成对话的平台，实现生命的关联，达成对生命的共识，共同寻求和体验生命的意义。在教育过程中，不同的生活阅历、教育背景、情感体验、价值取向导致教育者和大学生在看待问题的时候会出现分歧、产生对立，再加上大学生的自主意识和反叛意识，大学生常常与教师的观念出现碰撞，发生各种形式的冲突。这不仅影响了课程教学的效果，还会影响和谐师生关系的建立。因此，当遇到分歧和对立时，教育者要学会在平等的基础上与大学生进行对话、交流和合作，通过对话消解教师权威的负面影响，形成良性的互动机制。只有建立在平等对话基础上的共同体验、实践和理解，才能让生命教育培育更合理，才能不断建构生命新的意义，实现教师和学生生命的共同成长，真正做到"教学相长"。

四、吸收家庭和社会生命教育资源

生命教育最初就来自于生活，最终也将回归于对生活的指导。对于大学生而言，日常生活就是他们进行生命活动的最主要场所，也是体验生命存在价值和生命意义的舞台。因此，注重大学生生活资源的挖掘，尤其是家庭资源和社会资源

的挖掘，是对生命教育课程资源的重要补充。

高校生命教育课程资源需要家庭资源的互动与配合。生命教育作为一种综合性的活动，家庭是其第一个教育场所。家庭给予了孩子生命，提供了温暖的生命成长的场所，给予了他们最为温情的成长环境，家庭生命教育可以让大学生更直接地体会到亲情与责任。因此，高校的生命教育要与家庭生命教育积极互动，达成二者的密切配合。在家庭中营造良好的生命教育氛围，能为学校生命教育提供基础，还能巩固学校生命教育的成果。在课程资源开发中，学校可以选择学生生命个体独特的家庭生活经历，与他们的日常生活建立连接。通过了解学生的心路历程，引导他们正确理解生命的价值与生命的意义，并能做到推己及人。此外，高校的生命教育要充分重视来自家庭的力量，加强与学生家长的沟通与交流，及时反馈学生的生命成长的相关信息，处理好学生本身以及家庭中生命问题的影响因素，共同营造良好的生命教育氛围，促进大学生的生命健康。

此外，高校生命教育要重视利用社会资源，获取社会的支持。教育是社会大环境中的一个子系统，我们在分析当前大学生生命教育现状时也重点谈到了社会因素的影响。因此，在高校生命教育课程资源开发中，应该充分挖掘社会资源，获取社会对生命教育的支持。从生命教育的先行国家和地区的发展经验来看，社会层面的支持对推动生命教育的作用非常大。比如在我国的台湾和香港，各种社会团体和宗教团体都积极推进生命教育，成了生命教育的社会组织载体，建立了社会互动的良性循环。

大学生命教育课程资源的开发是一个长期的过程，我们要充分挖掘专业课程和相邻学科课程的生命教育资源，从学理上给予支撑；此外，作为一项涉及学校、家庭、社会等方方面面的系统工程需要各方面的共同努力和积极配合，才能在众多的支撑资源中选择适合大学生的生命教育的课程资源，发挥课程教学的作用。

第四节　课程内容

从生命教育的内容来看，因对生命与生命教育内涵的不同理解，其教育的内容也多种多样。有的是强调死亡取向的教育，有的是强调心理取向教育，有的是强调道德或宗教、伦理取向的教育，有的是强调生活取向、生涯发展取向的教育。有的学者又认为，生命教育的目标与内容主要包括学会珍爱生命、学会创造生命价值、正确理解自我实现等；也有学者认为，生命教育的内容是帮助学生领悟生命的意义和价值、树立正确的人际关系、认识生命的可贵、珍惜生命的存在和欣赏生命的美好等。有的学者是从生命的自然属性、关系属性和价值属性来确立生命教育的内容体系，确立了生命知识领域、生命的关系领域和生命的价值领域三大类内容体系；也有的学者是从自然生命、精神生命和社会生命来建立生命教育的内容体系。此外，还有的学者指出了"生命意识教育"的内容与目标，包括：生命文化建设、生命价值伦理观的培育、生命认识与情感、意志教育等的内容。

一、有代表性的几种观点

为避免自杀而展开的生命教育，首先应解决大学生的思想困惑。因此，至少应包括生命神圣论、生命价值论、自我认知等方面的内容。

（一）生命至上

生命对于人是最重要的，离开生命这个载体，人生的各种需求都无法满足。故古今中外都有珍爱生命的论述。如《吕氏春秋·贵生》曰："圣人忧虑天下，莫贵于生。"德国哲家费尔巴哈也一再说："生命就是人的最高的宝物。生命对于人而言是至高无上，神圣不可侵犯的。任何人包括自己都没有权利剥夺自己的生命。"

（二）生命价值论

生命价值论是指以人具有的内在价值和外在价值的统一来衡量生命意义的一种观点。生命的神圣性足以说明生命的内在价值，即生命能满足人最基本的欲求——求生欲，并为人的更高级的需求奠定基础。现在的大学生很少意识到生命的宝贵，对于轻易拥有的东西不知道珍惜，所以当没有危害生命的因素存在时，大家感觉不到生命的宝贵。因而，很多茫然的大学生往往由于外在价值的难以实现也否认了生命的内在价值。有的学生认为活着没有意思，这是一种典型的不健康心态。那么怎样生活才有意思？换句话说，怎样生活才有价值和成就感呢？可见生命的外在价值取决于个人的不懈努力，而非上帝的恩赐。所以说，生命的内在价值与外在价值是辩证统一的。

（三）自我认知

"自我"包括"生理自我"和"社会自我"。前者主要从生物生理学上讲，指人们对生命体本身,包括生理结构、生老病死等自然现象和情绪的认识;后者主要从社会学讲,指人们对你为社会人的自我周围人际关系的认识。只有形成科学的"自我认知"才能客观地分析自己面临的境遇,并做出理性的选择。

人的生命可分为四个组成部分:自然生命、精神生命、价值生命、智慧生命。自然生命是人之生命的根本,是生命存在的物质载体和本能的存在方式,强健的体魄是生命的源泉。精神生命是人之生命的升华,健全的人格是精神生命的意义所在。价值生命是对人之生命的取向。智慧生命是人之生命的创造与超越,它使人的认识更加理性、科学与艺术。这四种生命体现出人的身体、心理、智慧、价值、道德的完整性和统一性,它们是生命系统的不同要素,发挥着不同的功能。与生命组成的四个部分相对应,生命教育应以学会生存、学会沟通、学会生活、学会做人、学会创造为己任,其内容有以下四方面。

1.意识与生存能力教育

包括身体与营养,健康与锻炼,安全与防范,认识自然与环境保护,抗挫折能力,忧患意识与苦难体验等教育。

2.态度与健全人格

包括热爱生活,认识、尊重与关爱生命,与人沟道,自尊自信,健全人格,鲜明个性,敬业乐业等教育。

3.信仰与真善美教育

包括倡导崇高理想,坚定正确信仰,培育真之情感、善人之性、美之情操等教育。

4.艺术与创新精神教育

包括科学与艺术素养,独立思考与批判精神,较强的实践能力与创新精神等教育。

二、生命教育的内容

根据上述研究结果以及生命教育的目标,可确定生命教育的内容如下:

(一)认识生命的教育

认识生命首先是发现生命,就是要让教师和学生都了解生命常识、生命科学、生命哲学,认识到什么是人、什么是人性,解决"人为什么活着""怎样活着"等问题。教师还要在此基础上去引导学生认识自己,特别是认清自己的优势,看到自己与别人的差异,给自己的生命价值一个科学的界定:找到属于自己的人生理想、人生目的、人生价值、人生态度。其次是了解生命,就是要了解生命的来源、组成、特点、规律、价值和真谛;而要做到这一点,教师就必须钻研有关生命科学的知识。而那种认为生命教育只需要体验、不需要知识的观点,是值得商榷的。在生命教育中,应当按照学生的年龄特征与知识水平,将生物科学、生理科学、教育学、伦理学、心理学、社会学等各种知识,用深入浅出的方法传授给学生。不仅如此,还要让学生初步掌握如何了解生命的有关技术。在有条件的学校中,可以开设专门的综合性的生命科学知识课程,而寓生命知识于各科教学之中,也是一种很好的途径。总之,认识生命就是让学生了解生命的诞生、成长、衰老、死亡等生存、死亡现象,使他们在理解生命的必然性、偶然性和不可逆性的基础上,树立正确的生命价值观,爱惜生命、呵护生命、自觉及时地赋予自己的每一时刻以生命价值。

人最宝贵的就是生命,生命对于每个人都是公平的。而每一个生命的产生都需要苛刻的条件,复杂的过程,生命由大自然中孕育而生,是艰难危险的,其中任何一个微小的环境变化,都可能会使生命夭折。所以每一个生命的诞生都是珍贵的,每一个生命的过程又是有限的,而每一个生命之间是相互依存的。在这个越来越多的物种濒临灭绝的时代,更应该认识到生命的弥足珍贵。生命教育除了要让青少年认识到生命的来之不易和脆弱外,我们更应该让他们认识到生命到底意味着什么,他(她)的生命对自己,对家人,对社会,对人类具有怎样的意义。

(二)热爱生命的教育

1.敬畏生命

"敬畏"是一种特殊而复杂的情感,这可以从两个方面说:一是从"敬""畏"的词义看,据《辞海》,"敬"有戒慎、敬肃、不怠慢和警戒等意思;"畏"的意思有害怕、恐惧和敬服等。二是从产生敬畏感的对象看,这又有几种情况:第一,敬畏神秘力量。它似乎是不可知,也不必知的,但它又似乎可以主宰人的命运,因而令人敬畏,如敬畏鬼神便是。第二,对美好事物的敬畏。这种事物很神奇、巧妙、尽善尽美,但它们是应当被了解的,也能够被了解,故令人敬而畏之。如敬畏大自然即是。第三,对崇高、伟大事物的敬畏。如敬畏伟人便是,古往今来,有许多伟大的人物,为民请命、为国捐躯,干了许多大事、好事,令人肃然起敬、敬而服之。众所周知,生命是大自然中最神秘、美好、伟大之物,所以就对其产生敬畏的情感,很显然,这种敬畏感不是迷信,而是一种值得培养的高尚社会情感。由此可见,敬畏生命是一种终极追求,是对人的终极关怀的体现。所有的教育是否能够对个体的精神成长负责，是否能够对学生的成长起促进作用，根本上要取决于教育者是否敬畏生命，是否能在任何时候、任何地点都不以自己的好恶、学生个体的差异而否认学生生命存在的价值。若忽视了这一点，教育就必然成为人的成长、发展的枷锁。

2. 尊重生命

尊重生命也是一种情感，在这个世界上，最可贵、最有价值的就是生命。一个人不仅要尊重自己的生命，而且也要尊重他人的，乃至一切动物和植物的生命。我国古代即有尊生、重己的传统，如《吕氏春秋》就有《贵生》和《重生》两个专篇，讨论对生命的态度问题，前者说要以生命为贵、尊重生命，后者讲生命最为可贵、要重视自己的生命。我们应当继承这一传统，把尊重生命列为生命教育的重要内容。所以，尊重生命就是要教育学生把自己当作独一无二的生命个体来看待，看到自己身上独一无二的生命价值，并引导学生去实现自己的人生价值。

3. 热爱生命

在敬畏生命与尊重生命的基础上，还要进一步热爱生命。热爱是一种稳定、深厚的情感，它只会加深、加固，而不会淡薄、消退。对生命的热爱也不应例外。每个人既要珍惜自己的生命，也要珍爱他人的生命。而且，只有热爱自己生命的人，才懂得热爱他人的生命；也只有热爱他人生命的人，才能真正地热爱自己的生命。生命的真正价值体现在相互热爱之中，充分理解和把握自我生命的人，就一定会对他人的生命负责，同时，在热爱他人生命的过程中，自己的生命也就获得了真正的提升。我国自古以来就存在着爱生命的传统，从孔子的"仁者爱人"、唐代韩愈的"博爱之谓仁"，到现代教育家陶行知的"爱满天下"，就充分地体现了这一点。我们要继承这一传统，加强热爱生命的教育。它既包括教师对自己生命和学生生命的热爱，也包括学生对自己生命和对他人生命的热爱。这首先要求教师对生命的意义有真切的感悟，只有在对自己生命的充分理解和充分把握的基础上，才有可能向学生做出生命意义体现的表率，才能对学生的生命负责。同时，热爱生命的价值追求还体现在师生相互热爱之中，唯有如此，才能探求生命的真谛，在爱他人、爱自己的生命中获得真正的提升。

（三）呵护生命的教育

在认识生命、热爱生命的基础上，还要进一步对生命加以保护。前两者是后者的前提，后者是前两者的落实，即只有真正热爱生命的人，才会自觉地保护生命；同样，也只有注意保护生命的人，才会有对生命的真正认识和热爱。不仅如此，我们之所以要保护生命，是因为它是由前文所述生命的特点、意义所决定的，即生命是不可逆转的、不可再来的，又是不可替换、不可创造的，所以每一个人都要千方百计地保护自己的生命、保护他人的生命、保护大千世界的一切生命。大学生在成长过程中会面临各种成长体验，有些是积极的辅助、有些却是成长的偏差、有些甚至是灾难性的障碍，尽管其中的绝大多数不是直接来源于教师，但作为大学生成长的精神保护者，教师既要关注学生自身精神发展的规律，又要防止来自外界的任何可能性的伤害发生。

（四）美化生命的教育

1. 提升生命

所谓提升生命，就是要提升生命的地位、作用、价值和质量。以人的生命来说，它在宇宙中的地位本来就是很高的，我国传统的"人贵论"即表明了这一点。它把人与天、地并列，称为"三才"：认为人是"四大"之一，即所谓"道大、天大、地大、人亦大"（老子语）。"人贵论"也肯定人是有价值的，其中的"贵"字，就是有价值的意思，因而"人贵论"就是人有价值论。又有"惟人，万物之灵"（《尚书》）"天地之性人为贵"（《孝经》）等观点，也表明了人有很高的价值。有价值就有作用，人的价值是通过其作用体现出来的。简而言之，人的作用就是能改造自然、推进社会发展。正如古人所指出，万物是由天生、地化和人成的，没有人的参与，万物则难以成全（当然、人还有破坏万物的一面）。人不仅能按照"天道"来改造自然，而且也能依据"人道"来推进社会。正是在这个意义上，人民大众创造了历史，因而也是社会历史的主人。但必须指出，虽然人本来是有地位、有价值、有作用的，但由于种种原因，特别是历代统治阶级的限制，使之未能发挥出来。正因为如此，所以人的生命质量也就不够完美，甚至很低下（当然生命质量差还有很多别的原因）。由此可见，我们必须提升人的生命的地位、价值和作用，从而提升生命的质量。

2. 激扬生命

生命力是鲜活的，大学生有的是潜力，但缺少激发与挖掘，由于受到特定阶段生命规律的限制，大学生不会充分挖掘自己的潜能，释放生命能量。因此，教师要激活大学生的思维，唤醒他们的生命，让大学生积极、主动地成长，而不是选择灰色调的生活。

3. 完善生命

人是生命世界的高级生存状态，但人也有不足，还有待提升。教育通过一些集体的、个人的实践，达到教化、转化、感化学生的目的，使大学生幸福地从一个成功走向另一个成功，从而达到"完善自我，造福人类"的境界。

综上所述，作为生命教育的四项内容是相对独立的，它们既有联系，又有区别，但它们是相对独立的，不应混为一谈。现代西方思想家阿尔贝特史怀泽倡导"敬畏生命"的伦理思想，则认为敬畏生命的全部内涵就是保护和爱护生命，也有人把保护生命和热爱生命包含在尊重生命之中。在我看来，四项内容有依次叠进之意，首先要有认识生命，然后才会热爱生命；有了对生命的热爱，然后才会产生保护生命的意志；最后在此基础上，才理所当然地有提升生命的愿望与要求。当然，这样说也并不排斥它们之间相互作用的关系。

第五节　课程实施与评价研究

当前国内外生命教育课程呈现的类型可归结为以下四种：学科式的生命教育课程，活动体验式的生命教育课程，以生活内容为主的综合式生命教育课程，单一主题式的生命教育课程。我国学者在剖析四种类型的生命教育课程利弊的基础上，构建了几种我国高校生命教育适用的课程形式：专门的生命教育课程，综合式的生命教育课程，讲座式的生命教育课程，体验式的生命教育课程，选择适切的生命教育主题融入学校的德育活动中。庞秋月指出，高校实施生命教育的主要措施和课程有：利用现有资源开展生命教育（在已开设的有关课程中有意识地渗透生命教育的理念，在丰富的课外活动中融入生命教育的元素）增开以生命教育为主题的课程。肖杏烟指出高校生命教育课程实施中应注意做到以下几点：规范教学管理（成立大学生生命教育教研室，采用认知教学法和实践教学法）；加强社会实践（开展社会实践活动，开展生存拓展训练，结合校园实际开展活动）。李道友指出，生命教育课程应采用以下教学方法：体验法、角色扮演法、欣赏讨论法、案例教学法，渗透法。

一、高校生命教育课程的实施

课程实施是把课程计划付诸实践的过程，它是达到预期的课程目标的基本途径。生命教育课程实施是高校生命教育目标达成的重要途径。在本土化的背景下，结合中国传统文化特色以及当代大学生的认知与身心发展特点，高校生命教育的实施主要依托以下几条路径。

（一）强调学科课程与活动体验式课程并重

当前国内生命教育课程类型主要有学科课程，融渗方式的课程以及以活动体验为主的课程。学科课程强调根据学生的心理发展水平，学生所在系科、不同的学生群体等单独开设课程，并且能够按年级、学期、单元等划分为若干层次；教师采用讲演、讨论、价值澄清等教学方法来设计课程，以保证课程的系统性和完整性。关于生命教育课程的实施我们提倡学科课程与活动体验式课程并重。学科课程即意味着学校管理者应该充分重视生命教育课程的开设，编写专门的学科教材，开设独立课程，根据学分制科学地进行课程设置，使生命教育课程贯穿大学生四年的学习。学科课程与活动体验式课程的实施方式在课程类型中也有介绍。

（二）加强生命教育的师资培训

教师作为有效推动生命教育的实施者，在整个教育过程中承担着课程开发设计者、教学过程组织者和实施者的角色，应该说，教师自身生命教育的职业素养与专业能力对生命教育的成败有着至关重要的影响。因此，加强生命教育的师资队伍培训，成为保证生命教育课程顺利实施的重要环节。

然而，当前大学生生命教育队伍建设存在严重滞后的现象，专职的生命教育教师人员缺乏，辅导员学历背景各异，生命教育尚未形成系统的教师培训体系。此外，生命教育所涉及的很多知识储备和授课技巧都不是靠短期应急培训可解决的。生命教育虽然是以生命关怀为重点，但是更是一种教育理念，是一种渗透着生命教育意义的理念，它归根结底是塑造人、培养人、完善人的教育活动。因此，专职的生命教育教师应当具备多学科的知识，以自己完备的教育理论和教育实践为其服务对象讲解生命教育理论知识，并掌握相应的技术手段，为大学生排解学习、生活中的困惑。因此，在高校要建立一个中长期分阶段的教师培养规划，做好长期改进准备，确保高校开展生命教育的前瞻性、系统性和整体性。此外，由于生命教育与培养人的世界观、人生观和价值观的"两课"存在内容的交叉，因此，辅导员理应是向学生实施教育的一分子，是大学生思想政治教育工作的组织者、实施者，更是大学生日常生活的管理者、服务者。将生命教育拓展于辅导员的日常工作，就是要将生命教育延展于辅导员对大学生的教育、管理、服务工作之中。只有教师本身对自我生命价值的认可度高，具备关爱情怀，才能够与学生一起探索生命相关问题。

（三）加强社会实践教育

目前，我国大学生生命教育主要是进行理论阐述和灌输，很少与学生面临的社会问题与现实问题进行联系，存在理论与实践相脱离的现象。过于重视学理性而忽视了对学生日常生命实践的具体指导，这种封闭性、知识化、教条化、理想化的文本教育范式使得学生在教育过程中毫无体验感，也抑制了学生的独立性和创造性。

以此看来。生命教育绝非仅仅依靠理论的传授和语言的说教就能完成，体验是其实现的重要手段。"一般说来，体验包含经历、情感和认识三层意思，涵盖活动和结果两个方面。它有时是指一种活动过程，有时是指活动的结果；它既可指情感方面的，也可指认识方面的；它不仅可以指主体的亲历，即主体通过亲身经历来认识客体，而且也可以指主客体的心理交融与合一，即主体在观念上暂时把自己当作客体，使自己根据客体的环境、立场、观点去观察事物、思考问题，从中获得关于客体的信息；此外，体验有时也被用以指主体对自身的回顾与反思。"生命教育的体验必须结合实践才能完成。

学校通过一些社会实践活动，例如组织大学生去医院、殡仪馆参观，引导学生与病人交谈，让学生体会生与死，使其形成一种深刻的生命情感。这种情感能增加学生对生命的感性认识，使其更加珍惜生命。生命教育应与实践生活相结合，实现知行统一。我们的思想政治教育应当贴近生活、贴近社会、贴近现实，积极探索专业知识与社会实践的结合，知与行的统一；我们教育工作者在进行理论传授的同时，应加强对学生的实践教育，让他们走出象牙塔，主动参与社会实践，使他们在丰富的实践活动中自我体验，树立正确的世界观、人生观和价值观，增强社会的责任感，以达到道德的提升，情感的升华。

（四）多方协作，形成合力

生命教育是一项涉及国家、学校、家庭、社区和全社会方方面面的系统工程，广泛涉及理论和实践的重大问题。很多国家都越来越意识到，学校教育的成功有赖于学校、家庭和社会的三方合力，社区人士、工商界、宗教团体等都必须参与其中。在整个生命教育的实施过程中，学校、社会、家庭需要密切联系，要做到政府指导、学校推进、社会支持、家庭配合，建立广泛的伙伴关系，全方位地进行教育。

学校是大学生获得智慧、塑造情操的重要场所。因此，学校除了开设专门的生命教育课程，还要大力开展校园文化建设。要积极组建各类大学生自助组织，如组织大学生心理、生命、伦理等互助社团，引导学生通过学习掌握一些心理保健方法；同时创设适宜情景让学生进行角色扮演，使他们能坦然面对所遭受的挫折，面对失败不屈、面对厄运刚毅和面对困难勇敢，使他们从互助实践活动中学会应对消极情绪与挫折的策略和技巧。

家庭与学生生命连接最为紧密，父母的人生态度决定了孩子的人生态度。进入大学之后，这种影响依然存在，因此争取父母对生命教育的积极参与至关重要。但是，一些家庭过分关注应试教育，致使家庭道德教育退居二线。社会是生命个体存在和发展的重要条件，几乎所有国家的生命教育最初都是先由社会或宗教团体推动建立的。因此，生命教育还必须争取广泛的社会支持，为开展生命教育创造有利的现实条件。可以尝试成立专门的生命教育机构，作为实施生命教育的组织保障；积极联系社会中关注生命教育的相关机构，把生命教育与社会救助、保护环境、倡导健康及心理教育等融为一体，将其纳入社区工作，营造对学生乃至全社会进行生命教育的社会文化环境；还可广泛利用媒介，开展各种形式的活动，比如健康咨询活动、讲座等，来拓宽教育和宣传渠道。

要充分发挥大众传媒的教育作用。随着信息技术的飞快发展，各种通信技术和信息媒体，尤其是计算机网络技术也飞速发展，我们可以借助新的科技手段来拓宽生命教育的教育和宣传渠道。然而科学技术是一把双刃剑，也有它不利的一面。各种媒体信息良莠并存，虚拟空间真假难辨，一些淫秽、暴力、迷信、反动等负面信息也实际存在，这迫切需要我们运用马克思主义理论、高尚思想品德的东西去充实学生的精神生活。

二、高校生命教育课程的评价

生命教育的课程评价具有开放性，生命教育课程成功与否的评判标准不是学生的考试成绩或教学督导的评价，而是学生的生命品质是否得到改善。它把学生的认识变化与其实践行为联系起来，关注每个学生的活动过程，重视学生的困顿是否得到解决，重视学生在生活中能否做到知行合一。因此，对于当前生命教育中的课程评价的三种取向，我们应该有清晰的认识和准确的把握。

（一）三种取向的具体划分

按照课程理论，课程评价的取向是指每一种课程评价所体现的特定的价值观，它实际上是对课程体系的本质的集中概括，支配着评价的具体模式和操作取向。从取向维度来看，生命教育课程评价可以分为三种，即目标取向的评价、过程取向的评价和主体取向的评价。

1. 目标取向的评价

生命教育课程目标取向的评价是将课程计划和预定课程目标相对照的过程。在这里，目标达成与否成了课程成功的唯一标准。对于生命教育课程目标取向的评价来说，教师、辅导员等评价者是主体，学生是客体。主体可以采用一系列量化的、简单易操作的方式对学生进行有效的控制和改进。但是这种目标取向的评价方式却忽视了学生作为生命教育主体的主动性与创造性，也忽视了生命的不可预测性以及过程本身的价值，将课程的目标实现与否看作唯一结果。在考量了众多与结果相关因素的同时，忽视了人本身的作用性。

2. 过程取向的评价

相较于将目标当作唯一标准的目标取向评价，过程评价试图挣脱在课程评价中完全受预定目标指引的藩篱，强调把生命教育的实施者和对象在课程开发、实施以及教学运行过程中的全部情况都纳入评价范围，强调在生命教育情境中主客体的交互作用。因此，它不仅重视从量化的角度来评价过程，同时也以质性方法从一定的角度，以发展、过程性的眼光来看待生命教育活动本身。

3. 主体取向的评价

生命教育主体性评价认为，课程评价应该是评价者与被评价者、教师与学生共同建构意义的过程。在此过程中，无论是作为评价者的教师或辅导员，还是被评价者的学生，都应该是平等的主体。作为开发课程和选择具体教育资源的教师，在评价中具有主体性，不应该是被动的对象；同样，学生也是评价的主体，如前所述，相较于知识的传授和理论的讲解，生命教育更加看重学生的体验。因此，作为生命教育课程的评价主体。学生是生命意义建构过程中不可或缺的。在评价方法上，相较于量化评价这种只见局部不见整体的方法，质性评价能更加全面、客观地描述生命教育课程本身。而且从某种角度上来说，在生命教育中，无论是教师还是学生都应该对自身行为有反思的意识和能力。在此基础上，教师与学生相互影响。

（二）生命教育课程的评价内容及过程

借鉴格林和西蒙斯把健康教育评价划分为四个方面的方式，高校生命教育课程的评价内容也涉及这四部分：第一，对计划准备工作的评价；第二，对教育活动设计和实施过程的评价；第三，对影响或近期效果的评价；第四，对生命教育目标体系的评价。

第一，对大学生生命教育准备工作的评价。这部分内容主要涉及教师在上课前对大学生生命教育的需要、接受程度、活动参与程度的调查，课程计划中所设计和选定的单元目标或主题目标的合适程度，生命教育课程所选用的教学方法和教学策略是否切合大学生的认知发展水平和生命发展需求。

第二，对生命教育活动过程和课程实施的评价。课程实施是整个课程执行环节的关键，针对这个环节的评价主要应该抓住以下几个维度：教育活动总体方案设计的质量，实施过程中组织领导、分工和协调的状况，实施过程中所选择的教学内容、辅助材料、教学方法、教育途径、教学组织形式及教学效果。

第三，对影响或近期效果的评价。生命教育课程不可能是完全是理论性的介绍，作为一种实践活动，其所产生的效果必须接受评价。所谓的近期效果主要是在课程结束后一年之内，通过各种方式如调查、测量等得到的关于大学生生命教育知识和技能的掌握情况，大学生日常生活和行为习惯的变化情况。

第四，对课程目标体系的评价。在课程结束之后，以课程所产生的社会价值、对学生的整体影响、学生参与和支持程度等为依据，评价课程目标设置的合理性程度，并通过适时反馈，进行及时修正。

在课程评价的三种价值取向及生命教育课程评价内容之外，大学生生命教育课程的评价还涉及熟悉方案、设计评价方案和步骤、建立评价指标、确定资料的收集方法、收集资料、分析整理资料、编制评价总结、修订原有计划或方案等。当然，生命教育课程的评价并不完全是一种线性的递进式评价，在评价过程中，有些环节甚至会有交叉和重叠。因此，生命教育课程的评价环节会形成一个循环，每一次评价的结束都是下次评价的开始。评价主体应采用多元的、开放性的、尊重差异的评价方法，以观察记录活动心得、研究报告、录像录音、照片、成长资料袋等途径，系统地收集学生有关学习行为的资料，加以分析处理后，再根据预定的教学目标给予价值判断。它强调真实性评价，让学生有更多机会在"真实生活"的情境中表现出学习成果。另外，评价的主体也应是多元的，既包括教师的评价，也包括学生自身的评价，同时参考同学、家长及其他教师的意见。生命教育课程的评价应该有益于课程的不断改进，有益于促进师生生命观的不断发展。

第八章 大学生生命教育师资力量的培养

第一节 我国高校生命教育师资现状

生命教育教师作为高校生命教育的实施者,自身生命教育的专业知识和职业素质的高低是影响高校学生生命教育目标达成的重要因素。因为,若生命教育教师具有积极向上的人生观、向善的人性观,对生命有着深刻的反思,具备广博的科学文化知识和人文情怀,善于在各种生命实践活动中锤炼自己的品行,发展和完善人格,便能够成为学生生命教育学习的楷模。一个缺乏生命意识(如关爱、尊重等)的教师,往往注重的是生命学理知识的传递,缺少对学生生命的体悟和关切,缺少对学生现实生活的关注。正如有论者所描述的那样:"我们重视知识的传递甚于知识的教育价值的实现,重视理性的训练甚于对丰富的生命的培育,重视严格的程序与秩序甚于对创造性的关注,重视学生的考试成绩甚于重视学生个体生活质量的提升。"这种现象在中小学教育中较为常见,然而,高校的教育目标与中小学有着本质的差异。除了要培养专业人才,还要让大学生学会批判与独立思考,学会爱以及培养其独立的人格。应该说,高等教育的过程就是了解并改变世界,通过认识自己或是社会,激发超出自己既定认知范围的能力和思想,推动社会不断向前进步,这正是高等教育带给人们的最大馈赠。

而我国高校生命教育师资队伍现存最主要的几大问题可总结为以下几项。

一、生命教育素养的缺乏

生命教育素养是一个内涵丰富的概念,大体包括正确健康的人生观、价值观和世界观,以及由此要求而应具备的生命教育相关的理论知识、人文情怀和生命关怀,生命教育实践的技能与技巧等等。生命教育素质是一个合格生命教育教师的基本素养，是在高校开展生命教育和应对突发事件的必备能力。

然而，当前生命教育在高校并非一门学科，众多学校也并未开设专门课程，即便存在课程，大多数也是以通识选修课程的形式出现。在此背景下，大多数专业教师具备充足的专业学科教学知识，但是生命教育素养却相对缺乏。特别是一些地方性大学，为了迎接教育部教学水平评估和审核性评估，引进了大量青年教师。这些青年教师大都是刚走出校园的硕士生和博士生，没有足够的教育经验和丰富的人生阅历。而生命教育的内容涉及生理学、生物学、哲学、心理学和社会学等多种学科的知识和技能，并且要求教师将学科的知识内化为自己的人文情怀，体现出鲜明的个性特质。此外，学科跨度较大的教师的知识结构如果没有得以及时更新，就会与生命教育实践相脱节，生命教育教师素养的高低对于高校生命教育课程与活动的开展影响重大。我们在讨论学校生命教育实施途径时曾提到，教师如果缺乏生命教育素养，在大多数专业课程教学中是很难实现课程融渗的。

二、缺乏专业师资

生命教育在高校没有专业课程，因此，专业师资缺乏是高校生命教育发展的瓶颈。

同时，生命教育在我国起步较晚，没有专业的学科门类进行师资培养。据笔者调研发现，当前生命教育研究的人员大多集中在思想政治教育、心理健康教育领域。在中小学，生命教育是德育的组成部分，生命教育目标是德育大目标下的一个子目标。此外，还有一部分研究人员来自教育学和医学领域。在相关学科中并不存在生命教育方向，因此专业研究人员的数量远远不能满足高校生命教育的实际需求。即便是由心理学老师兼任生命教育师资，其数量在我国高校也是远远不够的。联合国教科文组织规定，每6000~7500名中小学生要配备一名学校心理学家，每2000~3000名大学生要配备一名专职学校心理学家。美国咨询心理学专家认为，一般250~400名学生配备一名咨询人员最为合适。目前在我国高校从事心理健康教育的人员数量严重不足。据统计，国外高校专职心理咨询人员与学生的比例大致为1∶400，而笔者调查的国内几所高校大致为1∶10 000。教育部颁布的《普通高等学校辅导员队伍建设规定》明确指出，高等学校要以政治强、业务精、纪律严、作风正、德才兼备、乐于奉献、潜心教书育人、热爱大学生思想政治教育事业为基本标准，总体上要按师生比不低于1∶200的比例设置本、专科生一线专职辅导员岗位。但很多地方高校的辅导员与学生的师生比是远远小于 1∶200，这样辅导员的日常学生管理，教育任务繁重，用于对学生进行生命教育的时间相对较少，甚至是有悲剧事件发生以后才予以足够的重视。此外，由于高校辅导员队伍中大多数是青年教师，而青年教师因为工资待遇较低、工作时间不固定等不稳定因素，人员变动在高校往往也是最频繁的。应该说，如何稳定辅导员队伍，发展他们的专业意识和专业技能，是当前高校生命教育师资建设中要解决的重点问题。正如东北师范大学领导所说："由于现在的年轻辅导员并不都是思想政治教育科班出生的，缺少专业性的理论架构，加上经验不够丰富，所以还有进一步加强的空间。"因此，一定要重视后期的理论学习，不仅要思想坚定，还要懂得教育规律，这样才能更好地胜任这一岗位。

三、缺乏理论结合实践的培训

"首都高校大学生思想状况滚动调查"和"首都高校辅导员队伍职业发展现状调查"都显示，辅导员"敬业"但不"专业"，在驾驭和解决学生发展问题上，辅导员的能力和本领与学生的要求还有较大差距，辅导员职业认同、校内认同也低于国家认同，辅导员建设校内力度低于国家力度，辅导员配备不足，职业基础薄弱，岗位胜任力欠缺等问题凸出。同时调查显示，对政策支持上，辅导员最为普遍地感受到了培训进修方面的支持，在职务职称和协会组织上的支持力度相对较弱。的确，当前辅导员队伍存在"定位不清""多头管理"等问题，人们往往将"辅导员"看作"过渡性"岗位。有相当大一部分辅导员将自己的专业作为未来的职业发展方向，对辅导员岗位缺乏职业认同。2006年，教育部下发了《2006-2010年普通高等学校督导员培训计划》，并对辅导员培训目的、培训原则、主要任务和保障措施做了明确的规定。在广西印发的《广西高等学校辅导员培训规划（2014-2017年）》对辅导员培训提出了以下基本要求：每年选派优秀辅导员参加国家级各类培训。依托自治区级培训基地及骨干院校，每年举办新入职辅导员岗前培训1～2期，培训150～200人次，集中培训时间不少于40学时；每年举办辅导员骨干培训班1～2期，培训150～200人次，时间不低于40学时。依托易班网建设全区高校辅导员网络学习交流平台，组织辅导员开展网络在线学习，每年每人在线学习时间不低于16学时。各高校组织辅导员开展校级培训，每年不低于32学时。但是由于高校辅导员队伍工学矛盾严重，大多数辅导员鲜有机会和时间外出进行学习和培训。辅导员所参与的培训大多数是关于思想政治教育基本能力培训、大学生党建工作培训、学生事务管理培训、心理健康教育培训、运用网络能力培训、职业生涯规划培训等方面的内容，很少涉及生命教育。因此，兼职生命教育教师的高校思想政治辅导员，无论是从专业背景还是职后培训上来看，都还不能达到生命教育专业教师的职业素养。

第二节 国外先进经验借鉴

国外的生命教育理论与实践相对比较成熟，同时也得到了社会各行各业的支持。世界范围内的生命教育从 20 世纪 60 年代开始兴起，逐渐从一个国家扩展到多个国家，形成了一股生命教育潮流。生命教育发展较好的一些国家和地区已经形成了独具特色的师资队伍的培养模式，这对我们的生命教育师资队伍的培养和培训具有一定的借鉴价值。

一、英国的生命教育师资培养情况

英国的生命教育始终伴随和围绕着公民教育而产生和发展。20 世纪 80 年代，英国颁布了《1988 年教育改革法案》。这一法案加强了国家对教育的控制，并规定学校管理委员会与学校有责任提出一种均衡课程，以促进学生的全面发展。20 世纪 90 年代，政府回应国家课程的争议。将健康教育、公民教育、环境教育、生涯教育规定为跨学科课程。这一举措体现了英国政府对生命教育的重视。2000 年 9 月确立的中小学国家课程指出，公民教育要教给学生成为合格社会成员的知识、技能、理解，让他们在社会上——本地、本国、国际，担当起有效的角色。培养有理想、有知识、有责任的公民，使其能富有责任感，并自信地在学校、社区和更广阔的世界中发挥积极作用。让学生学会尊重不同的民族与宗教，了解经济和民主体制及其价值。2002 年起，公民教育成了中小学的必修课程。2007 年 1 月 25 日，英国教育与技能部发表《课程检视：多样性与公民权利和义务》白皮书，要求在公民教育中增加尊重多样性的教育内容，使具有不同背景的人能和睦相处，促进社会和谐。英国高校的生命教育主要侧重于生命教育课程的形成，重视大学生生命意识的培养，以国家政策为干预，重视在生命教育研究和理论指导下培养学生对生命观的认同感，并启发他们尊重生命的理念，进而进行一些争论性问题的探讨等。英国生命教育以学生的需求和关心的事物为基础，与学生的兴趣与经验相关联，以学生的学习能力和背景为依归，很好地把社会需求的民族价值观等内容和个人发展的知识、技能等内容有机结合起来，把反映个体心理健康、道德品质、政治观点和思想观念的内容有机结合起来，形成了生命教育立体的、完整的内容。因此，英国生命教育课程的主题和内容是尽可能地包含学生人生整体和其全部生活的历程，着重探讨与贴近学生真实的生活，从知识、能力与理解三方面入手，使学生具备一个有学识公民应有的知识，发展和提高其探究问题与沟通的技能，发展其参与和担当行为责任的技能。

为了配合生命教育的实施，生命教育师资培训也成了英国发展生命教育实效性的重要环节。英国的生命教育师资培训的途径主要有两条：第一，教师接受三年或四年的本科学士学位课程，这是小学生命教育师资培训的主要途径。第二，研究生学位课程，时间为1年，主要为大学毕业后对教育事业感兴趣的人提供提升途径。

这类提升课程，以问题为导向，主要是为了促进教师解决实际教育问题的能力。《柯瑞克报告书》提出了培养高质量的生命教育师资必须要遵循的一些基本原则。第一，高等学校和中小学的师资培训工作者应该拥有该报告书并参照报告书的意见；第二，公民教育委员会与师资培育协会应该密切配合，以便师资培训工作者及时获得新的政策信息，并参照师资培训工作者的意见来修订报告书；第三，公民教育委员会与师资培育协会应共同合作，相互支持，及时交流意见，以便让师资培育工作者了解国家师资培育标准及国家课程师资培育的基本要求，为接受培训的未来教师提供充分的机会和经验去增进教学知识、理解与技能的有效性；第四，师资培训者应将体现生命教育内涵的公民教育融入其他学科的教学中，如历史、地理和英语，以便让这些学科的教学能够与公民教育的教学内容相匹配；第五，建立职业入门档案，促进新任教师公民教育的专业发展，师资培训作为连接师资培养和教学实习的纽带，起着重要的桥梁作用。

二、美国的生命教育师资培训情况

分权管理教育体制下的美国高校，对生命教育的内容、教材、方法都没有绝对统一的规定，各高校可以根据学校自身的特点和学生的实际情况灵活开展生命教育。在相关统计中，美国有22个州并未明确开设生命教育课程，而其他州立高校在开设生命教育课程中表现出了一致性。如都很强调对生命教育价值理性的思考。开设专门课程与学科课程有机结合，完善学生心理健康教育中心，提升大学生承受挫折的能力，拓展校外教育的广阔途径。将社会教育和学校教育有机结合。应该说，美国部分高校的生命教育已经形成了一个由学校、家庭、社会团体等构成的庞大的教育网络系统，该系统有效地实施着高校的生命教育。在师资培训方面，师范院校并未有对口专业进行师资培养，大多数是由心理学科方面的教师兼任。而美国对教师的职后培训有着严格的规定，教师培训是州教育法规中规范教师资格的一部分，由州政府的教育部门负责执行。所有的州都规定在职教师必须参与教师培训活动。以纽约州为例，公立学校的新教师在获取教师执照后每五年需要完成175个小时的教师培训才能更换教师执照。弗吉尼亚州的教师培训要求基本与纽约州相同，所有老师都须完成180个小时的培训时间。尽管各州对教师培训的具体要求有所不同，但是所有教师都有各种培训的机会。各个学区和学校都会安排各种教师培训活动，所有培训活动大致有以下三大类。

第一，在校教师培训。每个学期，学校都有一天或两天的教师培训日，全天用作教师培训。校长聘请校外的教育专家来校做教学讲座和教学指导，或由学区的教育主管来校做专题培训。有教育技术的培训，也有跨学科的教学方法的培训，同时也包括生命教育的内容。

第二，学区教师培训。教育局相关负责部门提供的培训有三种形式，包括传统的课堂培训，网上自学培训和课堂—网上混合的培训。培训类型众多，涉及课堂教学管理与课程教学内容。

第三，教育专业组织的教师培训。全国性的、州立或地区性的教育专业组织每年会召开年会，这给老师提供了不少很好的培训机会。有些老师本身也是这些组织的成员。有些专业机构会举办各种不同的网络培训课程，通过网络来为老师进行专业培训，以提升教师的专业发展水平。

三、日本的生命教育师资培训情况

日本于1989年修改的新《教学大纲》针对青少年的自杀、霸凌、杀人、破坏环境、浪费等现象日益严重的现实，明确提出以尊重人的精神和对生命的敬畏之观念来定位道德教育的目标。近年日本流行的"余裕教育"也是生命教育的重要内容之一。"余裕教育"的口号就是"热爱生命，选择坚强"，是针对现在日本青少年的脆弱心理和青少年自杀事件而提出的，目的是让青少年通过"余裕教育"认识到生命的美好和重要，使他们能面对并很好地承受挫折，使他们更加热爱生命、珍惜生命。余裕教育者认为，热爱生命的主要内容之一，是要求人与自然和谐相处，并热爱其他生命。为此，"余裕教育"活动鼓励学生经常到牧场体验生活。更有日本的专家建议，要把中小学体验农村生活设为"必修课"。之后，日本文部科学省（教育部）又相继在新文科教材说明中，提出了"支持活出生命力的心与身"的主题，指出"活出生命力"以"健康的身体""富有的人性""确实的学力"为三大支柱，鼓励青少年健康成长，培养丰富的人性以及体验环境，其实质就是生命教育政策。日本的生命教育围绕着四个主题——人自身，人与人，人与社会、人与自然展开，在内容上也将小学、中学、大学进行了有效衔接，体现了生命教育的层次性。

日本的生命教育是国家参与的课程类型，而设置心灵导师、加强学生的心理健康辅导是日本生命教育的一大特色。"心灵导师"由两部分组成：一部分是为配合学校开展心理咨询活动配备的专门人员，另一部分是来自于社区的志愿者和专业领域的杰出人士。政府设立"心灵导师师资促进协议会"，并针对心灵教育进行师资培育，设计共通的课程及录用制度。学校设立专门的心理咨询人员，主要为在校学生提供各种心理问题的咨询服务。社区的志愿者通常会协助各种俱乐部活动或各种体验活动的开展，专业领域的杰出人士常常会被邀请到学校分享个人成长经历和宝贵的人生经验。

第三节 实施生命教育的知识结构

一、常规科学文化知识

教师的工作是对人的教育，因此，相较于一般的职业，具有"人文性"的特点，需要教师进行创造性的劳动。然而教育的创造不同于科学和艺术的创造，它是浸透着人文色彩的活动。需要教师对社会历史文化有深刻的理解力和洞察力，广博的科学文化知识是教师深厚人文底蕴的重要基础。此外，广博的科学文化基础知识有助于教师拓宽眼界，解放思想和精神，使他们摆脱无知、偏见、狭隘的束缚，学会清晰的、合乎逻辑的、深刻的，全面的认识方式和思维习惯，获得良好的语言交往技能，成为学生的楷模。同时，随着科学的飞速发展，学科在高度分化后又开始出现了融合的趋势，大量交叉学科、综合课程的出现，使得教师必须具备相应的知识结构，以应对生命教育中出现的各种问题。当代大学生思维活跃，获取信息的渠道和途径日益增多，教师拥有广博的文化知识才能满足他们多方面的求知欲，真正有效地促进他们的健康发展。美国教育家科南特就曾指出，教师教育的"目的在于发展有关一般文理科目领域的学力，使教师在同这些领域的任何一门专人教师的同事谈话时具有一定的信心。不论对小学或中学教师来说，这种程度的学力信心都是必要的，即使小学教师直接关心的是算术或者比较简单的科学或社会科学，他也应该知道在前面的道路究竟是什么！"

二、生命教育相关专业知识

专业学科知识，是指教师所具有的特定的专门学科的知识，是教师知识结构的核心内容。对于高校从事生命教育的教师而言，其职业要求他们必须对所教授的知识有广泛而深入的了解。叶澜教授也认为，只有当教师有丰富的、扎实的知识底蕴，并能在科学体系中把握自己讲授的学科时，教师才能使知识在教学中不只是以符号形式存在，以推理、结论的方式出现，而且能展示知识本身发展的无限性和生命力，能把知识活化，在教学中真正实现科学精神与人文精神、理论与实践、知识与人文的统一。充分发挥学科知识全面育人的价值。教师的生命教育专业知识应该包括以下一些基本内容。

第一，对生命教育的学理性知识（包含生命的本质、生命的价值、生命教育的内涵等）应对生命困境的方法和技能有广泛而又准确的理解，掌握与生命教育实践相关的技能与技巧。

第二，了解与生命教育相关的知识，比如哲学、伦理学、社会学、心理学的知识，尤其对其与生命教育的交叉点、相关点、相关性质与基本逻辑有最基本的了解和把握。

第三，了解生命教育产生的背景，在世界各国发展的历史以及未来的发展趋势。了解生命教育自提升个体生命质量，改善社会转型发展带来的种种人的生命困境的价值以及自人类生活实践中的不同表现形态。

第四，掌握生命教育所提供的认识世界、看待世界的独特视角，层次及思维的工具与方法，熟悉学科内科学家的创造发现过程和成功原因，以及他们身上所展现的科学精神和人格力量。

三、生命教育实践性知识

生命教育实践性知识是相对于理论性知识而言的，是指教师个体在日常的生命教育实践活动中,通过体验、感悟、反思所形成的知识。实践性知识是教师在面对大学生生命问题时迅速做出判断的知识,是在应对大学生生命教育问题中真正采用的一类知识。实践性知识的获得有赖于实践经验的积累,教师个体实践性知识的数量与质量在某种程度上也决定了其教育教学的效果。

实践性知识究竟由哪些知识构成,这是让所有教师都很困惑的一个问题。教师都能意识到实践性知识的重要性,但却因为实践性知识所具有的个体性和缄默性,教师往往难以具体言说。然而,实践性知识又不完全是个人的、独特的,它具有一定的普适性。北京师范大学的陈向明教授认为,实践性知识是教师真正信奉的,并在其教育教学实践中实际使用或表现出来的对教育教学的认识,包括六个方面的内容:①教师的教育信念。具体表现为对如下问题的理解:教育的目的是什么?学生应该接受什么样的教育?什么是"好"的教育?"好"的教育应该如何实施和评价?如何看待教师职业?②教师的自我知识。包括自我概念,自我评估、自我教学效能感,对自我调节的认识等。③教师的人际知识。包括对学生的感知和了解(是否关注学生,受到学生召唤是否恰当地做出回应并有效地与学生沟通)、热情(是否愿意帮助学生)激情。④教师的情景知识。主要通过教师教学机制表现出来。⑤教师的策略性知识。包括对教育学理论的理解,对整合了上述领域的教学学科知识的把握,将原理知识运用到教学中的具体策略(如比喻和类推)对所教科目及其目标的了解和理解,对课程内容和教学方式的选择和安排,对教学活动的规划和实施,对教学方法和技术的采用,对特殊案例的处理,选择学生评估的标准和手段等。⑥教师的批判反思知识,主要表现在教师日常"有心"的行动中。生命教育教师的实践性知识也正是表现在生命教育的理念上,是教师对自我、人际的知识,教师的情境知识、策略性知识以及自我反思批判的意识。

第四节　具体培养路径探析

一、正确认识当代大学生的特点

在生命教育师资培训中,教师首先应该对教育对象的身心认知发展水平和生命价值观特点有清晰的了解和把握。当代大学生正处在人生发展的关键期,他们的特点不同于父辈，也不同于以往的青年大学生。只有了解了当代大学生的特点后，才有可能增强高校生命教育的针对性和实效性，防止一般化教育和"一刀切"的倾向。当代大学生其成长环境的物质条件相对丰富，并受到自身身心发展的阶段性和多元社会文化的影响。在分析其特点时，我们主要从大学生的身心发展特点和文化发展特点进行介绍。

大学生是主要集中于18至23岁年龄段的青年群体。在社会上，他们被认定为积极向上、朝气蓬勃的一代，也被认为是衣食无忧、坐享其成的一代。"五四运动"95周年纪念，习主席在北京大学与青年学生进行座谈时，就称他们为"可爱、可信、可贵、可为"的当代青年。而这一批当代青年因生活的环境决定了他们是社会经济急速发展的受益者、网络全球化时代的体验者，也是某些社会不良风气和不良文化的受害者。因此，从生理上说，他们的大脑发育成熟，思维和分析能力越来越强，基本上具备了成人的体格和生理功能，但是在心理发展方面，却存在着冲突性和不稳定性，表现出这个阶段青年心理发展的独有特征。在认知方面，当代大学生认知的目的性日益增强，功利性也明显增强；认知模式由外部权威转向内部理性模式；认知灵活性较强，但是缺少对问题深入分析和研究的能力。此外，青年大学生对价值观念、伦理道德的认知表现出了时代性和群体性。对于传统社会普遍认同的美丑、善恶、真假、对错等标准，有的坚守着文化传统，有的大学生却背道而驰，表现出不稳定性。汶川地震后的大学生青年志愿者和北京奥运会上的青年志愿者，向世界展示了当代大学生的社会使命感和责任担当。然而，极端的大学生自杀、伤人等恶性事件又显示出他们中的极少数在判断是非对错时的"错号入座"，反映出他们比较缺乏承受挫折和应对与化解突发事件的能力。从某种程度上说，他们的思想和价值观受社会风气的影响较大，更加趋于功利性，常常以自我为中心，趋利避害。这是"90后"自我矛盾的集中体现。

心理学家和教育家斯坦利·霍尔（Granville Stanley Hall）在他的著作《青春期》中曾经把青春期比喻成"狂飙运动"，认为青春期是一个情绪躁动和叛逆的时期，青春期年轻人的行为既可以安静内敛，也可以鲁莽冲动，充满风暴和压力，充满情感混乱和骚动。这样的人生阶段具有明显的个体精神焦虑和失序。"90后"在进入大学以后，身心发展日益成熟，社会性成长和价值观的形成催生了他们的成人感，他们往往强调自我意识，具有反思和批判精神。他们中的大多数人都希望有自己的生活世界、思维空间、个性特色和处事风格。当纠结于生理成熟与社会成熟、自我发展与社会发展、未来前最与现实存在的众多矛盾时,他们以创造、传播、认同青少年流行文化、群体亚文化的形式来获得身份的认同,解决遭遇的各类麻烦。但他们的心理发育还未真正成熟,社会化任务远未完成,价值观还没有完全定型。对社会上多元复杂、矛盾交织的思想观念和现象缺乏理性思考和科学辨识的能力。因而他们对自我、对社会的认知还存在诸多矛盾,人生观、价值观、社会历史观等方面还存有不少困惑。面对与社会大众文化的冲突和价值判断,他们在行动或选择时往往会表现出疑虑重重,摇摆不定甚至"怎么都行"的态度。生命观是指人们对一切生命的系统认知和价值判断,是人们处理所有与生命相关的事物时的态度。作为对生命的态度和看法,生命观是人类意识的核心。而当代大学生的生命观表现出了独特性,如生命价值观认知偏离,生命归属感缺失,生命责任感淡漠,等等。除此之外,大学生生命观的独特性还表现出了承受压力能力较弱、生命的协调能力缺乏等。究其原因,既有学校层面的问题,也有家庭教育中功利思想的侵蚀,更有社会生命教育文化的缺失。因此,高校生命教育课程必须根据大学生的身心发展特点和对生命的独特认识进行设计和实施。

二、注重对教师生命素质的培养

国内的生命教育培训大多属于职后教育,国家没有统一的计划和培训内容。现行的培训大多数围绕着教学需求进行内容设置,以提升教师的教育教学能力为培养目标。然而正如雅斯贝尔斯所说:"教育是人的灵魂的教育,而非理性知识的堆积。"教育不仅仅是教学技能的提高,更是一种创造的艺术,是以生命影响生命,以灵魂唤醒灵魂的过程。因此,教育教学技能的提高只能是生命教育体系中的一个浅层次目标,更为重要的是培养教师的生命教育素养。没有生命素养和人文关怀的教师,是没有灵魂的教师,即使有高超的教学技能,也不配成为学生的生命导师。

教师的生命素养是一个内涵丰富的概念。它包括教师的生命意识、生命教育理念、生命关怀和人文情怀、敏锐的洞察力、多样有效的生命教育途径等。教师的生命意识的确立也是一个漫长的过程,主要建立在对生命的基本特征、生命发展历程的总体认识和把握上,是教师对学生尊重、宽容、理解、厚爱的情怀,体现为教师对学生生命成长中的细节与点滴变化的一种人文的关怀。张文质从生命教育的视角出发,提出:"尊重并不是害怕和畏惧。根据该词相来看,它表明按其本来面目发现一个人,认识其独特个性。指一个人对另一个人的成长和发展应该顺其自身规律和意愿。被爱的人为他自己的目的去成长和发展。"教师的生命教育理念,是教师对生命教育的一种理想、精神性和终极的追求,是涉及生命教育对学生身心发展的理想观念。应该说理念是一切行为的先导,高校教师只有转换理念,才有可能带来行为上的变化。因此,高校的生命教育师资培训的非常重要的一个内容即对教师的生命教育理念进行培养。学校可以通过讲座、培训或拓展体验等方式对教师进行先进生命教育理念的培训,树立其正确的生命教育观,让教师意识到每一个学生的独特性和差异性,明白生命的不可尽述。并在此观念下引导学生关注自我精神生命的成长,引领学生不断超越自我,追寻人生发展的完满境界。教师的生命教育关怀和人文情怀是建立在正确生命教育观的基础上的。教师用宽容的胸怀、高尚的心灵去关照自我和学生的生命,以一种负责任的态度珍爱自身生命,主动摒弃功利诱惑,追求精神价值,以乐观向上的态度促进身心的健康发展,以一种恬淡的心态应对和化解教学工作中的压力,实现自身生命的解脱。若教师具有如此情怀,一定能够更好地实现对学生生命的润泽、点化、关怀和提升的作用。

一言以蔽之,高校生命教育师资培训是一个涉及面广、内容丰富的教师发展过程。其中,培养生命教育素养的重要性要远远大于知识的掌握和技能的获得。因为,教师拥有什么样的素质才能培养学生什么样的素质,缺乏生命素养的教师也难以培养出有生命素养的学生。因此,提升教师的生命素养,提升教师的生命质量,是教师生命发展的需要,也是学生生命教育的需求。生命教育师资培训应从关注教师教学能力、师德素养转向关注生命素质和人文情怀,突出对教师内在生命的培养。

三、提升教师生命教育专业素养

提升教师的专业素养是高校生命教育师资培训中的重要环节。知识结构合理、专业素养高的专业教师和辅导员队伍,能够表现出更加积极的生命价值理念,构建更为牢固的高校生命教育防线,身先示范,为大学生营造出更具模范引领效应的高校生命教育环境。

教师的生命教育专业素养包括文化素质水平、专业技能知识水平和生命教育智慧。教育是一种创造性的活动,而这种活动不同于科学创造或艺术创造,是一种渗透着人文精神的不间断地探索和完善的过程。在这个过程中,它要求教师具备对于社会、历史、文化的深刻洞察力,具有深厚的文化底蕴。因此,广博的文化素养是高校教师学术魅力的基础,是对学生产生良好影响力的前提。教学活动会传递出高校教师的文化素养,良性课堂互动的前提是教师学识渊博、兴趣广泛、多才多艺。教师不仅应该是他那一学科领域的专家,也应是博览群书的饱学之士,这样,才有可能口含灵珠,游刃有余,讲起课来旁征博引,妙趣横生,别有见地、吐语不凡,从而给学生带来一缕春风,使其如同进入一个辽阔、纯净甚至可以嗅到芬芳的知识王国,流连忘返,全身心地陶醉其中。与之相反,知识贫乏的教师讲起课来单薄、干瘪,不善举例和比喻,不善联系和联想,不能把知识扩展和深化,枯燥乏味是其课堂教学的主要特征。专业课程教学因为其专业性而略显晦涩,因此更需要教师运用广博的知识积极调动学生。

教师的专业知识和技能是指教师所教专业的学科知识,它是教学活动开展的基础。对于专业教师而言,其职业要求他们必须要精通自己所教专业的知识,对专业知识和专业技能有广泛而深入的了解。苏联教育家苏霍姆林斯基就曾经说过:"教师所指导的东西,就应该比他在课堂上要讲的东西多十倍、多二十倍,以便能够应付自如地掌握教材,到了课堂上,能从大量的事实中选出最重要的来讲。在你的科学知识海洋里,你所教给学生的教科书里的那点基础知识,应当是沧海一粟。"尽管在高校,教师课堂教学并不是获取专业知识的唯一途径,但是我们在大量的调查访谈中发现,教师是否知识渊博、富有底蕴,已成为大学生评价老师素质的重要指标。因此,专业教师应该建立终身学习的理念,不断了解学科发展的前沿知识,敏锐地追踪专业的发展变化及未来走向,并能及时将前沿知识补充到课堂教学中去,拓宽学生的知识面。由于现代科学日益呈现出综合化的发展趋势,边缘学科、交叉学科及系统科学的研究要求教师拥有广博的科学文化知识。"学高才能为师",头脑中存储少,其视野和思路必大大受限。教师要有吸收新知的意识,因为没有"内功"就无法"外化"。

此外,教师的生命教育智慧也需要进一步提高。生命教育智慧是智慧的一种内在品质,表现为一种自由、和谐、开放和创造的状态。表现为真正意义上尊重生命、关注个性、崇尚智慧、追求人生幸福的教育境界。教师的生命教育智慧表现在课堂教学中,表现在教学改革中,也表现在课后与学生的交流中,尤其表现在对生命化课堂的构建中。在教学中,教师以学生为主体,对其学习活动进行指导,让学生了解自己,悦纳自己,挖掘自我的生命潜力,创造幸福人生。此外,在生命化课堂构建的过程中,教师应该积极利用教育智慧,适时运用教学机制,对学生进行评价与点拨。教师的生命教育智慧是一个不断积累的过程，它既需要教师有深刻的逻辑思维能力，善于抓住问题的实质和核心，同时又能在大量教育实践中敏锐的反应，灵活性地应变，创造性地驾驭课堂，真正体现教育的科学性和艺术性的有机结合。每一位教师要谨记苏联教育家乌申斯基所说的话："无论教育者怎样的研究了教育学理论，如果他没有教育机制，他就不可能成为一个优良的教育实践者。"

四、构建多维生命教育培训模式

从先进的生命教育师资培养模式中我们发现，不同国家和地区的师资培养模式各具特色。但总体而言，英美生命教育师资培养体现了层级性，从校本培训、社区培训到专业团体培训，针对不同的生命教育主体进行研讨，提升教师的专业素养。而我国港台地区，尤其是台湾，生命教育师资培训主要是针对生命类选修课程的需求而确定。如对高中师资的生命教育课程培训就划分了三个板块，分别是生命教育基础课程的工作坊、专业理论课程和灵性培育课程。这种建立在课程体系基础上的师资培训模式，正是建立在对生命教育内涵清晰认知的基础上，融合了对生命教育多元观点的培训模式。这种模式值得借鉴。

当前，内地的生命教育师资培训没有固定的组织承担，培训往往选择生命教育内的某一主题进行，没有对课程进行系统设计，培训的连续性不强，也导致了实效性不高。江西师范大学的郑晓江教授在2012年就曾指出，生命教育在2008年进入发展快车道后存在两个突出问题：第一，是从社会本位而非从个体生命成长的需要来看待生命教育，推动生命教育，把生命教育当作服务社会管理的手段，其结果是出现了所谓："生命教育是个筐，什么都往里面装"的现象。许多学校的生命教育内容包括了知识性课程之外几乎所有的教育内容，这样必然模糊了生命教育的外延，稀释了生命教育真正的内涵，无形中消解了生命教育。第二则是把生命教育视为服务学校教育管理如安全需要的一种手段。而不是从学生生命成长来看待生命教育，其结果是把生命教育等同于安全教育，等同于德育，等同于班会活动，等同于心理健康教育，等同于其他教育活动如生命化教育、阳光教育、生本教育等，从而无法掌握生命教育的独特性，发挥其独特的教育价值，实质是淹没和异化了生命教育。而出现类似情况的原因在于政府管理部或是校方没有清楚认识生命教育的本质特征，在出发点上就出现了偏离。此外，南京师范大学冯建军教授指出："生命教育不应该只作为解决社会问题的工具，而应该指向人的整体发展，成为全人教育。"人的终极发展目标就是要实现人的自由而全面的发展。正如法国思想家阿尔贝特·施韦泽（Albert Schweitzer）指出："敬畏生命、生命的休戚与共是世界中的大事。"施韦泽还指出："有思想的人体验到必须像敬畏自己的生命意志一样敬畏所有的生命意志。他在自己的生命中体验到其他生命。对他来说，善是保存生命，促进生命，使可发展的生命实现其最高的价值。恶则是毁灭生命，伤害生命，压制生命的发展。"因此，建立健全生命教育职后的多层、多维培训模式是生命教育师资培养中亟待解决的问题。

所谓的"多层"，是指在生命教育师资培训中坚持以高校为主体，以社会培训为推动，以全国性专业教育研究为引领。第一层次为校本培训。对本校生命教育专兼职教师培训进行系统的生命教育课程设计，有步骤，分阶段地实施。在课程内容设计方面，要达成关怀大学生现实生活和关怀人生终极目标的双层目标。帮助大学生认识自我、热爱自我、尊重自我，并且能够认识自己当下的生存环境，对生活中某些境遇有积极的应对手段。校本生命教育师资的培训课程，要坚持以专题讲座，工作坊与活动体验相结合的方式。通过各类合作活动、体验活动，教师能够从不同的角度进行交流，形成生命对话的氛围。同时针对生命教育的核心议题，工作坊邀请专家学者开展专题讨论，呈现多元文化、多元价值观点。第二层次为社会层面。这里的社会层面也包括政府，因为大学生生命教育在国内的研究刚刚起步，若仅仅依靠教师或学术机构自发努力，这种自下而上的形式在推行和发展动力上是远远不够的。因此，学校生命教育的发展必须取得政府和社会的支持，或设置专门机构积极参与运行并给予积极的支持。生命教育是全社会的事情。第三层级是生命教育团体。目前，大陆和台湾学校生命教育研讨会也已经举办过多次，来自大陆和台湾的生命教育研究工作者分享了自己的研究成果，并为大陆和台湾的文化、教育交流搭建了友谊之桥。

所谓的"多维"，是我们可以参照台湾生命教育师资培训的方法，建立理论培训、教学技能培训和人格培训三维培训课程体系。理论培训主要关注与生命教育密切相关的其他学科的知识，建立教师的自学评价体系；教学技能培训除了现有的讲座教学，还可增加教师实践教学环节，将教师的教学设计和教学效果纳入师资培训，考核内容；人格培训是针对师资的内在生命的培训，相比于台湾地区借助寺庙、宗教的灵性教育，大陆可采用参与式、体验式的研修方法，通过各类案例阐明事理，让教师与他人一起学习，在理解和解决问题的合作中建构对生命内在的理解。

教育既是一门科学，又是一门艺术，它需要教师的热爱和奉献。教师作为所有教育活动的主导者，在教学中具有领航指导的作用。在提倡以教师个体专业化进而促进教师职业群体专业化的今天，教师应从角色意识、专业知识、教育人格、专业智慧、心理健康等多方面进行专业化发展，其中也包括应当具备丰富的生命教育理论与实践知识。我们在关注和改善高校教师的生命与成长的同时，通过多层次、多维度的培训，一方面要关爱教师的生命和成长，提升他们生活和工作的健康程度，另一方面也要对教师进行全方位、系统的生命教育培训，为创建良好的高校生命教育环境，达成生命教育目标保驾护航。

第九章 大学生生命教育的评价系统构建

第一节 生命教育评价的作用

生命教育的目标在于实现自我的和谐、自我与环境的和谐，是教育本质的回归。研究大学生生命教育，通过对大学生的有针对性的、系统的教育，使大学生明白生命的真谛，正确清晰地定位自己，善待生命，尊重生命，实现自己的人生价值，有针对性的、系统的教育体系的构建离不开生命教育评价的构建和设计。生命教育评价体系是生命教育过程的监督、评价、反思。完整的生命教育评价体系可以为生命教育的实施带来目标指导、强化激励、反馈调节等方面的作用，最终提高育人效果，可以使师生对生命教育过程进行反思，促进生命教育体系的完善。大学生生命教育评价体系的构建包括理论和实践两个层面，其中，在理论层面主要是生命教育评价的原则要求，实践层面主要是生命教育评价的操作构想。

一、生命教育评价的作用分析

生命教育评价在生命教育的过程中占据着重要的地位，在生命教育的过程中发挥着重要的作用。首先，生命教育评价可以为生命教育提供明确的目标指导，廓清生命教育的内容，提高生命教育的针对性和教育的深度。其次，生命教育评价可以为生命教育提供推力，激发师生的积极能动性，从而提高生命教育的效果。最后，生命教育评价可以为生命教育提供反馈意见，及时发现教育过程中存在的问题，完善生命教育过程。生命教育评价还可以提高生命教育的效果，实现育人的目的。

（一）目标导向效用

目标导向效用是指生命教育评价体系可以引导教师教育趋向理想的目标，朝期待的方向发展。生命教育评价体系通过具体的指标体系构建，廓清生命教育的范围，在生命教育的过程中，教师可以清晰地界定教学目标，学生可以清晰地定位自己的学习目的和学习内容。生命教育评价体系贯穿生命教育的全过程，发挥着指导作用。

1. 指导师生认识生命

"每个人的生命（和灵魂）是独一无二的、不可重复的，本身就具有不可替代的价值，必须予以尊重。每个人都有责任也有权利充分实现自己的个性和人生价值。"[1]人的生命价值首先在于自己生命的存在本身，离开了生命，就不会有生命价值，更不会有生命价值的实现。所以，我们要正确认识生命。生命教育评价体系可以使师生在其指导下正确认识生命，可以指导教师从生命的自然属性出发，帮助学生正确认识生命的产生、发展和本质，形成正确的生命观；可以引导大学生发挥自己的积极主动性和潜力，对生命进行深层次的领悟，从而在认识生命的基础上实现自己的人生价值。

2. 指导师生珍爱生命

生命是宝贵的。从历史的发展过程来看，人类经过了漫长的进化发展到今天，从与其他生物的比较看，人类有其他生物没有的社会文化属性；从单个的个体来看，生命是有限的，时间是有限的，个体只可以在有限的时间内实现自己生命的价值。因而，应该珍惜生命、珍爱生命。生命教育评价体系的一个指标即珍爱生命，要在其指导下师生互动，进行珍爱生命的教育。这包括三个方面：一是教师要通过各种形式教育学生珍爱自己的生命。大学生的生命是社会的产物，大学生的生命不仅仅关乎自己，也关乎父母、学校、社会，因此，教师要教育学生爱护自己的生命，调节自己的情绪，理性地应对困难和挫折，提高生命的韧性。二是教师要引导学生尊重、珍惜他人的生命。"人是一个特殊的个体，并且正是他的特殊性使他成为一个个体。"所以，我们要尊重他人的个性、差异，尊重他人的生命，不会因他人的特殊性，而排斥他人、伤害他人。三是教育要引导学生珍惜其他一切生命。人与自然有着密切的关系，自然会反作用于人类，因此，大学生不仅应该珍惜自己和他人的生命，也要珍稀动植物的生命，实现与自然的和谐相处，才可能实现可持续发展的目标。

---

[1] 周国平.安静[M].武汉：长江文艺出版社.2015：168.

3.指导师生探求生命的价值

探求生命的价值，实现生命的价值，是对大学生更深层次的要求。人的生命存在不仅在于生命本身，更在于通过实践劳动对客观和主观世界的改造，通过实践劳动增加物质财富和精神财富，在于自己生命价值的实现。生命价值的创造要靠个体主观能动性的发挥，要靠个体的发现、创造。生命教育评价体系指导师生探求生命的价值，在其指导下师生通过有效的沟通、灵活的形式，多样化的课外实践，探求生命价值的实现途径，为将来个人价值和社会价值的实现制订清晰的规划，打下坚实的基础。

4.指导师生升华生命的价值

人是生活在社会和文化中的社会人和文化人，社会和文化对人进行着有力的制约。人不仅要满足自己基本的需求，更要不断地追求人生的意义和价值，通过自己的实践为社会作贡献，同时在实践的过程中提高自己的道德修养，提升自己的人生境界，实现自己生命价值的升华。生命教育评价体系指导师生最终实现自己生命价值的提升。在生命教育的过程中，教师要指导学生把自己的需要同社会的需要结合，同时在学习的过程中培养强烈的社会责任感和社会人文关怀，在为社会作贡献的过程中，升华自己的生命价值。

（二）强化激励效用

"广义的激励是指激发鼓励，调动人的热情和积极性。从组织学的角度看，激励是通过满足人的各种需要，激发、培养、加强和维持人的行为并引导行为指向。"强化激励效用主要包括三个方面：目标激励、强化激励和需要激励。生命教育评价的激励功能是指科学高效地运用评价，可以激发被评价者的内在动力，调动他们的积极性和主动性。生命教育评价作为生命教育过程的评价尺度和标准，对师生的行为起着强化激励的作用，它激励师生采取与生命教育评价目标一致的行为。生命教育评价体系主要从以下几个方面对生命教育的过程起着激励强化的作用。

1.目标激励效用

在目标的激励下，才会产生行动的动机和行为。目标，即人们通过努力之后理想的结果，它由目标期望和实现概率两个因素决定。科学的生命价值评价体系通过合理地协调目标期望和实现概率两者之间的关系，为师生生命教育过程的实施提供合理的目标激励。科学合理的生命教育评价体系激励学生从自身的实际出发，设定合理的生命教育目标；在制定目标的基础上，激励学生把目标转化为切实的行动，努力发挥自己的内在潜力和优势。

2.强化激励效用

"强化理论的主要代表人物是斯金纳，他着重研究行为的结果对行为的反作用。他发现，当行为的结果有利于个体时，这种行为就可能重复出现，行为的频率就会增加。凡能影响行为频率的刺激物都是强化物。"[①]如果对人的某种行为加以肯定，这种行为就会得到保持，这是"正强化"；反之，如果对某种行为进行惩罚，这种行为就会逐渐减弱甚至消失，这是"负强化"。生命教育评价通过对正确生命观的强调和引导，对学生符合生命价值评价体系行为的正强化，使学生的正确行为得到及时的鼓励和肯定，同时促使学生价值标准的内化。生命教育评价体系对错误生命观的纠正和一定程度的惩罚，是对学生背离生命价值观的负强化，使学生错误的行为得到及时的制止，有利于学生培养构建合理的生命价值观。

3.需要激励效用

需要理论的着眼点在于激发人的行为动机的各种因素。该理论认为，人的行为是和人的需要相联系的。从激励过程的起点即人的需要出发，由此引起个人内心的激奋，进而导致个人满足需要的某种行动，达到了目标，激励过程也就完成，然后新的需要又产生。需要理论中最具代表性的是美国心理学家马斯洛的需要层次理论。他把人的需要分为几个层次：生理需要、安全需要、有爱和归属的需要、尊重的需要、自我实现的需要。他认为高级的需要从内部使人得到满足。

科学合理的生命教育评价体系，结合大学生生理和心理发展特征，规定了生命教育的合理内容，使大学生意识到生命的可贵，树立正确的恋爱、婚姻和家庭观念，培养尊重和珍爱生命的意识，树立社会责任感，激发前进的动力，对大学生的发展是一种精神的激励，满足大学生的生理和心理发展需求。

（三）反馈调节效用

所谓"反馈"是指人们把控制系统输送出去的信息作用于被控制对象后，将其产生的结果再返送回来，并对系统的输出发生影响的过程。在这个过程中返送回来的信息就是反馈信息。教学反馈（Feedback from teaching）亦称"教学信息反馈"，是指将教学系统所产生的结果（输出）作为新的信息再输入该系统的一种教学信息传递过程。学生的作业、试卷、行为、表情、语言乃至课堂气氛，均

---

① 李波，徐军.基于激励理论视域下的高校管理工作探索[J].吉林省教育学院学报，2010，26（10）：99-100.

可反馈给教师作为检测调控教学过程的依据。教师对学习活动的要求和评定亦可反馈给学生作为检测和调控自己学习行为的依据。它的实现取决于获得信息的准确性和及时性。这个定义对教学反馈的方法、目的和条件进行了明确的规定。生命教育评价的反馈调节作用即是教学反馈在生命教育教学过程中的一种特殊表现，它是生命教育信息的传递过程，特点是根据评价的结果，调节当前的行为，对学生的"学"和教师的"教"进行监督。生命教育的评价反馈是实现信息沟通和互动的有效途径，通过信息的有效沟通，主要发挥着如下的作用：

1. 检测效用

生命教育评价体系确定了生命教育明确的含义和目标，利用生命教育评价反馈中获得的信息，及时地对这些信息进行全面、细致的分析，可以判断教师和学生是否实现了生命教学的目标，在生命教育过程中存在哪些不足，在教学过程中发挥着检测效用。生命教育评价体系可以使老师对自己的教学情况有所了解，可以使学生对自己的不足有所了解，从而有利于师生调节自己的行为，实现生命教育的目标。教师可以改变教学方式、教学手段，学生可以改变自己的学习方法。这使得生命教育过程可以及时地进行改进和修正，使生命教育的过程更加接近教育目标和更有实效性，使得生命教育过程得到及时的检测。

2. 矫正效用

生命教育评价体系在检测的基础上，可以实现矫正的功能。科学合理的生命教育评价体系是矫正的依据，矫正有利于生命教育评价体系作用的真正发挥。如果没有科学合理的生命教育评价体系，学生和教师的行为就没有了参考的标准和依据，不利于不良行为的及时发现。生命教育过程中，必须制定科学合理的教育评价体系，充分发挥其在生命教育过程中的指向标作用，及时地对学生的行为进行校正，真正达到实现生命教育的目的。

3. 情感效用

生命教育的真正目的是实现学生价值观的提升和完善，而有效的情感沟通是培养学生价值观的重要前提，而情感来源于多次的沟通和了解，来源于信任和尊重。苏霍姆林斯基说过："要成为孩子的真正教育者，就要把自己的心奉献给他们。只有对学生倾注了感情，才能获得学生的信任和尊重。"在生命教育评价的过程中，师生之间不断进行知识、情感、态度、兴趣、价值观、行为准则方面的反馈和互动，在不断地互动过程中可以增进师生之间的了解和信任，增进师生之间的情感，在此基础上构建和谐的师生关系，实现生命教育的目标。

4. 调节效用

生命教育体系的完善是通过评价体系的反馈发挥效用的。师生通过教学评价体系进行多次的信息沟通、互动，对自己的行为不断进行调控，从而促使生命教育体系的不断完善。在生命教育过程中，教师和学生一方面利用横向的反馈信息，即生命教育评价过程中各具体环节之间评估信息的相互交流和传递，另一方面利用纵向的反馈信息，即学校上下级之间信息的传递和反馈，构建了一个信息传递的结构网。从网状的流动信息中，及时地发现自己不足，及时对自己的行为进行调节，构建动态的生命教育系统，使生命教育系统在动态的调剂机制下不断地进行完善，同时促使师生的行为不断改进，素质不断提升。

5. 发展效用

生命教育评价体系的最终目的是促进教师和学生人生价值的实现。教师人生价值的实现在于学生人生价值的提升，所以，实现学生在生命教育过程中人生价值的提升是生命教育的根本目的。生命教育评价体系不仅强调对学生学习结果的直接反馈，强调对学生学习过程的反馈，更强调对学生思想和行为转变的反馈。这将有利于学生实现自我的发展。

总之，生命教育评价体系的反馈调节作用通过检测、矫正使师生的行为符合生命教育的目标，通过情感效用构建了和谐的师生关系，通过调节效用不断对师生的行为进行调节，最后反馈调节机制真正地实现学生的发展，使生命教育在动态的、网状的、开放的、互动的过程中不断完善。

第二节　生命教育评价的原则

一、生命教育评价的原则要求

生命教育评价是根据一定的教育目标，运用科学的手段，通过系统地搜集资料、分析资料，对生命教育过程、结果进行价值判断，从而为不断完善自我和教育决策提供有效信息的过程。传统的教育评价体系在功利化原则的影响下存在很多弊端，如只重视教育评价的结果，从外在价值的角度评价教育活动。科学合理的生命教育评价体系建构在人性化、动态性、效用性、系统性原则的基础上，着眼于学生的全面发展。

（一）人性化：生命教育评价的出发点

尊重人的人格、权利，关怀人的成长是生命教育人性化的体现。以往的教育评价忽视人的价值，把人当作物来看待，把人作为知识的容器，忽视人的能动性的发挥，不利于大学生的发展。生命教育的目标是人的价值的实现，人本身就是目的，要关注学生的生理和心理需要。以人为本的生命教育评价体系，确立人在教育中的主体地位，以教师为主导，以大学生为中心，发挥教师的引导作用，调动大学生的积极性和主动性，从大学生的生理和心理特征出发，构建了科学合理的价值评价系统。人性化的生命教育设计体现了生命教育过程必须以学生的人生价值的实现为目标，是教育评价理念的创新，是生命教育评价的出发点。

1. 主体性原则

传统的教育理论和实践过分强调教师的主导地位，忽视了学生的主观能动性的发挥，不利于学生对知识的接收。只有突破传统的教育模式，充分发挥教师的引导作用和学生的积极能动性，才可以收到较好的教学效果。主体性原则是对传统教育的突破。在主体性原则的指导下，在教师的引导下，发挥学生的主体性，使学生成为教学的核心，是以人为本的体现。在生命教育的过程中，教师的引导作用主要体现在其在教学设计、教学方法、课堂气氛的创设过程中发挥着引导的作用；学生的主体性主要体现在学生在生命教育过程中对接收信息内容的主动鉴别、选择，信息互动的双向性，知识学习的主动性和创新性。

在生命教育的过程中，教师的引导性和学生的主体性主要包括本体论和认识论两个层面。在本体论方面，体现为双方相互尊重、相互了解，进行合理的沟通和互动。在认识论层面主要体现为双方主动学习、主动接收信息、主动创新。主体性原则给生命教育研究注入了新鲜血液，使生命教育研究可以与时俱进。在主体性原则指导下实施生命教育，有助于调动师生的积极性和能动性，从而提高生命教育的教学效果，实现生命教育的最终目的，突破传统的教育模式的弊端。

2. 实践性原则

生命教育评价从本质来说是一种价值判断的活动，是一种对生命进行深刻认识的活动。实践是检验真理的唯一标准，也是检验生命教育评价的标准。实践是生命教育评价的基础，生命教育活动要经得起实践的检验。首先，实践是生命教育评价标准的确定者。生命教育的过程是否符合学生的需要，是由实践具体地、历史地决定。其次，生命教育评价本身作为一种特殊的认识活动，其正确性本身是无法证明的。正如马克思所说："人应该在实践中证明自己思维的真理性，即自己思维的现实性和力量，亦即自己思维的此岸性。"最后，生命教育评价的标准具有多样性，不同的评价会有不同的结论，哪种评价标准最合理、最科学由实践决定。

当前教育的困境之一是与实践的脱离，更多地进行理论与知识的灌输。但是实践在教育过程中发挥着重要的作用，甚至可以说是根本的作用。教育源于生活，教育摆脱困境的出路是回归实践。教育始终要遵循从实践中来，最终又回到实践中去的思想。人们在社会实践中不断创造并改变着人的外在和内心，从而不断生成和获得人性中新的因素。因此，人性化原则的实施来自社会实践。生命教育应重视社会实践，广泛地开展各种与生命教育相关的实践活动，将生命教育融入实践的过程中，让大学生在实践中领会生命教育的真谛。一方面，人是社会中的人，人的发展离不开社会。教师要引导学生关心身边的人和事，积极参与到生活实践中去，进一步扩展到对国家方针政策的关注，从而将自己的需要与社会的需要结合起来，最终实现自己的人生价值。另一方面，教师要引导学生将所学的知识运用于生活实践中，同时将实践中所学的知识转化为自身知识结构的一部分，在实践中学有所用，在实践中不断重构自己的认知结构。

3. 平等性原则

生命教育的目的是使大学生认识生命、珍爱生命、创造生命的价值、实现生命的价值，生命教育的目的决定了生命教育存在于大学生活的方方面面。教师和学生是生命教育的主体，师生之间的互动和交往是生命教育的重要组成部分。生命教育的人性化原则要求师生关系建立在平等尊重的基础上，是一种和谐的、共进的关系。师生作为生命教育的主体，在课堂上相互交换自己的意见，相互交流知识、经验；在生活中，相互进行感情的交流和互动，他们的主体性在平等、开放的交流中得到真正的体现。生命教育的过程成为师生之间开放地、真诚地，平等地互动的过程，成为师生之间增进感情的过程。

生命教育的本质在于学生自我价值的实现，良好的师生关系的构建是生命教育本质实现的保障。在生命教育的过程中，以平等为原则，促进了师生关系的和谐，有利于发挥师生的积极性和主动性。对教师来讲，要站在学生的角度，充分考虑学生的需要，关心学生的生活和学习情况，要把以人为本的理念贯穿到教学的过程中。在教师的引导下，学生的学习积极性和主动性不断增加，把生命教育作为自己生活的一部分。只有师生在真诚的沟通中建立起平等的关系，生命教育的目的才能真正实现。

（二）动态性：生命教育评价的关键点

生命教育所面对的条件和环境是不断变化的，评价的标准也要根据变化的情况不断做出调整。评价的过程是一个变化的过程、调整的过程，随着生命教育评价的不断进行，评价的方法在动态的过程中不断完善，评价的作用不断彰显。生命教育评价是一个动态的建构过程。生命教育的动态性原则强调教师、受教育者和学习任务三者之间相互作用的过程。"评价过程中，评价者和被评价者开展对话，对被评价者在完成任务时所表现出的行为给出恰当评价，并且就如何使这些行为在今后类似的场合产生影响寻找对策。动态评价有两层含义：一是跨越多个时间点观察评估学生的进步与变化，了解学生动态认知历程与认知能力变化的特点与潜能。二是评价者与被评价者之间产生大量的互动，强调评价与教学结合，实施个体化的诊断评价与教学补救。"生命教育评价动态性原则主要有以下几个方面的表现。

1.课程、教学与评价的多次互动

生命教育评价是生命教育的重要组成部分，是对教师和学生在生命教育过程中的角色、行为和结果的评价，是在课程、教学和评价的多次互动中实现的。厘清课程、教学和评价的关系，对于生命教育系统的完善具有重要的意义。在传统的教育评价中，课程、教学、评价往往是一种界定清晰、程序确定、功能独立的过程。由此可见，在传统的教学中课程实施与教学评价之间缺乏沟通和互动，各个环节是静止的。传统的教育观认为教育评价从属于课程和教学，在课程和教学之外进行。动态性的生命教育原则认为课程、教学和评价是相互建构的过程。

首先，生命教育是一个双向互动的过程。"它不仅是教师向学生传递其所知道的过程，更是师生一起探索其所不知道的过程。这个过程是通过师生的共同探索实现其认知领域的拓展与延伸，同时实现师生观念与思维的转变与发展。"由此可见，教育评价不应该是静止的，而应是动态的过程。不应该是孤立的，而应是动态的、开放的、相互联系的。一方面，课程设计是建构性的和非线性的，课程设计不应该仅仅在行动之前，还应该是产生并改变于行动之中。因而课程目标达成评价是不可能的，也是没有意义的。另一方面，课程评价的客体具有时间与空间的特性，即场景性。时间特性指课程评价的客体随时间的推移会有很大不同，昨天深受家长、学生喜欢的课程或课程教学在今天看来也许变得不切实际了，因为今天的价值观、教育观等与以往会有很大改变。空间特性指课程或课程教学不是普适的，并不能适用于各个地域。不同的民族、文化背景、心理素质、差异大的地域需要与之匹配的课程或课程教学。因此，时间特性与空间特性—课程评价的场景性反映了课程评价的动态性，一切脱离了具体情景的所谓的课程评价都是虚无的，犹如泥足的巨人。

其次，生命教育评价具有多维度的功能。生命教育评价对生命教育而言，具有目标导向、强化激励、反馈调节作用，它本身就是生命教育课程的一部分。生命教育评价要突破传统的评价观，在生命教育的过程中，把生命教育评价和生命教育课程看成一个互动的过程，把课程、教学、评价当作一个动态的过程来看待，把评价融入课程和教学的过程中。

2. 现时评价与发展评价的统一

发展评价被广泛地应用于各个领域，主要是指对事物当前状态的考察，是为了预测事物未来的状态，全面考察事物发展的内因和外因，评价其潜力，预测其未来的发展方向。发展性的评价主要表现在两个方面：一是立足于生命教育的现实判断，根本目的在于促进学生的未来发展。二是从学生现在的状态，预测学生未来的学习状态。这两个方面是生命教育过程中不可或缺的。这就要求教师对学生充满信心，用发展的眼光看待学生。"没有教不好的学生，只有教不好的老师"，面对学生在生命教育中存在的问题，要相信问题是暂时的，是可以改变的，要相信学生的可塑性。发展的评价，要求教师关注学生的缺点，用积极的态度帮助学生改正缺点。如果教师用一种怀疑而不是鼓励的眼光看待学生，会影响学生的自信心，对学生未来的发展产生消极的影响。

3. 结果评价和过程评价的统一

传统的教育评价只关注学生学习的结果。结果评价主要是对学生在一段时间内学习成绩的测量，关心学习目标的实现情况，但对学生的学习过程和学习过程中存在的问题不够关心。因此，结果评价以考试的形式进行。结果评价有以一定的意义，它是对学生学习成果的一种检验，并被广泛适用。但是，结果评价也存在很多缺陷，例如关注目标而不关注学生的学习过程，虽然可以检验学生的学习成果，但是不能发现学生的学习潜力等。生命教育的过程是学生的价值观重新建构的过程，是学生情感提升的过程。在生命教育过程中，学生认识生命、保护生命、珍爱生命、欣赏生命、探索生命、实现生命的意义和价值，获得自己人生价值的提升，获得真实的情感体验。生命教育更关注学习的过程，关注学生思想层面的提升，结果也很难用统一的考试形式进行测量，虽然结果评价有一定的参考价值。因此，生命教育的评价应该在结果评价的基础上更加关注学生的学习过程,以过程评价来激励学生不断进步。过程评价要贯穿于学习过程的始终,过程评价主要包括形成性测验评价、诊断性测验评价和质性评价等方法。这是教学评价动态性的体现,在评价过程中不仅要发挥教师的作用,更要发挥学生的作用,要把过程性评价作为学生学习的一部分,作为学生生命活动的一部分。

(三)效用性:生命教育评价的落脚点

生命教育评估的效用性,即有效性是生命教育评估的重要原则,是生命教育评价体系的落脚点。以生命教育的有效性为原则,是发展生命教育评估理论的必然要求,是保障生命教育评估过程有效运行和促进生命教育顺利开展的现实需要。在《现代汉语词典》中,"效"有效果、公用的意思,而"有效"一词是指"能实现预期目的"它是人们对实践活动及其结果进行价值判断的重要尺度,用于测量预期目标实现程度和活动主体的内在需求的实现程度。生命教育评估的效用性原则是指在一定的内外条件下,生命教育评价主体为达到生命教育评价的目标,用一定的标准对评估客体进行价值评估,在评估过程中表现出来的预期评价目标的实现程度和活动主体的需求的满足程度。从本质来看,生命教育评价的有效性是生命教育的主客体在生命教育的过程中所表现出来的价值属性,反映了生命教育过程中对课内资源的利用程度、对课程预期目标的实现程度和对学生的内在需求的满足程度。生命教育的有效性原则主要表现在内在和外在两个方面。

1. 内在方面

(1)对效益的强调。效益是人们对实践结果进行考察时的常用词汇,主要强调活动目标的实现,活动所产生的正向效果。生命教育评价体系的效益性主要是指生命教育的评价结果符合生命教育的预期目标。生命教育的评估结果越符合生命教育的评估目标,生命教育的效益越强,反之越弱。

(2)对效率的强调。效率是投入和产出之比,用于强调活动过程中对资源的消耗。在生命教育评价的过程中,要充分地利用学校、家庭、社会资源,促进资源的最大化利用,实现效益最大化,才能促进生命教育评估体系的不断完善,促使有效性地实现生命教育评估过程。

生命教育评价的效益属性和效率属性相互联系、相互制约,是在生命教育评估过程效用性的实现过程中不可缺少的两个重要组成部分。

2. 外在方面

生命教育评价的效用性除了内在的对效益的强调、对结果的强调之外,由于生命教育评价的特殊性和复杂性,使得生命教育评价的有效性也具有多种表现形态，主要表现在以下几个方面。

（1）评价目标的动态变化。生命教育的评估目标作为生命教育活动进行的依据，在生命教育评价过程中占据着重要的地位。一方面，生命教育的评价目标是依据生命教育的实践过程而制定和变化的，把生命教育的目标进行细化，指导着生命教育评价的全过程。另一方面，在生命教育评价中，生命教育的主客体可以依据评估目标对自己的行为进行检测，从而对不符合目标的行为进行及时纠正。生命教育评价的有效性随着生命教育目标的动态变化而变化。一方面，生命教育的评价过程对于生命教育目标体系的建构、反馈有重要的影响，生命教育评价过程的动态性促使了生命教育评价目标的变化性，同时，生命教育目标的动态性调整是生命教育有效性实现的结果；另一方面，在生命教育的过程中，教师和学生依据生命教育评估目标的不断发展，调整自身的目标，促进自身的不断完善，从而促进生命教育有效性的最终实现。

（2）评价因素的高效组合。评价因素是决定生命教育有效性的另一重要因素。生命教育有效性的实现需要调动各种资源，发挥各个要素的作用。生命教育的影响因素主要包括以下几个方面：生命教育评价主体、生命教育评价客体、生命教育评价中介、生命教育评价环境。第一，生命教育评价主体作为生命教育评价的主要实施者，其水平的高低对评估结果有决定性影响。第二，生命教育评价客体主要包括生命教育的对象、生命教育的教学过程及生命教育的最终结果，因而正确把握生命教育客体的性质，对生命教育有效性的发挥具有重要的意义和价值。第三，生命教育的评估中介是指生命教育的信息系统。生命教育的信息系统是主客体间进行沟通的桥梁，信息系统的完备性和及时性对生命教育评价的有效性产生直接的影响。第四，良好的评估环境是生命教育评价有效性实现的保证。总之，评价主体、评价客体、评价中介、评价环境共同对生命教育评价的有效性产生影响。在生命教育评价过程中，要实现它们的高效组合，使它们的效用得到最大程度的发挥。

（3）评价方法的多元利用。生命教育评价方法的选择，与生命教育的评价效用直接相关。"由于思想政治教育评估过程具有复杂性和多样性，存在着短期效果与长期效果、显性效果与隐性效果、客观效果与主观效果等多种表现形态，因而在对思想政治教育评估客体进行评估前应注重从多维视角来选择思想政治教育评估方法，以确保思想政治教育评估结果的客观性和准确性。"因此，在生命教育评价过程中要运用多元化的评价方法，实现生命教育评价的科学性，从而促进生命教育效用性的最终实现。

总之，生命教育的效用性表现为内在的维度和外在的维度，它们相互影响、相互制约，共同保证了生命教育的效用性。

(四) 系统性：生命教育评价的升华点

根据系统科学的观点，任何一个系统都有整体性、动态性和开放性的特点。生命教育评价体系作为一个完整的系统，也具有以上的特点。因此，生命教育的评价必须坚持系统的原则。生命教育评价的系统性原则主要表现在以下几个方面。

1. 全面性

系统作为一个整体而存在，作为一个整体而不断发展变化。构成系统的要素按照系统的目的各自发挥作用。各要素相互影响、相互作用，每一个要素的变化都会引起其他要素的变化，同时受到其他要素的制约，并通过信息的交换构成一个整体。生命教育评价体系作为一个整体，需要用全面的观点来进行生命教育评价的设计。生命教育体系评价一个系统的过程，涉及教学主体、教学客体、教学中介，教学环境等各种因素，但其最终的目的是促进学生价值观的提升。因此，生命教育评价体系应综合考虑各种因素及它们之间的相互作用。

2. 层次性

任何系统都包括很多个子系统，任何系统都是更大系统内的子系统，并且任何系统发展的最终目标都是实现更大系统的整合。在生命教育评价系统中，不同的评价对象在生命教育体系中处于不同的层次，生命教育评价体系应根据评价对象的实际情况提出不同的评价标准，使生命教育的评价更加具体、更具有针对性，使生命教育评价更加真实地反映评价对象的具体情况。

3. 开放性

生命教育系统不是封闭的，必须与外部环境、与其他系统之间相互交流、相互作用。生命教育作为一种教育活动，并不是孤立地存在着，而是与整个社会有着密切的联系。因此，生命教育评价体系要坚持开放性原则。虽然学校是进行生命教育的主要场所，但是家庭、社会等在学生的生命教育过程中也发挥着重要的作用。因而，对生命教育进行评价，既要对生命教育系统内部的各种要素进行分析和综合，又要充分地考虑家庭、社会对生命教育的影响。

第三节 生命教育评价体系的构建

一、多元化评价方式的设计

生命教育的目标是促进学生珍爱生命，创造生命的价值，提升生命的质量，更加关注学生的思想发展，更加关注学生的自身发展。生命教育评价更加个性化，评价的内容更加丰富、开放，更能客观反映学生的思想和学习状态。这在客观上决定了评价方式的多元化。

（一）多元化评价特点

1. 多元化评价方式由面向过去转变为面向未来

多元化评价方式不仅注重对生命教育的过程和结果进行评价，更注重对生命教育的未来发展做出预测，更注重学生潜力的发挥，多元化评价方式着眼于现在，面向未来。多元化评价方式对教学过程进行科学合理的评价，根据师生在教学过程中的表现，促使师生不断调整自己的行为，制定自己的未来发展目标，促使生命教育目标在动态的教学评价中不断完善。

2. 多元化评价方式由教师主导转变为师生共同发展

多元化评价方式为教师和学生的交流提供机会，促进教师和学生的双向互动和多次沟通，增进师生的相互了解，增进师生之间的感情，促进师生的共同发展，改变了传统的教育评价中教师居主导地位的局面。

（二）多元化评价策略

根据现代教育评价理念及生命教育的特点，进行了如下的多元化的评价设计。

（1）标准制定：教师和学生的积极参与。教师和学生作为生命教育活动的主要参与者，应有权参与到教学评价标准的制定过程中，这样才能使教育评价标准更加符合教学实际，才能充分发挥教师和学生参与评价的积极性。教学评价标准的制定应由封闭转变为开放，这样才能为教学评价体系增添新的因素，才能使教学评价真正融入教学实践。

（2）评价主体："自评"和"他评"相结合。自评是被评价者以评价标准为依据，自己对自己学习行为进行的判断，促使被评价者在评价标准的指导下，进行自我反思，自我矫正，促使学生自我意识的提高，最终促进教育目的的实现。他评是由其他个人或组织依据评价标准对被评价者实施的评价，其评价过程是对生命教育结果和过程进行检测的过程。由过去的单一主体转变为现在的多元主体。评价主体可以分为三个层次：一是学校领导层，二是教师层，三是学生层。在生命教育的过程中，应实现"自评"和"他评"的统一。充分调动学生和教师的积极主动性，才能促进教育评价标准的内化，促进教育评价标准作用的充分发挥。

（3）评价对象：将学习过程和教学过程的评价相结合。生命教育的过程是在师生互动、生生互动的过程中，促进学生价值观和思想不断完善的过程。在生命教育的过程中要坚持将学习过程和教学评价相结合，一方面，要重视对学生学习过程的评价，注重学生的个性差异，注重发现学生在学习过程中的问题，对学生的知识、技能、智力等认知方面进行评价，同时对学生的情感、意志、个性等非认知因素进行评价。另一方面，要重视对教学过程的评价，及时发现教师在教学过程中存在的问题。只有将对学习过程和教学过程的评价相结合，才可以促进"教"与"学"紧密地结合，促进教师教学水平的不断提高和学生价值观的不断提升。

（4）评价手段：定性与定量相结合。定性分析就是对研究对象进行"质"的方面的分析，具体地说是运用归纳和演绎、分析与综合以及抽象与概括等方法，对获得的各种材料进行思维加工，从而认识事物本质、揭示内在规律。定量分析则是对社会现象的数量特征、数量关系与数量变化的分析，其功能在于揭示和描述社会现象的相互作用和发展趋势。定性与定量在研究与评价中不是互相排斥的，它们之间的关系是相互联系、相互补充。实现定性与定量的有机结合，不能简单地把定性分析和定量分析合在一起，而要根据评价项目的需要和评价对象的特点选择方法，以系统方式把定性与定量结合起来，建立科学评价的模型，以达到对事物的合理认识。实现定性与定量的有机结合，克服单一评价方法的局限，为评价对象的复杂性创造条件。

生命教育是关于怎样认识和对待生命的教育，是教育者引导受教育者：正确认识生命、理解生命、热爱生命、尊重生命、珍惜生命，从而创造生命价值的教育活动。所以，对生命教育的评价很难用单一的定量方法加以测量，在生命教育评价中应加强定性方法的应用，在对学生进行深刻了解的基础上进行个性化的评价，突出生命教育的针对性。

（5）评价范式："形成性"与"终结性"相结合。形成性评价是指在教育过程中进行的评价，及时发现教育过程中存在的问题，及时进行纠正，以提高最终的教学效果。终结性评价是在教育活动结束后进行的评价，主要用于对教学结果进行评价。生命教育重视学生价值观的形成和思想的改变，生命教育过程是动态发展的过程，生命教育更注重教育过程，所以，在生命教育过程中应更多地运用形成性评价，及时对学生的思想行为进行评价和反馈，促进学生思想和行为的纠正和完善。同时在生命教育的过程中要恰当地运用终结性评价，就教学的结果进行最后的考核。

（三）具体评价方式的设计

多元化评价特点和策略决定了生命教育评价要采用多种评价方式。主要包括以下几种。

（1）目标管理评价法。目标管理评价法是依据生命教育的目标对生命教育的结果进行评价。它是一种最基本的评价方法。生命教育的目标影响着生命教育的过程，影响着教师教学方式和方法的选择，影响着学生学习计划的制定，是生命教育评价的基本问题。所以，生命教育评价过程必须紧紧围绕生命教育的目标，恰当运用目标管理评价法。

（2）模糊评价法。数理统计等模糊数学的方法和技术的应用，对生命教育的量的分析具有不可替代的作用。马克思曾指出："一种科学只有在成功地运用数学时，才算达到了真正完善的地步。"通过对生命教育的目标、生命教育的内容、生命教育的方法进行定量搜集和整理，对生命教育的实施效果进行准确评价，同时由于生命教育的评价指标具有一定程度的模糊性，生命教育评价只能是基本反映生命教育的实施情况，为进一步的评价做准备。

（3）比较分析方法。比较分析方法是在生命教育的主客体，生命教育的目标、内容、形式等方面进行比较，在比较的过程中对生命教育的成果进行判定。比较分析法主要包括以下几种形式：一是纵向比较。即对在不同时间段内生命教育的目标、内容、形式等进行比较，通过纵向的比较，可以清晰地发现生命教育过程在不同时间阶段的特点，从而找到生命教育的规律，促进生命教育工作的顺利进行。二是横向比较。横向比较主要是在同类主体、同类目标之间进行，从中找出差距，找出不足，明确生命教育发展的方向。三是纵向和横向的比较交叉进行。

（4）网络评价法。计算机技术的发展促进了生命教育的发展，影响了生命教育的评价方式。以网络为载体，进行生命教育的评价日益成为一种趋势。评价者可以利用网络技术，使评价形式更加灵活多样，评价工作更加方便，这推动了生命教育评价方式的发展。网络评价必将成为一种趋势，在生命教育评价中发挥着越来越重要的作用。

二、评价模式的建构

（一）教育评价模式的历史沿革

1. 测量阶段

在西方学校教育的早期，学校的测试主要是口试，随着教育的不断发展，口试的弊端逐渐显露，波士顿市最先引进了笔试，笔试因此得到了迅速的推广。"测量"理论和测量技术的广泛应用是这一时期的主要特征。这一时期莱斯拼字测验引起人们对测量问题的关注。莱斯发表的研究结果表明，8年中每天花45分钟进行拼字练习的人的成绩同每天花15分钟进行练习的成绩并没有多大差别。莱斯的研究使人们开始关注测验问题，推动了测验评价的发展。此外，1879年有人将测量的方法引入了心理实验的研究中。1884年，高尔顿设计了许多统计方法，并将统计应用于心理资料的研究中，使他的个性差异和心理遗传研究取得了一定的成效。"1904年，桑代克在美国心理学家研究的基础上出版了《精神与社会测验导论》，这标志着教育测验运动的开始，并引发了许多教育研究者致力于教育测验方法的研究与探索。"1905年，出现了比奈—西蒙智力量表。1910年，美国引入了比奈测验。"这一阶段又被称为'测量时代'（measurement generation），这一时期的突出特点是、测量就是评价，评价者的工作就是测量技术员的工作，评价者像对待工厂产品一样严格地测量学生的各种心理品质，提供测量数据，并给予精确的指标。学校是否成功，教师工作成效如何，学生是否成才，一切似乎都可以通过'测试'来检验。"随着测量技术的不断发展，它的弊端也不断暴露，出现了对教育测量的批判，同时也开始出现了新的评价思想。

2. 形成阶段

以泰勒模式为代表，将教育结果与教育目标进行比较，对"测验结果"进行"描述"，形成阶段的主要标志是"描述"。1929年经济危机爆发，青年由于失业涌向中学，但是当时美国的课程设置不适应失业青年的需要，这就导致了1933年开始的课程改革。课程改革成立了以泰勒为首的评价委员会，进行了著名的"八年研究"，分析了课程与学习的关系，对学生的进步进行全面的评价。泰勒的研究认为："评价过程在本质上是确定课程和教学大纲在实际上实现教育目标

（educational objectives）的程度的过程，但是，鉴于教育目标实质上是指人们发生的变化，也就是说，所要达到的目标，是指望在学生行为模式中产生某种所期望的变化，因此，评价是一种确定行为实际变化的程度的过程。"泰勒的八年研究使"考试"和"测验"被"评价"所取代，在思想教育评价领域产生了深远的影响，在社会上引起了巨大的反响，使教育评价进入"描述时代"。

3. 判断时代

泰勒评价模式以目标为中心，在评价过程中强调每种活动的目标，这种评价方式忽视了评价中的判断因素。随着教育评价的进一步发展，评价不再限于"描述"，而更注重对教育教学方案进行"判断"，在泰勒评价模式的基础上提出了许多新的评价模式。"1963年，克龙巴赫提出了'评价是为了进行决策而提供信息的过程'的新思想。主张评价应放在教学过程或课程改革过程中，而不是在此过程结束后，并据此强调评价的'改进功能'。"1967年，斯克里芬提出要将评价分为诊断性评价、形成性评价和总结性评价的思想。这一时期将评价视为价值判断的过程，评价者不仅对教育目标进行评价，还制定了一定的判断标准，形成评价判断，"判断"成为这时期教育评价理论的主要特点。

4. 建构理论

第四代评价理论的基本思想是"共同建构"，它认为教育评价是利益相关者通过协商达成的，是一个"共同建构"的过程。它要求评价者彼此学习、彼此互动、全面参与，主张所有的利益相关者都参与到评价的过程中。第四代评价提倡一种平等沟通、民主合作的评价，将评价视为利益相关者通过平等的沟通进行建构的过程，提倡广泛听取各方面的意见，不同的利益相关者进行平等的互动，达成共识并付诸实施。第四代教育评价被视为评价参与者之间通过沟通和互动达成共识的过程。第四代教育评价代表了教育评价发展的方向，但是这一评价还存在很多问题。

（二）生命教育评价范式的选择

1. 范式的定义

"范式"（Paradigm）源于希腊动词，意思是"并排展示"，在词典给出的翻译是"例子"或"词形变化表或动词词形表"。托马斯·库恩最早对范式进行了论证，他在《科学革命的结构》中提出"范式"的概念。库恩把"范式"定义为"普遍接受的科学成就""理论模型""模型""语言符号规则""行为准则""世界观""科学家所共有的传统""典型范例"等。根据库恩对范式的定义，生命教育评价范式能为生命教育的评价过程提供价值标准和方法论支持,从而去指导生命教育评价实践。生命教育评价范式主要包括以下几种要素:一是生命教育评价观,二是生命教育评价理论,三是生命教育评价方法。

2.现实基础:生命教育受到重视和价值多元化的出现

处于转型期的中国社会,随着改革开放的进行,市场经济的推进,我国文化开始由一元走向多元,出现了价值多元化的趋势。在价值多元化的影响下,生命教育评价受到价值多元化的影响。随着我国高等教育的规模越来越大,人们的整体教育水平得到了较大的提高,但由于现实社会对物质的过分强调,教育出现了工具化的倾向。在教育过程中,学校更多地把关注的重点放在如何拓展学生的知识、增强学生的生存能力上,在社会压力大、就业压力大的情况下更是如此。在这种工具性教育的影响下成长起来的大学生很少对生活的意义和目的进行思考。大学生正处于价值观的形成时期,面对学习、生活的压力,他们缺乏正确的判断,对生活产生了迷茫。生命教育是以人的生命的内在和谐,以及与环境的整体和谐为目标,教育大学生认识生命的意义和价值,珍爱生命,尊重生命。随着教育的不断发展,生命教育越来越受到重视。在社会转型期,由于利益主体的多样化,多元的价值观在生命教育过程中发挥着越来越重要的作用。多元价值观的形成提出了对生命教育评价的基本思考,传统的强势主体价值在评价中的主导地位受到质疑。教育评价中的利益相关者都希望评价可以反映自己的价值观,对于什么是好的教育、如何实现好的教育常常处于争议的过程中,常常引起各种各样的矛盾。以往强势的价值评价体系不能适应多元社会的需求,生命教育评价的多元化成为一种趋势。

3.多元化范式选择

生命教育评价的范式选择主要包括以下几个方面:第一,生命教育评价的基础是多元的,应当充分体现多元主体的需要,不能由单一的强势主体居于主体地位。第二,生命教育的目的是促进学生自我价值的实现和提高。第三,生命教育评价需要以一定的价值准则为基础,这样的价值体现在高等教育价值、学生培养价值等方面,利益相关者协商时所确立的生命教育评价准则应是主要依据。第四,生命教育评价准则的形成过程应注意利益相关者的全面参与,利益相关者应达成共识。第五,生命教育评价的信息搜集途径和方法应得到利益相关者的讨论和认同。第六,生命教育评价中信息处理的方法和结论应当在协商中达成共识,尤其要注意评价者与被评价者之间的沟通。第七,生命教育评价的结论的运用要达成共识。

(三) 生命教育评价模式的建构

生命教育评价模式的建构是在第四代教育评价理论的基础上,在多元化范式的基础上建构起来的。

1. 多元化范式下生命教育评价模式的要点

生命教育评价模式是在生命教育范式的指导下进行的,主要包括以下几点。一是"协商":寻找教师教育利益相关者共同认同的价值基础,这是教师教育评价活动能否进行的基础。为此,教师教育评价模式中需要体现评价的利益相关者的价值辨析、价值表述、价值争议与选择、价值共识达成等关键的环节及其要求。二是"共识":教师教育评价的行动应当建立在各教师教育利益相关者基本共识的基础上,没有共识的行动不应体现在新的评价模式中。三是"开放":教师教育评价的信息来源应当是开放的而非封闭的。教师教育评价者和其他各利益关系人共同寻找可以做出价值判断的全面信息(利益关系人共同提供相应的信息),在信息收集、信息筛选、信息确认、信息处理的整个过程都应当开放,信息的收集与处理应当在共识基础上充分开放。四是"公开":教师教育评价活动过程应当是公开的。教师教育评价应当建立在公众监督之上,至少应当受到利益关系人的充分监督,在新的评价模式中,不应当搞那些所谓"突击""暗访",而应当全面做到公开、公正、公平。五是"理解":教师教育评价结论的运用应当得到正确理解。这种理解既包括教师教育结论本身应当让包括各利益相关者在内的公众的理解,获得公众的认同,同时也包括评价结论的运用需要经过事先协商,并得到教师教育各利益相关者的认同。

2. 生命教育评价模式中的价值协商

在价值协商基础上的生命教育评价模式着眼于价值分歧,找出利益相关者的共同利益,最终达成利益的共识。价值协商主要包括以下几个方面:第一,确定生命教育的评价者、被评价者、其他利益相关者的代表,由他们参与生命教育评价的协商程序。在协商的过程中对各个利益主体进行协调,避免过分强调"参与"的程度。比如,把没有受过科学方法训练的评价者与专业的评价者放在一起,可能产生无效的结果。因此,要优化利益相关者的参与,借助一定的方法和途径,选择有代表性的利益相关者进行参与。第二,生命教育的各利益代表进行利益表达,明确需要协商的问题。生命教育评价的各利益代表发表自己的观点,评价者在了解清楚各种信息后,与利益相关者进行充分的沟通,提出一些问题。在生命教育的评价过程中，要对评价准则进行讨论，给予各类群体利益表达的机会。第三，生命教育的各利益代表进行多次协商和互动，将抽象问题具体化。生命教育的代表通过多次的协商和互动，进行辩论。评论者通过同利益相关者的多次协商减少分歧，促进共识的达成。这个阶段需要实现抽象向具体的转化，比如"生命教育对教师素质有哪些特殊要求""学生对教师的期待有哪些"等。第四，各利益相关方对问题进行筛选，明确各自的价值定位，通过协商达成共识。将重点转移到还没有解决的问题上，通过利益相关者之间的协商，通过信息的沟通，进行价值的取舍，努力使各方达成共识，形成共同的行动计划。

3.生命教育评价模式设计

生命教育评价模式主要包括以下几个方面：第一，明确生命教育评价的目标，做出符合生命教育评价的决策。第二，确定生命教育评价的评价者、被评价者和其他利益相关者，明确各利益代表者的参与方式。第三，组织协商沟通，达成评价准则的共识。这是评价过程中的一个关键环节。第四，确定详细的评价方案，确定评价准则和体系，并再次征求利益相关者的意见。第五，协商并明确生命教育评价的信息收集方式，处理方式。第六，按照商定的方式进行信息处理，形成评价的结论。第七，进行信息公布。第八，进行教育活动的改进。

三、评价指标的设立

（一）评价指标的概念

评价指标（indicator of evaluation），"就是根据一定的评价目标确定的、能反映评价对象某方面本质特征的具体评价条目。指标是具体的、可测量的，是目标的观测点，是可以通过对客体的实际观察获得明确结论的。"

（二）评价指标建立的原则

生命教育的核心部分是评价指标的构建。构建科学、合理、客观的生命评价体系，全面地反映评价对象的整体特征，对生命教育的最终效果发挥着重要的作用。因此，必须确立构建生命教育评价体系的原则：一是一致性与可测性原则。要使生命教育的评价指标与生命教育的目标相一致，使上下层次的指标相一致，同时最低级的指标要实现操作化，可以对其进行量化的测量。二是时效性与可比性原则。指标体系要根据教学的实际情况进行合理调整，要切实反映变化的教学实际。指标体系必须反映评价对象的共同属性，评价的对象可以进行纵向和横向的比较。三是独立性和完备性原则。在生命教育评价体系内，同一层级的指标必须相互独立，指标之间不能相互重叠，不能存在从属关系，不能存在因果关系，指标必须是一个完整的系统。

（三）生命教育评价的指标

笔者通过对相关文献资料的整理，确定了生命教育评价体系包括以下几个方面：生命教育制度建设指标、生命教育输入指标、生命教育过程评价、生命教育成效评价。

1. 生命教育制度建设指标

生命教育的指标可以从生命教育计划的制定、生命教育制度建设两个维度进行考察。一方面是生命教育计划的制定。生命教育计划是对生命教育工作开展制定的具体实施方案。高校应结合学生和学校的实际情况制定明确的生命教育计划，并科学合理地制定生命教育实施的方法和步骤，在生命教育计划的指导下促进生命教育活动的顺利开展。另一方面是生命教育制度的建立。生命教育制度包括生命教育考核制度和生命教育监督评价制度，它们是生命教育有效实施的保证。生命教育的考核制度可以对教师和学生起到激励作用，促使教师和学生向生命教育目标努力。

2. 生命教育输入指标

有效的生命教育的开展离不开一定的物质和人力的投入。一方面，建设师资队伍。首先，要构架合理的师资队伍结构，使专任教师和兼职教师保持适当的比例。其次，提高师资队伍的质量，学校要重视教师质量和师德师风建设，教师要积极参与教学改革，不断提高生命教育方面的有关知识。最后，促进师资队伍的建设和发展，建立并出台提高教师质量的机制与政策，制定适应学校发展的教师队伍建设规划。另一方面，输入物质资源。物质资源的投入是高效开展生命教育的物质保证。要完善生命教育的基础设施建设，完善生命教育的实践教学条件，将生命教育的课堂教学和课外实践相结合。由于资源的稀缺性，且不少高校并不重视生命教育的投入，导致生命教育没有收到应有的效果。一方面，学校要扩大经费的来源，可以和企业合作，为生命教育增加实践的机会；另一方面，学校要重视对学生进行生命教育，加大对生命教育的投入。

3. 生命教育过程评价

生命教育过程评价是生命教育评价的主体。生命教育过程评价主要包括教学设计、教学方法、教风学风等方面。首先，教学设计要突出学生的主体地位，充分考虑大学生生理、心理特点，致力于促进学生思想水平的提升和人生价值的领悟，在教学设计的过程中，要突出学生的个性，注重学生潜能的发挥；其次，在教学方法方面，要突破传统的教学方法，运用现代的网络，实施多媒体教学，使学生获得真实的生命体验，同时要加强与学生的互动，使学生成为学习的主体；最后，教风学风方面，要营造积极灵动的教学氛围，使学生在轻松的气氛中获得知识的提升和情感的升华。

4.生命教育成效评价

生命教育成效是生命教育活动的最终结果。生命教育的最终成效可以从学生具备的生命教育的知识程度和学生的基本素质状况来表现。首先，学生掌握了生命教育的基本知识，可以通过量化的考试进行测试。其次，学生的基本素质状况可以通过观察学生遵守校规校纪情况、参加学校各类活动的积极性等方面来体现。

四、生命教育评价效果的应用

评价结果是对评价对象达到生命教育目标程度所进行的价值判断。评价结果通常是评价小组按照评价体系的规定收集、整理评价信息，对评价指标进行定性和定量的分析，从而对评价对象的综合价值做出判断。通过生命教育评价指标的分析获得生命教育评价的结果，不仅是生命教育教与学的终点，也是新一轮的生命教育教与学的开始。教师应充分发挥生命教育评价结果的积极作用，通过评价信息来反思自己的行为。生命教育评价结果的处理不是简单地发布，要侧重于对结果的解释和反馈，从而提出改进意见。各利益相关者要正确对待生命教育评价的结果。在实践操作层面，生命教育评价结果的应用是对评价结果的分析和利用的过程。生命教育评价结果的应用主要包括以下几个方面。

（一）明确评价结果处理的目的

生命教育就是关于生命问题、生活问题、人生问题进行的教育过程，它与一个人成为什么样的人、选择什么样的人生道路、如何去选择密切相关，并具有深远的实践意义。不同的阶段生命教育的目标有所不同。大学阶段生命教育的目标是让大学生认识生命的本质，激发大学生去实现自己的人生价值，提高自己在社会中的适应能力，勇于面对压力和挑战，教会大学生珍爱生命、积极主动创造生命的价值、自觉提升生命的价值。生命教育评价结果处理的目的是实现生命教育的目的，生命教育评价结果要反映生命教育评价的目的，要有利于生命教育评价目标的实现。

（二）多元主体的参与

1. 教师对评价结果的处理：指导作用

教师要主动对学生进行评价，通过评价来提高自己的教学质量。教师要努力让每个学生在生命教育的过程中都有所收获。教师作为评价主体，要对学生的评价结果给予及时反馈，随时提出改进的建议，要把评价结果运用于后续的评价行为中，并通过对生命教育评价结果的运用来促进学生的学习。教师与学生之间的关系变得更加紧密，教师要恰当地对评价结果进行处理。教师是课堂评价的主持人，被赋予正当的学习评价权力。事实上，"他们有权决定在课堂上使用何种评价和发生何种学习，同时，他们还决定学生学习过程和结果的质量"。因此，教师在评价结果的处理过程中发挥着指导的作用。

2. 学生对评价结果的处理：积极参与

学生对评价结果的运用主要表现在学生根据评价结果监控自己的学习，从而达到生命教育的目标，并进一步规划自己的行为。学生的积极参与意味着学生对学习结果进行自我控制，在学习的过程中不断改进和提高。学生参与评价结果的处理本质上就是一个协商的过程。如果我们想要使学生在学习的过程中不断地改进自我，负起学习的责任，在生命教育评价结果的处理中就必须考虑学生的意见和选择。根据第四代评价理论协商与建构的观点，教师必须为学生提供表达自己观点的机会，师生双方在讨论的基础上达成共识，再开始下一步的评价活动。在关于评价标准达成共识之后，还需要就如何收集、处理信息方面进行讨论。

学生参与评价结果处理在实践上表现为学生运用评价结果来管理自己的学习，了解到他们目前的状态相对于评价目标而言达到了什么程度，从而为下一步的学习计划做准备。学生用评价结果设定学习的目标、做出决策、进行自我评价，与教师进行交流和学习，他们积极参与了评价的过程，学生也应当积极参与评价结果的分析、解释、反馈和交流的过程。学生积极主动参与评价结果的处理，可以获得对评价结果更深入的理解，真正地成为学习的决策者。

（三）确定分析和解释的标准

一般我们认为，标准确定了学生从中学毕业后应该知道什么（陈述性知识）和能做什么（程序性知识）。有了评价的准则，生命教育评价就具有了一致性。好的评价准则给教师提供了清晰的教学目标，给学生提供了清晰的学习目标，提高了生命教育评价的精确度。所以，对生命教育评价结果的处理必须首先确定分析和解释的标准。生命教育评价标准为分析学生的学习状况提供了参考，可以根据评价标准制定分析学生成绩的具体维度和指标。生命教育评价结果处理可以与生命教育评价标准进行对比，分析学生与评价标准的差距，最终形成一套分析学生生命教育学习情况的操作指标体系。

（四）进行有效的反馈

生命教育评价的核心是反馈，生命教育评价结果的价值最终要通过反馈来实现，如果没有反馈，生命教育评价就失去了价值。反馈可以让学生知道自己的优点和缺点，最终促进自身的不断完善。反馈是提供给被评价者关于其表现的客观信息，是在与目标的对比中实现的。反馈不包含任何的价值判断，只呈现错与对的信息及错与对的原因。对生命教育评价结果进行有效的反馈主要包括以下几个方面：

1. 反馈与目标相联系

生命教育的目标指出了被评价者最终要达到的结果，为生命教育评价提供了标准。反馈信息可以帮助被评价者找出与评价目标的差距。在生命教育评价结果处理的过程中，教师和学生必须确定"学习现状"和"学习目标"，通过评价结果向学生提出改进的建议。反馈给学生提供了清晰的信息，不仅包括定性的，而且包括定量的，此外还提供关于表现状况的具体清晰的细节。"在萨德勒（R.Sadler）等人看来，学习反馈的全部奥秘在于——只有在明确学生当前的学习现状和学习目标，在确定出差距所在后，并据此向学生提供针对性的改进信息。"

2. 反馈途径的多元化

最有效的反馈是来自不同群体的及时的、多样的反馈。反馈的途径除了来自教师外，还可以来自家长、同伴和学生自己。首先，通常认为教师是反馈的提供者，其实学生自身也可以进行反馈。有效的反馈最终要通过学生自己的认识、评价和调整来实现。所以，反馈必须鼓励学生的自我反馈。其次，反馈可以来自同伴，同伴的反馈相比教师的反馈而言更具影响力。"因为教师要提供很多反馈，包括正反馈和负反馈，有时学生会觉得教师的这些反馈老是内容相同，无关痛痒。而同伴的肯定反馈或否定反馈则具有更强的影响力。"

3. 反馈的及时性

反馈必须是及时的，间隔很长时间的反馈不能发挥反馈应有的作用。比如，测验一个月后才对测验进行评价和讲解，对学生的学习而言是一种无效的反馈。在评价结束后，反馈应及时进行，让学生及时得到反馈的信息，不及时的反馈对于学生的学习是低效的。

4.反馈的针对性和个性化

要想让反馈发挥更大的作用，反馈就必须具有针对性，必须根据学生自身的特点进行反馈。参照群体情况的反馈，使学生知道自己与其他学生的差距；针对学生个人的反馈，使学生知道自己的知识与特定目标的差距。

（五）进行合理的干预

学生在全面参与评价的过程中，要不断了解自己的学习情况并及时和教师进行交流。教师要帮助学生有效地运用每一个阶段的评价结果，了解学生的学习情况，作为自己教学的依据。同时，教师应根据评价结果反思自己的教学过程，及时改正教学过程中存在的不足。

1.学生监控自己的学习情况

促进学生自主学习的最好方式是让学生监控自己在生命教育学习过程中所取得的进步和不足。一个最简单的方法是发给学生每人一张表，让学生填写生命教育的学习情况。在教师开始讲解新的知识"生命教育的含义"之前，给学生发一张空白的表格，学生可以就自己所学到的内容任意地填写。教师将表格收集起来，在修改了一部分之后，将表格发给学生，让学生用不同的颜色重新填写他们所知道的内容。在相关内容讲解完之后，重复这一过程。

2.让学生发表自己的看法

在讲课结束前，教师可以向学生提问"在今天的课上，你学到了什么？""在今天的课上，你的疑问有哪些？"提问的目的是了解清楚学生对知识的掌握情况，了解清楚学生最不明白的地方。教师了解到学生的模糊之处后，依据得到的信息进一步改进自己的教学计划。

3.布置诊断性的学习日志

最为有效的反思形式是布置学习日志，这需要学生回答一些问题。通过这些答案，可以为未来的师生互动、生生互动提供依据。

4.教师与学生交谈

师生的交流是了解学生学习情况的有效方法。收集学生学习情况的一个有效的方法是了解学生关于某个问题的看法，并将学生的谈话过程记录下来；另一方法是让学生谈谈他们对某个概念的理解。师生交流可以跟踪学生的学习情况，也可以为教师教学的改进提供依据。教师在与学生的交流过程中可以发现学生在学习过程中遇到的问题，了解学生遇到的困惑，也可以发现学生中是否存在共性的问题。

第十章　关于大学生生命教育的思考

第一节　生与死的推敲

死亡是生命的终结。人生有限,这种有限性的缘由就是因为有"死亡"存在,正是由于人终有一死,人才生发出在这短暂一生中究竟为什么活以及应该如何活的问题。因此,就生死难题而论,死使生成为问题,对死的思考完全是为了生,思考死成为思考生的必要环节。究竟怎样看待人生的意义,主要取决于人应如何理解死亡的意义。死亡是人生之大限,思考生死难题,就相当于在思想上提前逼近人生的终点或界限。这一思考将人生推到了极端,同时也将我们对人生的态度推向了极端。因此,人生观问题可以这样表述,"假如你明天就要死去,今天你将如何度过?"只有直面死亡,才能洞悉死亡,才能解决人生观的核心问题,而不能直视死亡的人生哲学是没有根基的不彻底的人生哲学。

因此,每个人都应重视、思索生死问题,生与死的关系问题,每个人只有通过对死亡透彻的认知,才能以健康的心态坦然地讨论死亡各方面的问题,只有以正确的死亡观为前提,才能形成正确积极的人生观,人的生存与生活品质才能得到极大地提升。因此,死亡观教育成为必然。

一、生死问题研究的重要性

现实社会中,一个人对待死亡的态度极大地影响了他的人生态度。正确的死亡观必然使人形成一个积极的人生观,错误的死亡观必然会影响一个人的正确人生观的形成。事实证明,一个视死如归的人才会舍生取义,一个贪生怕死的人才会苟且偷生。正是由于对死的态度不同,才使有的人为社会为民族无私奉献,其死重于泰山,而有的人却自私自利,无视集体和他人,其死轻于鸿毛。在硝烟弥漫的战场，面对可能随时到来的死亡，有的人临危不惧，冲锋陷阵，但也有的人临阵脱逃，不攻自溃。同样是身患重病，死期将至，有的患者能从容面对死亡，笑看人生，挥写壮美充实的人生，并激励鼓舞他人，而有的人郁郁寡欢，悲悲凄凄，反而召唤了死神的到来，也影响了他人的情绪情感。

上海青年陆幼青在生命的最后四个月写下了《生命的留言》，这是他用自己的方式直面厄运，正视生命终结。2000年8月14日，《死亡日记》第一次在北京青年报上刊登，从此陆幼青和他的文字就成了读者最关心的话题，大量读者通过他的文字和精神接受了一次人生观的教育，许多癌症患者在他的影响下鼓起了活下去的勇气。解放军某部少校隋继国，身患两种癌症（脑癌和血癌），写下了《挑战死亡》一书，记录了他挑战死亡、超越自我、对生命意义执着探索的心路历程。陆幼青、隋继国和他们的著作留给依然拥有健康的人们更多的思考：即如何面对生活，如何面对病痛，如何面对生命的终结，如何创造自己美好的人生。这种人生观教育是深刻的，耐人寻味的，震撼心灵的。

不应回避死亡，不应抛开死亡去谈论人生。然而，在我国，千百年来，人们总是回避死亡，不愿面对也不愿探讨死亡，在许多人心中，如忌讳谈"性"一样，忌讳谈"死"，甚至谈死色变。在现实生活中许多人存在着各种片面的或错误的死亡观，对人的死亡没有一个正确的认识和理解，导致人生观出现偏差。在目前的教育中欠缺死亡观教育，即便是提及死亡观，其教育内容上也存在一定偏颇。死亡观教育具有重要意义。

西方哲学大师海德格尔认为人就是为死而在的。由于人不免一死，人才会有时光匆匆的紧迫感，才会有对生活的热爱与眷恋，死是人生一切问题的根源。死亡观教育可以使人以一种全新的姿态，多角度、多层次地思考生命的本质，使人的生命富有更为生动的灵性。人类生命是具有自然属性和社会属性的统一体。生命的自然属性被称为人的生物学生命，单从这个角度看待生命，可以把生命看作一个自然的过程。但人的生物属性并非人的生命的全部，人同时具有人格生命，即社会属性，这是人区别于其他动物的显著特征。对生命本质的认识与思考引发了人对生命意义的思考，即人的生命怎样才是有价值的、有意义的？生命对于一个人只有一次，生命是宝贵的，也是神圣的。人的短暂的生命是由人的生物属性决定的，正如其他生物一样，人要经历一个出生、成长、衰老、死亡的过程。对于短暂而唯一的生命，人该做些什么？是一味地追求生物生命的无限延长，还是实现人格生命的永存？是追求物欲的无穷占有，还是积极奉献人生？死亡观教育能够使人们理性地对待生与死,正视死亡。

腐败问题一直是人们关心的热门话题,特别是五十九岁现象人们谈论较多,人们常常疑惑,为什么离退休之日近在咫尺却"晚节"不保?许多研究的结论是信念不坚定,意志不坚强,平时不注重个人修养等,实际上,这只是其中的一个方面,而另一个不容忽视的方面是他没有一个正确的生死观,具体地说是对待权力死亡的态度。现代人比古代人面临更多的死亡苦难,因为死亡将会使他在人世间拥有的一切立即消逝。一些领导干部面对这种权力的消逝,也有如此的心理恐惧。对生的迷恋,使他不择手段,要追求物欲的永生,使他忘记了"晚节"。再有,有的人崇尚一种"今朝有酒今朝醉"的人生哲学,纵欲无度,纸醉金迷,这也是对生时占有与死时丢弃的强烈心理失衡的表现。法轮功练习者中也有许多人由于对生命、死亡没有正确的认识而被人利用,受人蛊惑。癌症患者俱乐部内的患者们,由于对死亡有一个达观的态度,他们定期聚会,欢歌笑语,畅谈人生,许多人从绝望的阴影中走出来,重新扬起生活的风帆,有的甚至告别了癌症成为健康人。死亡观教育使人面对并重新思考死亡能够使受教育者具备强烈的参与精神和创造精神,既然每个个体的体验是如此短暂,死的体验是如此瞬间,那么个体就必须全身心地投入生活和实践的每一件事,使人在面对善与恶、生与死、得与失、进与退时,做出勇敢的选择。死亡观教育可以在更广阔的社会实践中发挥重要的作用。

二、相关研究展望

一些学者几年来致力于有关死亡问题的研究,研究特点是集中进行了三个方面的研究。

(一)死亡权利的伦理分析与安乐死的倡导

众多学者赞成安乐死,呼吁在我国尽快给安乐死立法,认为安乐死可以减轻患者痛苦,维护死亡尊严,节省卫生资源,利国利民。

(二)死亡观教育的功能、意义的初步探讨

学者们认为死亡观教育在我国至今基本上是空白,在全民致力于经济建设时,人们似乎无暇顾及死亡问题,把死亡问题当作是医务工作者、殡葬人员和死者亲属等实际处理的生活事件,或是有关理论界、学术界的事,但无论从维护人的尊严权利,还是从人生各阶段对死亡的了解与态度,以及人类的进化与发展等多个角度,死亡观教育都很必要。学者们认为加强死亡观教育首先可以引导人们

对死亡的价值作思考，进而追寻人生的意义；其次可以对死亡有所准备；最后完善人生观。同时死亡观教育是人类终极关怀的重要内容，特殊的医疗活动需要对死亡给予更多的关注。死亡观教育的三大功能是：第一，为个体功能，即促进个体的心理健康、人格完善；第二，为人文氛围和环境功能，即能营造良好的人文氛围和环境；第三，为实践功能，即使人们产生推动实践活动的根本性动力。

（三）临终关怀的研究

临终关怀的研究成果以两部《临终关怀学》著作为著名。学者们认为，搞好死亡观教育是做好临终关怀的基础。临终关怀不仅是医护人员和家属的事，而是全社会的共同义务。众多学者在《临终关怀》和《中华护理》等杂志上发表文章，对临终关怀的护理技术、护理道德、心理治疗原则与方法等进行了探讨。哲学领域内有一些关于生死观研究的成果，如《人生价值丛书——生与死》《人生观书系——生死论》，从哲学角度对生与死的关系、生命与人生、生命终结的必然与超然进行阐述。

众多学者的研究取得了一定成果，推动了我国死亡观与死亡观教育的理论研究和实践，但这些理论也存在一定偏颇。第一存在着视角缺憾，众多研究，偏重于医学视角，尽管把医学与哲学、医学与社会联系起来，但研究对象往往只放在患者身上，偏重于研究生物层面、技术层面、心理层面，而没有深刻地揭示人们有关死亡观念的深层意义，有时虽提及人生观，但未做深入探讨；第二存在着内容缺陷。一些观点善于挖掘利用中国传统文化的精华部分，对中国传统文化中的死亡观能给出比较精辟的独到的见解，但是对现实社会中人们的死亡观缺少系统的研究和剖析，并且在研究和教学中常常忽略西方死亡哲学对我国的影响。尽管一些研究以马克思主义唯物论与辩证法作为指导，具有浓厚的中国传统文化和西方哲学底蕴，试图解决人生观问题，但其论述并没有深入研究人们对待死亡的态度，基本还是停留在人生观层面，没有从根本上解决人生观问题。死亡观教育的研究具有现实意义，它是生命观教育的重要组成部分。

三、生死观教育的内容体系

（一）死亡的内涵和本质

在实际生活中，由于受传统文化的影响，中国人极力回避死亡，追求生命存在。人们在谈及死亡的时候，往往用各种讳语代替；孔子也曾对其弟子说："未知生，焉知死？"人们常把死看作不祥之事，带有阿拉伯数字"4"的汽车牌号、电话号码、楼层也变成了不吉利的象征。由于对死亡的极力回避，也由于对生的无法割舍产生了对死亡的极端恐惧，生命也一度被蒙上了神秘化色彩，对死的不能解惑产生了对生的迷恋，甚至放纵。没有对死的正确认识，就没有健康人生。因此有必要从医学角度与社会学角度对死亡进行认识、分析。需要了解生物体的死亡是什么，死亡的标准是什么；社会学的死亡是如何定义的，本质是什么。我们应该在多角度探讨死亡的过程中，澄清认识，用科学擦亮眼睛。

（二）如何面对自我的死亡

人生价值体现在两个方面，第一，社会价值，即个人对社会所做的贡献，是人的能力现实化的过程。人的一生就是将内在能力、德性客观化、现实化的过程，是人创造物质财富和精神财富的过程；第二，人的自我价值，即社会对个人的肯定和满足。人在为社会创造财富，同时也需要得到社会的价值肯定，在人与社会进行有机融合的过程中，人的死亡价值也就逐步升华了。人应学习如何面对自己的死亡。什么是与社会的有机融合？即是热爱生命的积极人生态度，而毫无顾忌地放纵私欲，疯狂地"享受"生活，是对生命的亵渎，而非对生命的热爱。热爱生命在于充分发挥人的主观能动性，树立崇高伟大的人生理想，在于激发生命的潜能，不断创造，不断奉献和奋斗。热爱生命就不应辜负生命，浪费生命，就要使有限的生命化作无限的精神而永存。

（三）如何看待他人的死亡

每个人都会遭遇亲人、朋友的死亡，突遇父母、子女、配偶的死亡，会使心灵的伤痛苦不堪言。人要以一种超然的态度对待此类事件的发生，并要学会用心理调适方法减轻自己的悲痛，面对亲人朋友的死亡，做好对他人的关怀，也做好对自己的关怀。近年来，临终关怀学作为一门与死亡学相关的学科逐渐发展起来，该学科的研究证实患者的死亡对家属的影响巨大。因此，人们要学会如何避免他人死亡的刺激影响自己的人生历程。

（四）如何看待自杀等死亡

自杀是现代社会问题之一，据统计，全世界每年有60～70万人自杀。中国每两分钟便有一人自杀，占世界自杀总人数的四分之一，属于偏高。自杀者中有许多是风华正茂、刚刚步入人生旅途的年轻人，一些在校的大学生也因为学业压力、失恋等原因不惜结束自己的生命。人们需要了解为什么如此多的人放弃生命，走向死亡，青年人更需要学会如何预防自杀。

（五）如何看待安乐死、器官移植等生命伦理问题

安乐死、器官移植、人工流产等问题一直是生命伦理讨论的热点问题。安乐死的立法问题悬而未决，西方关于人工流产问题争论不休，器官移植的供体范围、器官商品化问题也一直是讨论的热点。科学技术的发展给人们带来更多的伦理难题，在技术与道德的矛盾困惑中，要求人们具有科学精神和人文精神，实事求是，勇于探索，历史地思考人的本质和人的价值，把对死亡思考提升到更高层次。将诸如此类的伦理疑难问题列入死亡教育的体系内，并不断更新，会给死亡观教育填充新鲜的血液。

人生不仅以死亡为终点，也以死亡为前提。只有直面死亡，才能直面人生，追问人生的意义，探讨人生的真谛。理想的人生态度在于不断超越自我，超越死亡，积极达观地思考死亡，体味并创造死亡衬托出来的短暂人生。

第二节　生命的敬畏与关怀

在社会飞速进步、信息传播速度已超乎人的想象、很多现实已无法理解的今天，人们更需要以一种淡定的姿态思考我们人自身的问题。我们对我们最原本的生命作何思考？给予何种关注？当我们置身于社会、人群中，我们又怎样思考生命与生命之间的相处之道？在和谐社会建设中，生命观教育又有怎样的意义？

当一个大学生可以随便拿出刀，将另一个人的生命终结时，当生命得不到平等尊重和保护时，又如何保持社会的稳定和和谐？这些个体眼里，生命可以漠视，生命可以赎买，生命可以随意剥夺，他们对生命的冷漠、对生命肆意的践踏，令我们不得不思考当下的教育是否出了问题。缺乏最起码的"敬畏生命"观念，是社会真正的可怕之处，作为一种人性教育的缺失，它就是一个处处潜伏的恶魔，随时可以成为危害社会的利器。

一、给予生命敬畏之情

我国传统观念认为任何生命都是神圣不可侵犯的，作为"天地之子，万物之长"（《太平经》）的人的生命更为神圣和伟大，"天覆地载，万物悉备，莫贵于人"（《黄帝内经》）。因为生命是尊贵而神圣的，所以对待生命要肃然起敬，任何人都不能轻视和亵渎生命，一般来讲，敬畏之情是建立在"戒忌"的基础上，当代法

国哲学家保罗·里克尔在《恶的象征》中指出:"经由害怕而不是经由爱,人类才进入伦理世界。"马克思·韦伯也指出:"以此,即出现了一种伦理制度,而禁忌则为其最终保护。"没有对任何事物的畏惧则无任何戒律、规范了,只有戒忌才会从内心对生命产生敬重,由敬产生畏,才能形成崇敬、畏惧之感。

二、给予生命关怀之行动

先敬畏,后关怀。关怀包括对生命的尊重、维护人的尊严与权利、对生命的呵护、救助及心理关怀。关怀的历程包括人的出生、新生儿、婴儿、儿童、少年、青年、中年、老年、临终等各个阶段,包括了突发事件、意外灾害、情感挫折、生离死别等多种情景下的关爱。关怀包括了对每一个生命个体的关注、欣赏和爱护。

2008年5月12日,四川汶川地区发生了8级地震,无数生命受到威胁。但地震发生后,党和国家对每个生命给予了关注,胡锦涛总书记一再强调:抗震救灾工作必须以人为本,抢救人民群众生命是首要任务。温家宝总理在地震发生后奔赴现场,并指示:"抢救人的生命,是我们这次救灾工作的重中之重。对于被困人员,只要有一线生还的希望,我们就要用百倍的努力,把他们抢救出来。"生命是宝贵的,一个热爱生命,尊重生命,保护生命的民族是大有希望的,是不可战胜的。

对生命要给予关怀,关怀包括了欣赏和爱。敬畏生命,既需要对生命有敬,也要有畏。敬,需要我们敬重自己的生命,也要尊敬他人的生命,敬的字眼里有爱,有了爱,生命才温暖、才精彩、才美丽。有了爱,生命才能像给予阳光雨露的植物一样向上生长。

第三节 生命主题的统一和谐

人类迈向一个新的世纪之时,生命科技不断获得进步与突破。人们可以按照自己的意愿获得一个新的生命:试管婴儿、人工授精;也可以让人更换自身的组织器官:肾移植、肝移植、皮肤移植、心脏移植、甚至脑移植;还可以通过科技控制生命:呼吸机、体外循环机的使用,死亡机器的使用。面对科技,人的生命观应为生命神圣、生命质量、生命价值的统一。生命神圣观遵循生命具有至高无上、神圣不可侵犯的道德价值。犹太教、基督教教义中的"汝勿杀"和佛教的"不杀生"均渗透了生命神圣的原则。生命神圣观作为一种传统的生命观念延续下来，有它长期的历史背景。在那个茹毛饮血、食不果腹的年代，人们时刻面临着洪水、野兽、疾病的侵袭，却无能为力，生命短暂使人们极力追求向往能够保存和延续生命。生命神圣现在当时的时代背景下为保存人类延续，促进人类进步做出了贡献，有重要的历史价值。

生命质量观是在第一次医学革命后，随着现代医学的产生而产生的，该观念承认人类生命存在着质量差异，并且这种差异由人的自然素质决定，同时，这种差异影响着人的生命存在的价值。生命质量观提出三项衡量标准，第一为主要质量，又称人性素质，指个体的身体和智力的发育状况。这是区别正常人与不健康人的标准。第二为根本质量，指生命的目的、意义及与其他人在社会、道德上的相互作用。这是一种参考性质。这种质量随着人的经历、年龄变化而发生变化，如晚期癌症患者、植物人的根本质量就很低。第三为操作质量，指利用智商、诊断学的标准来测定智能、生理方面的人性质量。如智商在 70 以下为智力缺陷的人，智商在 30 以下为智力严重缺陷的人，20 以下则为智力极度严重缺陷的人。生命质量观从人的生理指标到社会功能对人进行判断和衡量，是较为全面和合理的。

生命价值观强调人的生命由内在价值和外在价值组成。内在价值指生命所具有的潜在创造力或劳动能力，与生命本身的质量有关，外在价值是内在价值的发挥，为社会创造物质财富和精神财富。生命价值观强调衡量人的生命价值，主要看他的外在价值，即对社会的贡献。生命价值观强调了人的生命的社会属性，克服了传统生命观只注重生命的生理因素，忽视社会因素的不足，体现了马克思关于人本质的科学论断的精髓。

生命神圣、生命质量、生命价值的和谐统一既注重传统道德基础，又兼顾了现代的伦理价值。这种生命观是适应时代特征的现代的生命观。

第四节　新时代社会主义建设思想的回归

实现社会和谐，建设美好社会，始终是人类孜孜以求的一个社会理想，也是包括中国共产党在内的马克思主义政党不懈追求的社会理想。根据马克思主义基本原理和我国社会主义建设的实践经验，根据新世纪新阶段我国经济社会发展的新要求和我国社会出现的新趋势新特点，我们所要建设的社会主义和谐社会，应该是民主法治、公平正义、诚信友爱、充满活力、安定有序、人与自然和谐相处的社会。一般来说，和谐社会包括几方面内容：一是人与人之间的和谐。人是社会发展的主体，人的和谐是社会和谐发展的核心内容和根本前提。造就和谐的人的个体，就是要使一个人有健全的人格，有正确的世界观、人生观、价值观，能够合理地处理自己与他人、自己与社会的复杂关系，把自己融入自然、融入社会、融入集体；二是人与自然的和谐，自然是人类赖以生存和发展的物质基础，所以我们既要关心人类，又要关注自然，在维护人类利益的同时，又维护自然的平衡，确保社会系统和生态系统的协调发展；三是社会内部各要素之间的和谐。包括社会分工、人员的比例构成、社会效益的最大化、利益分配、社会地位的公正与平等等方面，都必须处在和谐共进的状态中。建设和谐社会首先要实现人与自然的和谐。人与自然的和谐是社会和谐的基础条件，也是人自身发展的重要前提。社会的和谐在人与自然的协调、和谐中得以实现。在社会发展进程中必须协调好人与自然的关系。建设和谐社会必须从根本上实现人与人，人与社会的和谐。

建设社会主义和谐社会的过程就是推进人的全面发展的过程。马克思恩格斯认为人的全面发展与社会和谐发展的互动是社会化大生产发展的必然要求。他们指出，一方面，未来新社会将使人更充分地获得全面而自由的发展，是"以每个人的全面而自由的发展为基本原则的社会形式"；另一方面，只有全面发展的人，才能驾驭生产力、科学技术和交往形式的巨大进步，"因为现存的交往形式和生产力是全面的，所以只有全面发展的个人才可能占有他们"人的全面发展需要人与自然、人与社会、人与人的协调，需要在和谐的社会氛围中实现。因此，协调好人与自然、人与人、人与社会的关系是建设社会主义和谐社会与促进人的全面发展的基本途径。

马克思在《1844年经济学哲学手稿》中指出："一个种的全部特性，种的类特性就在于生命活动的性质，而人的类特性恰恰就是自由的自觉的活动。"自在的存在，是人类生命本质的体现，它具体表现为人与自身关系中的自在、人与人关系中的自在、人与外部世界关系中的自在。因为自在，所以才有快乐、安宁与和谐。社会是由人组成的，社会和谐从本质上说是人的不断发展所形成和表现的一种社会存在状态。而人在本质上是社会的人，人的不断发展，离不开社会的和谐发展。生命观教育帮助受教育者认识自我，悦纳自我，开发自我生命潜能，不断超越自我、实现自我、完善自我。生命观教育帮助受教育者学会交往的规则，认识人与人之间的伦理关系，明白群己关系及公共道德的重要性，建立公德心，学会关心他人、尊重他人、关爱他人、欣赏他人、关心爱护弱势群体，创造和谐人际关系。生命观教育使受教育者处理个人与社会、集体的关系，维护公共道德和集体利益，爱护环境，尊重生命多样性、热爱保护自然环境，与自然和谐相处、与自我、与他人、与社会建立和谐的关系。

生命观即对生命的态度和看法。和谐社会建设需要建立一种符合时代要求，社会需要，促进社会发展进步的新的生命观。这种生命观包括生命神圣、生命质量、生命价值三个部分，是三种观念的和谐统一。对民众进行生命观教育具有重要意义，生命观教育有利于科学认识生命的本质和意义，培养社会责任感；有利于维护人类的自由与尊严，保持社会稳定；有利于改变传统善后观念，节约社会资源；有利于促进器官移植的公益事业，促进社会发展。它们的具体阐释如下。

（1）有利于科学认识生命的本质和意义，培养社会责任感。生命观教育可以使人多角度、多层次认识生命的本质，人的生命是具有自然属性和社会属性的统一体，对生命本质的认识与思考将引发人对生命意义的思考，即人的生命怎样才是有价值的、有意义的？是一味追求生物生命的无限延长，还是实现人格生命的永存？是追求物欲的无穷占有，还是积极奉献人生？生命观教育能够使人理性地看待生与死，从而造就健康的心灵，促进人格的完善，健全人的自我意识，引导人们珍惜有限的生命，培养社会责任感，引导人们在为社会做贡献中实现生命价值的永恒。

（2）有利于维护人类的自由与尊严，保持社会稳定。每一个生命都是有尊严的，每一个生命都应有尊严的存在。生命观教育将引导民众认识到，无论是人，还是动物，无论是自己的生命还是他人的生命都有尊严，任何一个人都不能剥夺他人的生命权，应该尊重生命，关爱生命，互帮互助，这样才能实现温总理提出的"让每一个人都能有尊严地活着"的目标,促进社会的稳定发展,实现人与人的和谐相处、人与自然的和谐相处。在医学院校开展生命观教育,会引导广大医学生敬畏生命,满怀仁爱之心感悟生命的真谛,尊重每一个病患生命的尊严,学会尊重病人的生命自主权,提高生命质量。

(3)有利于改变传统善后观念,节约社会资源。多年来,由于受封建思想影响,旧的殡葬习俗仍在一些地方盛行。在一些边远地区,人们的观念难以适应现代社会,对丧事大操大办,在一些先富裕起来的地区,修坟、祭祖、超悼亡灵的现象随处可见,封建迷信祭品盛行。这些都极大地浪费了宝贵的资源。究其原因,人们的思想观念是根源。生命观教育可以引导人们科学认识生命、不迷信、不盲从,建立健康科学的生活方式,净化社会空气,节约社会资源,加强社会主义精神文明建设。

近来,我们欣喜地看到,骨灰撒海、树葬等生态安葬方式在政府的鼓励下悄悄兴起。

(4)有利于促进器官移植的公益事业,促进社会发展。目前,我国医学上的尸体解剖、器官移植工作由于供体缺乏而进展缓慢,许多人受传统观念"身体发肤,受之父母,不可毁伤"的影响,对死后的遗体倍加珍视。一些由于器官捐献、采集而引起的纷争也时有发生。1998年北京发生的一起由摘取角膜而引起的纠纷,该事件同时在医学界、伦理学界、法学界引起轩然大波。我国的尸解率一直很低,在10%左右。我国每年有近两百万尿毒症患者,每时每刻都在等待着肾移植手术,同样因为肾器官来源严重缺乏,每年只有五千例患者能够接受肾移植手术。每年需角膜移植的病人约三百多万,但接受角膜移植者却只有几千人。遗体捐献现状也不容乐观。死亡者的遗体有大量珍贵的有价值的器官组织,遗体被火化或被腐烂掉是人类资源的一种严重浪费。生命观教育可以引导人们树立正确的观念,告诉人们如何对待自己死后的尸体、器官,从而引导人们科学地对待死亡,推动公益事业,促进社会发展和医学进步。

因此,在和谐社会建设中开展对民众的生命观教育是必需的,开展相关研究和实践是迫切的。研究内容建议包括:生命观的内涵界定,国内外生命观教育历史与现状,社会民众的生命观现状,生命观教育的思想价值、现实意义,生命观教育的内容、方法、实施途径等。

参考文献

[1] 路杨. 当代大学生生命教育 [M]. 武汉：武汉大学出版社，2014.

[2] 张小航. 当代大学生野外生存训练与生命教育 [M]. 长春：东北师范大学出版社，2015.

[3] 马孝志. 谁来给当代大学生指路 [M]. 北京：现代教育出版社，2016.

[4] 欧巧云. 当代大学生生命教育研究 [M]. 北京：知识产权出版社，2009.

[5] 梁大卓. 当代大学生心理健康教育 [M]. 成都：电子科技大学出版社，2015.

[6] 唐植文，程嘉淑. 当代大学生健康教育 [M]. 北京：北京邮电大学出版社，2013.

[7] 樊富珉，王建中. 当代大学生心理健康教程. 第2版 [M]. 武汉：武汉大学出版社，2014.

[8] 蒋德勤，汪传宝. 当代大学生安全教育 [M]. 北京：现代教育出版社，2009.

[9] 孙建中. 大学生生命教育 [M]. 郑州：河南科学技术出版社，2018.

[10] 于润艳. 大学生生命教育 [M]. 郑州：郑州大学出版社，2017.

[11] 肖川，王凌云. 大学生生命教育 [M]. 北京：人民出版社，2011.

[12] 戴景平，张玉荣. 大学生生命教育教程 [M]. 北京：北京师范大学出版社，2019.

[13] 戴景平. 大学生生命教育引论 [M]. 上海：复旦大学出版社，2017.

[14] 王健. 大学生生命教育导论 [M]. 合肥：安徽大学出版社，2016.

[15] 薛红，王雷，陈爽超. 大学生生命教育 [M]. 北京：中国人民大学出版社，2015.

[16] 常素芳，李明，卢慧勇，等. 生如夏花 大学生生命教育学概论 [M]. 北京：清华大学出版社，2017.

[17] 黄毅敏. 大学生生命教育读本 让生命绚丽多彩 [M]. 北京：高等教育出版社，2015.

[18] 刘恩允. 大学生生命教育研究 [M]. 北京：中国社会科学出版社，2012.

[19] 张湘富，张丽颖. 大学生生命教育教程 [M]. 北京：高等教育出版社，2011.

[20] 吴伟花. 大学生生命教育研究 [M]. 太原：山西人民出版社，2011.

[21] 韩爱侠.论大学生生命教育与生涯辅导的视域融合[M].徐州：中国矿业大学出版社，2010.

[22] 王泓霖.大学生生命观教育研究[M].沈阳：辽宁大学出版社，2018.

[23] 吴洪艳.当代大学生心理健康与生命教育[M].地质出版社，2017.

[24] 盖磊煜.大学生心理健康教育与生命教育初探[M].中国广播影视出版社，2016.

[25] 胡飒.大学生生命伦理与健康教育[M].北京：知识产权出版社，2015.

[26] 姬旺华.当代大学生生命健康教育研究[M].北京：现代出版社，2016.

[27] 张娇，徐迎利.生命化教育视阈下大学生心理健康教育实践路径探析[M].北京：北京工业大学出版社，2019.

[28] 汪丽华，何仁富.大学生心理健康与生命教育[M].北京：北京师范大学出版社，2014.

[29] 马雪玉，张恒泽.高等院校大学生心理健康与生命教育研究[M].北京：团结出版社，2017.

[30] 梅萍.大众文化影响大学生生命价值观教育研究[M].中国社会科学出版社，2016.

[31] 顾海良.生命教育大学生读本[M].北京：人民出版社，2007.

[32] 陈开明，李大勇，谭涛，等.大学，我们一起走过 大学生生命素质教育实践探索[M].成都：西南交通大学出版社，2014.

[33] 陈灿军.大学生生命伦理教育研究[M].北京：中国戏剧出版社，2009.

[34] 赵明芳，陈艳华.大学生心理健康 生命教育课程[M].北京：北京交通大学出版社，2011.

[35] 朱琳.生命教育融入大学生思想政治教育研究[M].南京农业大学出版社，2012.

[36] 梅萍等.当代大学生生命价值观教育研究[M].北京：中国社会科学出版社，2009.

[37] 马艳丽.关怀生命——大学生心理健康教育的价值取向探究[M].徐州：中国矿业大学出版社，2007.

[38] 郭永松.生命科学技术与社会文化 生命伦理学探究 大学生通识教育[M].杭州：浙江大学出版社，2003.

[39] 李龙，李晨光，陈恒英.大学生心理健康教育[M].重庆：重庆大学出版社，2018.

[40] 陈选华.大学生心理健康教育[M].合肥：中国科学技术大学出版社，2018.

[41] 齐舒，李艳清.大学生心理健康教育[M].江苏凤凰教育出版社，2017.

[42] 苗春霞. 基于和谐理念的大学生生命质量极其评价 [M]. 徐州：中国矿业大学出版社，2016.

[43] 李秋丽，范丽萍. 大学生心理健康教育 [M]. 上海：上海交通大学出版社，2018.

[44] 席金京，陈文雯. 大学生心理健康教育 [M]. 上海：上海交通大学出版社，2018.

[45] 李新红，吴菁莉. 大学生心理健康教育 [M]. 上海：同济大学出版社，2018.

[46] 焦雨梅，穆长征. 大学生安全教育 [M]. 北京：航空工业出版社，2018.

[47] 张森栋，单津辉，周燕琴，等. 大学生心理健康教育 [M]. 北京：北京理工大学出版社，2014.

[48] 谢特秀. 大学生心理健康教育 [M]. 沈阳：东北大学出版社，2015.

[49] 王胜炳. 大学生健康教育 [M]. 成都：电子科技大学出版社，2015.

[50] 郭俊汝，白雪. 大学生心理健康教育 [M]. 沈阳：辽宁大学出版社，2016.

[51] 曾本君. 大学生心理健康教育 [M]. 成都：电子科技大学出版社，2016.

[52] 康卫国. 高校生命教育论 [M]. 北京：光明日报出版社，2016.

[53] 吴经纬. 大学生健康教育 [M]. 西安：西安电子科技大学出版社，2016.

[54] 刘凤，李听，梁瑞，等. 大学生健康教育 [M]. 西安：西北工业大学出版社，2015.

[55] 何仁富，汪丽华. 生命教育的思与行 [M]. 北京：现代教育出版社，2016.

[56] 何仁富，汪丽华，李琼瑶. 思想政治教育与生命教育 《思想道德修养与法律基础》融入式生命教育的实践与研究 [M]. 北京：中国广播电视出版社，2014.

[57] 段鑫星. 大学生心理辅导与健康教育 [M]. 北京：高等教育出版社，2017.

[58] 杨彬. 大学生心理健康教育读本 [M]. 成都：电子科技大学出版社，2017.

[59] 张晓正. 大学生心理健康教育 [M]. 成都：电子科技大学出版社，2017.

[60] 江苏省教育厅，江西省高校心理健康专业委员会组织. 大学生心理健康教育教程 [M]. 南昌：江西高校出版社，2017.

[61] 沈伊默. 大学生心理健康教育 [M]. 重庆：重庆大学出版社，2018.

[62] 滕利荣，孟庆繁，刘艳. 构建高校生命科学"四位一体"的创新创业实践教育模式 [M]. 长春：吉林大学出版社，2017.

[63] 何仁富. 生命教育演讲录 [M]. 北京：中国广播电视出版社，2016.

[64] 王刚. 高校思政教育和生命教育的契合研究 [M]. 江西高校出版社，2019.